You are Now Less Dumb: How to Conquer Mob Mentality, How to Buy Happiness, and All the Other Ways to Outsmart Yourself

思考のトラップ。

認知バイアスを出しぬく17のやり方

デイヴィッド・マクレイニー＝著
安原和見＝訳

YOU ARE NOW LESS DUMB
by David McRaney

目次

0 はじめに――自己欺瞞

ウソ

The Misconception

×

人間は論理と理性の存在だ。

ホント

The Truth

○

人間は論理と理性の存在になれるはずが、予想にたがわず、いつもなり損ねている。

これは自己欺瞞《ぎまん》に関する本だが、それを称《たた》える本でもある。自己欺瞞は手足の指と同じぐらい人間のありようの一部であり、本書で見ていくのもそこだ。そこ、というのは自己欺瞞のことで、もちろん指を見ていこうというわけではない。

自分は頭がよくて、有能で、合理的で、輝かしい理性に満ちていると人は思い込んでいる。それが証拠に、微積分はもちろんショウガ入りクッキーまで発明したではないか、というわけだ。人は役立たずの頭を肩のうえにのっけて生まれてきたくせに、長年のうちにいわば分不相応に自信たっぷりになっている。それが人間の弱点であり、その弱点は数々の風味をまとって現われてくる。ちなみに、これを読んでいるあなたは人間だと仮定して話しているのだが、もしあなたが天才犬であるとか、異星人や未来の歴史学者ロボットとかなら、申し訳ない、あとは飛ばして第一章までお進みください。そうでないなら、この先を読めば悟りが得られるかもしれない。

人間の脳がほかの動物の脳よりはるかに大きく、はるかに強力なのはまちがいないし、人々は太古の昔からいやでもそのことに気づきつづけてきた。あなたもそれを意識したことがあるだろう——このあいだ動物園に行ったときとか、犬が自分で自分の後ろ脚に嚙みつこうとしているのを見たときに。人類は進化の生み出しうる絶対的な頂点のように思える。それどころか、この宇宙から生じた最高の作品、美しい最終結果とすら思えるかもしれない。そう考えるのはまことに愉快だ。まだローラースケートもなくサルバドール・ダリもいなかったころから、偉大な思想家たちが好んでそう信じて喜んでいたのである。しかし言うまでもなく、そんなふうに思ってうれしがっていたのもつかのま、肛門科の医者に送るはずだったメールをまちがって上司に送ってしまったり、この国でいまいちばん人気の食物はホットドッグ詰めのピザ〔ピザの縁にホットドッグを詰めたもの〕だという記事を読んだりしてしまう。人間の現状を見るたびに、独りよがりの自己満足ぶりが見つかり、ばか丸出しのてんこ盛りが膝に転げ落ちてきて、それが得意の鼻をへし折ってくれる。

ほんとうのところ、人間の脳の生み出す精神はとんでもない欠陥品だ。人間の精神には、あんまり得意でないこと、どんなにがんばっても得意になれないことがいくつもある。人の愚かさの証拠はどこにでも転がっている。電卓、メモ帳、作業リスト、小切手帳、目覚まし時計などなど、どの市場を見ても、人の欠点を補うためにありとあらゆる発明品やら応用品が売られている。人の能力にあいた穴をふさぐためだけに、数々の専門分野が存在しているのだ。

自己欺瞞の科学について語るなら、まずは先入観というテーマから始めるのが一番だろう。というわけでまずは、ダートマス大学とプリンストン大学が三十一回めにフットボールで対決したときの短いエピソードを取りあげる。この試合は、人間の精神に何度となく遠征隊を送り出すのに役立ってきたが、その数々の遠征隊については、次の段落以降で見ていくことにしよう。

ダートマスもプリンストンも一七〇〇年代なかばの設立、どちらも米国北東部のいわゆる「アイヴィー・リーグ」の大学だ。聞いたことはあるだろうが、ほかの六つはブラウン、コロンビア、コーネル、ハーヴァード、ペンシルヴェニア、イェールである。たいていの米国人にとっては、アイヴィー・リーグと言えば「気取り屋」のことだ。その大学名は、履歴書に書くのに最も望ましい売りのひとつだが、アイヴィー・リーグはもともとスポーツ記事で使われる言葉だった。ニューイングランド〔米国北東部の六州のこと〕にあって、やたらと仲間うちで張りあう八つの大学のことを指していたのだ。運動競技はもちろん、まあなんと言うか、どんなしょうもないことでも張りあっていたのである。

一九五一年、ダートマスとプリンストンは、両校にとってシーズン最後となる試合に臨《のぞ》んだ。プリンストンはその時点まで全戦全勝だった。花形選手のディック・カズマイヤーはその年の『タイム』誌の表紙を飾り、ハイズマン賞〔その年最優秀の大学フットボール選手に贈られる賞〕を獲得することになる。ちなみに、アイヴィー・リーグの選手がこの賞を獲得するのはこれが最後である。どちらのチームにとっても重要な試合だったから、それもあってプリンストンの選手は激昂した――第二クォーターに、ダートマスの選手のせいでカズマイヤーの鼻の骨が折れたのだ。次のクォーターには、ダートマスの選手がプリンストンの選手に脚を折られた。そんなこんなで全体に大荒れの試合になり、両チームとも山ほど反則をとられたが、最終的にプリンストンが十三対ゼロで勝利を収めた。

ダートマス大学のアルバート・ハストーフとプリンストン大学のハドリー・キャントリルと

いうふたりの心理学者は、その試合の直後にあることに気がついた。それぞれの大学新聞の記事を読むと、ひとつの現実にふたつのバージョンが提示されていて、それがわれこそ公式バージョンとばかりに大っぴらに競いあっているかのようだったのだ。これはいまでは広く認められていることだが、一年後にふたりが発表した研究結果は、自己欺瞞について語る出発点としてまさに打ってつけの内容だった。

ハストーフとキャントリルによれば、プリンストン大学の新聞でも同窓会報でも、ダートマス大学のチームは汚い手を使う乱暴者として描かれていた。いっぽうダートマス大学新聞の社説では、同大のチームが相手に負わせた負傷について弁明しつつも、プリンストン大学の戦術も荒っぽかったと指摘されていた。まるでべつべつの試合を見ていたかのような書きぶりだ。では、両大学の学生たちに、この試合をもういちど見せたらどうだろう。記憶のなかでは確かにべつべつの試合のようになっているが、その記録映像を見せたらどうだろう。いま見ても、やはりべつべつの見かたをするだろうか。というわけで、ふたりは試合開始から終了までの記録映像を入手し、両大学の学部生たちに見せ、反則行為に気づいたらチェックするように、またその反則がどれぐらい悪質か評価するように指示した。また、アンケート用紙に記入もさせた。

その結果はと言えば――映像を見たプリンストンの学生は、荒っぽい野蛮な試合だと感じ、悪いのはダートマス・チームだと考えた。最初にスポーツマンらしくない行動に出たのはダートマスだ、と九十パーセントの学生が書いている。また、ダートマスのほうがプリンストンより二倍も反則を犯していたうえに、その反則もずっと悪質だったと答えている。ところがダートマスの学生の見かたは異なっていた。過度に荒っぽいということはなく、「激しいが汚いところはない」まともな試合だったというのだ。ダートマス大学の学生の過半数は、どちらのチームも同じぐらい攻撃的なプレイをしていると答え、プリンストンの学生が怒っているのは、自分の学校の花形選手が負傷したからにすぎないと言っている。やれやれ。かれらの記録では反則数は両チームとも同じぐらいになったが、概して言うと、ダートマス大学側の反則については、プリンストンの学生の半分ほどしかチェックしていなかった。

心理学者の説明するところでは、見た映像は全員同じでも、見た試合はひとりひとり異なっていたのだという。人が経験する現実、真実はそれぞれ異なっているのだ。現実も真実も、個々人の信条に応じてさまざまな形で汚染されているからである。

このプリンストン対ダートマス調査の大きな教訓は、ささいで偶然の差異がきわめて大きな違いを生み出すということだ。映像を見た学生たちは、生《なま》で試合を観戦したかどうかにかかわらず、ふたつの異なるバージョンの現実を経験している。書類のうえでは、全員が同一人物かと思うほど似ているにもかかわらずである。一九五〇年代の話だから、この五百キロほど離れたアイヴィー・リーグのふたつの男子大学に通う学生は、人種的にも社会経済的にも同一の層に属していた。学部学生だから年齢もほとんど同じだ。合衆国北東部の市民として、属する文化も宗教も似かよっている。相違点は、どっちの大学を選んだかということだけだ。この調査から読みとれるのは、もし時間を巻き戻すことができて、この学生たちをべつの大学に入らせ、のちに闊歩することになるキャンパスを入れ換えることができたら、かれらの現実もまた入れ換わるだろうということである。

ここで、先入観から人は**素朴実在論**に走りたくなる。これは哲学のひじょうに古い概念で、とっくの昔に科学によって息の根を止められ、灰にされて埋葬されているのだが、素朴実在論はこんな問いを立てる――人は外界をありのままに見ているのか。素朴実在論者に言わせれば、その答えはイエスである。人類史の大きな尺度で言えばつい最近まで、人間精神に関するこの「百聞は一見にしかず」説は支持されていたから、プリンストン対ダートマス実験だけでは納得できないという人もいるかもしれない。というわけで、話を先に進める前に、この説を叩きつぶしておこう。

動画とは、たんに脳が処理できないほどの速度で静止画を流しているものにすぎない。現代人ならそれぐらいは知っているだろう。花を見るときには、自分の見ているものが蝶の見ているものとは違うということも、また昆虫と目を交換したら、花々の世界はサイケデリックな狂気の爆発になるということも知っているだろう。人間にはまともに歩けない深夜のリビングルームは、猫にとってははっきりくっきり見える遊戯場だ。飼い猫の近くにレーザーポインターの光を当てたことがあれば、猫の小さな頭のなかでは、人間の頭のなかとはまるきり違うことが起こっているのに気づいているだろう。世界は見かけどおりではない。それを証明するには、壮大な規模の光の錯覚をひとつあげるだけでいい。素朴実在論はたしかに素朴すぎるのだ。空にはいつでも星があるのに、大気を通じて射し込んでくる太陽の光のせいで、日中にはなかなか見えない。池に石を投げ込んだとき、その水しぶきにカエルとキツネがふり向いたとしたら、かれらの目には人とは違うものが見えているはずだ。それぞれの生物にとっての現実は、その生物の神経系に固有の現実だ。経験している現実はみな同じでも、それぞれの内的表象がそれぞれ異なるために、カエルとキツネと人間はそれぞれ異なる反応を示す。人の知覚は、この世に存在する唯一の知覚ではない。インプットをごまかすことができるなら、そこから生じるイメージを信用することはできない。

たしかにこれは単純な話だし、以前から考えていたという人も多いだろう。しかしアメフトの試合の研究が示しているように、素朴実在論にはまたべつのレベルがあって、これを認めるのははるかにむずかしい。たいていの人がこれについては疑問を持たないし、この世のほとんどの頭脳のなかにこれは頑固に根をおろしている。

ちょっと目をあげてあたりを見まわしてから、またこの文章に戻ってきてほしい。あなたがいま頭のなかで見たと思った事物は、その物体によって生み出されたものではない。たんに、反射した光が眼球に入った結果そのものではないのだ。見るもの、思い出すもの、味わう感情はすべて、脳みその化学反応によって生み出されたものであり、したがって他からの影響、編集、修正など、人が外的・内的なインプットから現実を構成するさいに、意識に付け加わるその他あらゆる要素に左右されている。心理学者ダニエル・ギルバートの説を噛み砕いて言えば、要するに記憶も知覚も想像も、すべて表象であって忠実な複製ではないということだ。

しょっちゅう思い出すほど記憶は不正確になり、あまりちゃんと思い出さない記憶ほど正確だ。このふたつの事実を考えあわせれば、目撃証言には基本的に価値がないことがわかる。しかし、ほとんどの人はそう思っていない。心理学者ダン・サイモンズとクリストファー・シャブリが二〇一一年に発表した研究によれば、調査に答えたアメリカ人のうち、記憶はビデオカメラのようなものだと思っている人が六十三パーセント、記憶は永遠不変だと思っている人も四十八パーセントいたという。またさらに三十七パーセントは目撃証言は信用できると思っており、目撃証言しか証拠がなくても有罪を宣告してよいと考えていた。心理学者や神経学者にとって、これはきわめてゆゆしい結果だった。なぜなら、これはみんなまちがっているからだ。人の脳には見たものがすべて記録されるわけではないし、また心に浮かぶことすべてを意識しているわけではない。耳や目を通って脳に達するのは、関心を向けたことがらのみだ。記憶は記録とはちがう。ファースト・キスの瞬間が過ぎ去ったとたん、その記憶は風化しはじめる。思い出すたびに、心のなかで新たに作り替えられ、べつものに変わっていく。現在の状況や、その後に獲得した知恵のすべてに影響を受け、まちがった細部が付け加えられていくのである。

いまの心理学では明らかなのだが、人は自分のなかの心的モデルや記憶に基づいて予測を立て、判断を下している。そしてそういうモデルや記憶は正確で完全だと思い込んでいる。時とともに、また新たな研究結果が出るごとにいよいよはっきりしてきているのは、そういうモデルや記憶はあらだらけで不完全で歪《ゆが》んでいるということだ。したがって、それに基づく予測や判断も同じようにまちがいだらけなのである。

人はあっさり、そして頻繁に自分で自分をだましているが、そのはなはだしさはあまり理解されていない。人の認識は、ときに内的要因によって大幅に歪められている。人は客観的に現実を受け入れているのではない。本書を読めば最初から最後までその話だらけだが、人はみずからも積極的に参加して、自分の個人的な宇宙を創造しているのである。

この百年間の研究からうかがえるように、人はみんな、一種の素朴実在論をいまも信じている。インプットは完璧ではないにしても、あることを考えたり感じたりしたら、そういう考えや感情は信頼でき予測できると人はいまでも信じている。しかしいまでは明らかなのだが、人は「客観的な」現実を知ることはできないし、主観的な現実がどの程度でっちあげなのか知るすべもない。なぜなら、人が経験することはすべて、その人の心が生み出すアウトプットだからである。人の身に起こることはすべて、その人の頭のなかで起こっていることなのだ。腕があるという感覚ですら脳による投影だ。腕はちゃんと空間的に存在しているように感じられるし、またそういうふうに見えるけれども、それすらまちがっている可能性がある。腕は実際には頭のなかにあるのだ。人の脳はそれぞれにその人なりの真実を作り出す。だいたい似かよってはいるものの、細かい部分を見れば、それぞれに数かぎりない差異と矛盾だらけなのである。

ダートマスとプリンストンの学生たちを調査した心理学者、ハストーフとキャントリルが述べているように、突き詰めて言えば、問題の試合は実在すらしていない。サラダが刻んだ野菜や葉っぱの山にすぎないのと同じように、問題の試合はたんにストップウォッチが二度押されるあいだに、ある空間で起こっている事象でしかない。たしかに、複数の人々が複数の人々の前で活動しており、それを見ている人々は起こっていることの一部に気づいているが、試合じたいはたんなる観念、社会的構成概念にすぎない。一九五一年のその日に起こった無数のものごとから、両チームのファンはある場所で起こった特定のものごとの集合に意味を与え、それをフットボールの試合と呼ぶことに同意しているのだ。その文化的に定義された意味は、見る者がみずからの経験を定義する助けとなる。研究者に言わせると、この世で起こるたいていの事象とは異なり、スポーツには格子のようにきちんとしたルールと境界があり、起こる空間は明確に区切られているし、役割が割り当てられていてどんな行動をとればいいか決まっている。スポーツの場合、こういう条件のおかげで、あるかぎられた時間内になにが起こっているかについて、人々の意見が一致しやすくなっている。にもかかわらず、すべてが録画されていて、起こったとおり忠実に再現できるときですら、人々の意見は当たり前のように食い違う。目のなかに飛び込んできて、頭のなかでバウンドしまわっているものは、現実とはべつものなのだ。人は自分の現実をそれが起こると同時に書き換えていく。無意識に自分の認識を歪めている。このことを戦争や政治、社会の動向、経済など、人の生に甚大な影響を及ぼすありとあらゆるものごと——それでいて、広く認められた規則のある競技場内で起こるわけではなく、しかも歴史によって完璧に記録されるわけではない——に当てはめて考えれば、その意味するところは戦慄するほどに大きい。

要するに、賢《かしこ》いというのはきわめて複雑な状態なのだ。だから、人はそれがどういうことなのかまったく理解していない。人はたいていいものごとを理解しそこなっている。それが仕事だったらとっくに馘首《くび》になっているだろう。合理的に行動しているつもりでいるし、決断や選択の前にはじっくり人生について考えているつもりだし、ときにしくじることはあっても、たいていはうまくやっていると思っている。だが、じつはそんなことはまったくない。いつでも非論理的な論理にとらわれているし、じっくり考えてまちがった結論を出しつづけている。自分のことを自分に説明するのがへたくそなのに、その点に関して自分がどれぐらい深く広くまちがっているか気づいていない。それどころか、その逆だと感じている。自分の欠陥を明らかに見せられたあとですら、自分の認識に非現実的な自信を抱きつづけている。この思い込みと弱点の重なり、確信と不完全のみごとな結合、これこそ本書のほとんどのページで取りあげているテーマだ。科学によって特定され定量化されてきた、最も興味深い自己欺瞞のいくつかを探究していこう。人体を運用するための取扱説明書には、こういうことも書き加えておくべきだ——科学が近年、トランス脂肪酸やグルテンについて新たな項目を追加しているように。

本書では、人間精神の欠陥、脳がいかに人に嘘をついているか、そして現実をごまかし、編集し、改変しているか、いかに人が性懲りもなくそれにだまされつづけているか——というテーマについて、科学で明らかになってきたことをいくつかまとめてみた。つまりどんな問題を掘り下げていくことになるかというと……

まあその、自分の精神ということになると、人は自分の感情や思考のみなもとに気づいていないことが多い。自分の行動や記憶についてもそうだ。しかし、混乱しおびえてあわあわ言ったりはしない。ごまかしやだましのテクニックの巨大な道具箱を持っていて、それを使って人生を理解しやすくするために脚本をでっちあげ、その脚本を事実だと信じてしまう。何年も経つうちに、そんなたわごとが人生の物語になっていくのである。

そんな道具のひとつが**ヒューリスティック**〔ひとつひとつ段階を踏んで正確な結論に至る代わりに、ある程度の不正確さには目をつぶり、途中の段階を飛ばして直感的に解に到達しようとする方法論のこと〕だ。人類の祖先にとっては、すばやく考えて即座に行動することが生き残るために必要だった。ヒューリスティックは、大きくて複雑で手に負えない問題を、小さくて扱いやすいものに変えてくれる。単純なヒューリスティックで世界を説明できるおかげで、そのときどきの状況をあまり深く考えなくても前進しつづけることができる。問題解決や意思決定ということになると、人はヒューリスティックによって複雑なものごとをひじょうに単純化してしまう。たとえば、ある人物とか問題とか状況とかに、よい感情を抱けるかどうかでものごとを決定するのが**感情ヒューリスティック**だ。市長に立候補しているあいつ、なんか気持ちが悪いって？　それなら投票するのはやめておこう。あそこの医者、診察室を吐き気のしそうな緑色に塗ってたって？　じゃあもう二度と行くまい。ヒューリスティックは恐ろしく奇妙な場所に顔を出す。たとえば、虐待されたり捨てられたりした犬猫について宣伝している人々に募金をすべきか考えているとしよう。小切手を切ろうかどうか判断するとき、人が考えるのはその団体が合法的かということではなく、虐待された動物の回復する見込みはどれぐらいかということでもなく、またその団体が資源の割り当てについてきちんと追跡記録を残しているかということでもない。人が考えるのは、虐待された動物の映像を見て胸が痛んだかどうかということなのだ。この問いになら簡単に答えられる。そしてそれに答えられたら、ほかのもっと面倒な問題も片づいたような気になってしまう。この心理的錬金術は、人生のありとあらゆる問題に適用される。いまの仕事を辞めるべきかという問題から、大統領選でだれに投票するかという問題まで、複雑で厄介な問題は直感的な評価《ガットチェック》に化け、そしてガットチェックは往々にして当てにならない。ヒューリスティックに頼るとき、人は理性的に自分の生きかたを考えているつもりでいるが、実際には無精をして答えに飛びついているだけで、しかもあとで振り返ってみることもしない。

人の判断を誤らせる大きなつまずきの石はもうひとつある。予測可能な思考パターンの集まりで、これを**認知バイアス**という。バイアスというのは、ほかにも同じぐらいよさそうな（もっとよさそうではないにしても）選択肢があるのに、そっちではなくこっちのほうに考えてしまうという傾向のことだ。たとえばスーパーに入ったとき、とくに左側に行く理由がなければたいてい右に曲がってしまうなら、行動に右曲がりのバイアスがあるということになる。このバイアスはたいていの人にあるから、大型チェーンストアでは、これを念頭に置いて店内のレイアウトやディスプレーを決めていることが多い。認知バイアスはたいてい、生まれつき備わった生得的なものだ。まともな頭脳を持つ人ならだれにでも見られる。つまり、エジプト生まれでもアラバマ生まれでも、あるいは一九〇二年生まれでも二〇〇二年生まれでも、だれもが同じ認知バイアスのセットを祖先から受け継いでいて、他のみんなと同じようにそれに対処しなくてはならないのだ。研究者は、たいていのバイアスは適応的だと推測している。つまり、何百万年何千万年と、人がどう行動しどう感じていいかわからないとき、最悪の場合でもこれがあるという頼れる最低ラインとして機能してきたという意味だ。たとえば**あと知恵バイアス**のおかげで、人は自分の未来予想はたいてい正しいと信じられる。いままでの人生で起こった、あらゆるできごとの結果を正しく予測できたと誤って思い込んでしまうからだ。しかし実際には、人は未来予測が恐ろしくへたである。ところが、ずっと正しく予測してきたかのように、記憶を書き換えてしまうのはやたらにうまい。また**確証バイアス**というものもある。これは、自分の世界観を裏付ける情報を探すいっぽうで、それを脅《おびや》かす情報は避けたり無視したりするという傾向だ。だから時とともに自分の考えを支持する証拠ばかり集まってきて、それが自分を取り囲む小宇宙を形成することになる。

ヒューリスティックのおかげで人はすばやく考えて行動を起こすことができ、バイアスは人を突き動かして特定の行動をとらせる。そういう行動のおかげで、たいてい霊長類は生きて活動してこられたのだ。しかし現代生活では、ヒューリスティックやバイアスはしじゅう対応に困る状況に直面しており、そういうときに引っ張り出されるのが**誤謬**《ごびゅう》である。誤謬は、自分自身や他人と議論するときに顔を出す。人はしばしば、すでに頭のなかにある結論から出発して、そもそもそんな結論を引き出した自分はばかではなかったと証明しようとする。この種の結論ありきの論証は、話がうまくつながるように論理の歪曲に頼っていることが多い。たとえば、ホットドッグはへどの出そうな人工的な食品なのに、自分のいとこがそれをわが子に食べさせているなんて信じられない、子供にあんなひどいものを食べさせるべきではない、と言ったとしよう。この言葉には誤謬が含まれている。というのも、冒頭の一文からして思い込み――つまり「ホットドッグは悪い食品である」という――を含んでいるからだ。これはなんの証明にもなっていない。くず牛肉と脂肪を消化できる外皮に詰めたものが、ほんとうに「悪い」食物なのかどうかについてはなにも言っていないのだ。たんに自分がそう思うというだけで、それに基づく意見を述べているにすぎない。この誤謬は、こう言い換えるだけで明らかになる――「身体に悪いと私が思う食物を、子供に食べさせるべきではない」。人は論理を立てるときにしょっちゅう思い違いをしていて、言葉をひねくりまわすことによって、自分のもともと持っていた考えに世界をむりやり合わせてしまうのだ。

誤謬やあいまいなヒューリスティックや不正確な認知バイアスに加えて、ものごとを理解しようとするときいかに人が鈍いか、それを示す事実はほかにもいろいろある。人は一度にごくわずかなものごとにしか注意を払うことができない。にもかかわらず、目の前に現われるものや耳のそばで生じた音はすべて見聞きしているかのように感じている。実際に注意してみればわかるが、これらの感覚はそれじたい、まったくじゅうぶんでもなければ完全でもない。しかもそのあと、そういう感覚を通じて脳に入ってきたものをもとに、人は内的現実を組み立てるのだが、そのさいには事実でないことを持ち込むと同時に、認めたくないものごとを消去してしまう。そこに感情や直感という複雑で巨大なシステムが付け加わるわけだから、一瞬ごとに人の現実観がどれぐらい歪んでいるかわかるだろう。その歪んだ見かたが不完全で不正確な記憶に変換され、その記憶がまた想起されるごとに劣化していく。そしてそのまちがいだらけのごたまぜを、物語という接着剤——人が生まれつき持っている「話を作る」能力——がひとつの全体にまとめあげていく。話を作る能力のおかげで人は正気を保ち、安定していられる。たとえその話が真実からはかなり遠くかけ離れていたとしても。

いかに誤りに陥りやすくても、いかに日々だまされやすく、偏見に凝り固まっていて、やたらと信じやすくても、あるいは自己イメージがどんなに真の自分とはかけ離れていたとしても、たいていはなんとかやっていける。しかし、深刻な問題になることもある。政治家とかCEOといった世界の行方を決める力のある人が、不完全な頭脳や感覚の生み出す自己欺瞞に基づいて、さまざまな問題に対して賛成論や反対論を唱えはじめたらどうだろう。神経科学、心理学、経済学の分野では、人間の頭脳の大きな欠陥はもう五十年ほども前からよく知られていた。こういう分野では研究が進み、細かい点まで解明されてきているのに、このテーマについてわかってきたことは、たいてい学者の世界だけの秘密になっていた。だが幸運にも、いまでは一般人の会話のなかにも、そういう知識が多少は漏れ出てくるようになっている。この本のねらいはここにある。人の欠陥に関する真理を、それが活用できる場面に持ってくることなのである。

本書で取りあげるテーマには、脳の配線に関係することもあれば、文化的影響とか、昔の行動様式に関係することもある。人の頭のなかの脳みそは進化によって組み立てられてきたが、先祖の生きていた世界は、いまでは直面することのない状況に満ちていた。にもかかわらず、人はやっぱり用心しすぎる方向にまちがえる。念のためというわけだ。居眠りしているときにだれかにロープを投げてよこされたら、びびって悲鳴をあげ、手をふりまわしつつ危うく失禁しそうになったとしても、それでほんとうに困るということはない。毒蛇が落ちてきたのだとすれば、そういう反応を示すほうがずっと適切な行動だ。蛇に似たものが当たって目が覚めたとき、ただあくびをして落ち着いてそれを払いのけるだけだったとしたら、そっちのほうがずっと高くつくことになっていただろう。この何百万年ものあいだ、蛇に似たものにびびらなかった生物は、びびった人ほど多くの子孫を残せなかった。だからそれと同じ恐怖が、いまでも人のなかには残っているわけだ。同様の恐怖としては、すばやく這いまわる生きものがこわいとか、高所恐怖とか、暗い場所や見慣れない人がこわいといった例がある。毎年毎年、倒れるソファやテレビの下敷きになって大勢の人が死んでいるのに、人がわが家の家具よりテロリストをこわがるようにできているのもそのためだ。人が最もよく対処できる世界は、大昔に人の心が形作られる土台になった世界なのである。そこを考えれば、車のエンジンや減量することやスフレのレシピを理解するのがすごくむずかしいのも納得が行く。腹腔鏡手術とか量子物理学はなおのことである。

これは異常心理の本ではない。正常な心理の、ごくふつうの、デフォルトの、あらゆる人の脳に焼き付けられた思考パターンについての本だ。そういう思考パターンは、ロケット科学者にも国家の首脳にも見られるし、個人的には子猫のカレンダーを使っているくせに職場の会議室には消防士のカレンダーを掛ける女性も例外ではない。人は、百聞は一見にしかずだと思い、自分の考えはいつでも合理的な推論や理性的な分析に基づいていると思い、ときどきしくじったりまちがったりすることはあっても、たいていは地球上で最も複雑な神経系の、注意深く知的な操作係であると思っている。自分の能力は健全で、記憶は完璧で、思考は合理的で、意識は完全で、自分の人生の物語は真実で正確であり、自分の人格は安定していて不変だと人は思っている。だが、実際には脳は人に嘘をついている。頭蓋骨のなかでは大がかりで広範にわたる陰謀が展開されていて、自分がほんとうはどんな人間なのか、ふだんどれぐらい能力があって、どれぐらい自信をもつのが分相応なのかという事実を、人が発見するのを阻止している。分不相応な自信は人の行動を歪め、巨大で簡単にあけられる裏口を生み出す。その裏口からするすると入ってくるのが詐欺師や手品師、広報マンや広告業者、えせ科学者や開運グッズ販売者などなどである。自分自身のことが知りたかったら、人の行動を見透かすのが得意で、人の信じやすさにつけこむ方法を心得ている、こういう人々の視点に立ってみるといい。自分の欠陥に注目すれば、多くのことを学べて得るところが大きいはずだ。

人間心理に対する新たな研究法のおかげで、いまでは人の欠陥や短所がくっきりと浮彫りにされてきつつある。本書では、これまでに見つかった自己欺瞞のうち、とくに興味深いものをいくつか取りあげた。初めてこういうことを知ったとき、私は目からうろこが落ちる思いをしたものだが、読者のみなさんにも同じ思いを味わってもらえればと願っている。本書はいわば「優越感喪失の衝撃と畏怖キャンペーン」であって、自分も欠点だらけの人類共同体の一員であることを実感してもらうことを目標にしている。私たちはともにこの共同体に属していて、みんなが同じ精神的なつまずきの石につまずいているのだ。本書で知ったことを利用して、他者にもっとやさしく、自分にもっと正直になってもらえればうれしい。人はあんまり賢くないが、いまより少しは賢くなるための具体的な方法がちゃんとある。直感に反するかもしれないが、興味深い方法だ。

では始めよう。

1

物語バイアス

ウソ

The Misconception

×

人は理性的な思考力を通じて人生に意味を見いだす。

ホント

The Truth

○

人は物語を通じて人生に意味を見いだす。

フラフープが大流行した〔一九五〇年代末〕のとだいたい同じころ、ミシガン州イプシランティのイプシランティ州立病院で三人の男が出会い、会話を始めた。それがきっかけで、三人はそれぞれ狂気の深みに引き込まれることになる。それも本物の狂気、ちゃんと処方薬がもらえるたぐいの狂気である。

この三者会談は二年間続いた。ときには大いに盛りあがり、文字どおり互いにハモって歌を歌いだすこともあれば、だらだらと長引き、腕力に訴える喧嘩になってしまうこともあった。それでも三人は毎朝顔をあわせ、延々と自説を主張しては、自分の正しさをほかのふたりに認めさせようとした。

その三人ことクライド・ベンスン、ジョーゼフ・カッセル、リオン・ガボールは、そこで出会うまではひじょうに異なる人生を歩んでいた。ベンスンは七十代、一度はやもめになって再婚した大酒飲みの農夫。カッセルは五十代の事務員で、作家になりたいという夢を持っているが、しがらみが多いうえに気が弱く、夢を実現させるには不幸な生い立ちに足を引っ張られすぎていた。ガボールは四十歳近く、戦争で人が変わったようになってから職を転々としてきた。そんな三人を結びつけたのは、自分は救世主の生まれ変わりだという信念だった。要するに、自分はイエス・キリストだと思っていたのである。

心理学者のミルトン・ロキーチは、この三人の患者を同じ精神病棟に収容して観察した。その著書 *The Three Christs of Ypsilanti*（イプシランティの三人のキリスト）によると、三人は隣りあわせのベッドを割り当てられ、いっしょに食事をし、たえず接触せざるをえない作業をさせられた。加えて、毎日面会室に集められて話をした。面会室の中央には木製のテーブルがあって、窓からは正気の世界の日の光が射し込んできていた。たえず接触させることで、三人の妄想は互いに打ち消しあうだろうとロキーチは期待した。彼の意見では、これはめったに得られないきわめて興味深いチャンスだった。三人はそれぞれ同一人物――それも、どう言いわけを考えてもひとりしか存在しえない人物――だと主張しているのである。聖書には神の子はひとりと書かれているのに、その名は自分のものだと主張する三人が同じテーブルに着いていて、それを科学が見守っている。妄想や信念や自我の本質について、きっと新たな発見があるはずだとロキーチは考えた。たしかに発見はあった。

最初に自己紹介をうながされたとき、カッセルの行動は期待どおりだった。「ジョーゼフ・カッセルといいます」と名乗ったのち、付け加えることはないかと尋ねられて、「あります。わたしは神なんです」と言ったのだ。ベンスンはもう少しあいまいで、「神は五でイエスは六だ」と言い、続いてガボールは、出生証明によれば自分はナザレのイエス・キリストの生まれ変わりであると言った。すぐに議論が始まり、ほかのふたりの主張は自分に対する侮辱だとそれぞれが表明しあった。

現在のレンズを通してみると、精神的に不安定な人々を同じ部屋に放り込み、どうなるか見てみようというのは、人道的に問題というだけでなく残酷なようにも思えるが、ロキーチは治療法を模索していたのである。彼が望んだのは、三人が真のアイデンティティという天啓に目覚めることだった。なぜなら「自分がほんとうはだれなのか知らずにいるのは、人間にとって恐ろしいことと思われる」からだ。しかし、三人を初めて会わせてみて、ロキーチはがっかりした。本人の言を借りれば、その「対決は私が予想していたほど大荒れにはならなかった」。いったん散会となったときも、三人の世界観はいささかも揺らいでいなかったのだ。ロキーチはこう書いている。「これがいかに異常な事態か、かれらはちゃんと把握できなかったのだろう――少なくともわれわれが思うほどには」

何度も会って話をするうちに、三人の妄想がそれぞれに開陳され、その複雑で異様な構造が明らかになっていった。イエス・キリストがどうしてミシガン州の精神病棟に収容されることになったのか、三人はそれぞれに迷路のように入り組んだ独自の物語と理屈を展開したが、それが内的な整合性をもって見えるのは一瞬で、ロキーチがつつくとたちどころに崩れ去ってしまう。しかし瓦解するたびに、三人はすぐにその構造を再建する。そして、べつべつの劇のせりふを言いあっているかのような、ちぐはぐな会話がまた始まるのだ。それでも、三人はほかのふたりの説明をちゃんと憶えていて、複雑で細かい部分のあら探しをすることも少なくなかった。その様子は、対立候補の税制案の細かい点をやっつける議員候補者のようだった。

ロキーチはセッションのたびに、キリストが三人もいるはずがないという矛盾に話題を戻そうとし、三人にこの問題をどう考えるかと質問したそうだ。説明を強く求められたからといって、これが妄想だと突然気がつくということはなかった。自分たちのアイデンティティの話に欠陥があるという洞察に至って、畏怖に打たれてよろめくようなことはなかったわけだ。かれらはたんに、ほかのふたりの主張はまちがっていると片づけただけだった。ベンスンは、ほかのふたりはサイボーグかなにかで、ほんとうの人間ではないのだと言った。なかに機械があって、それが身体を動かしたり声を発したりしているという。いっぽうガボールの意見では、ほかのふたりは彼のあとから生まれた劣位の神々で、その後に生まれ変わってきたらしい。カッセルの説明は最も正確で無味乾燥だった。ほかのふたりは、精神病院に入っている頭のいかれた患者だというのだ。

自分自身について尋ねると、三人はたいてい自分が入院しているという事実を否定し、自分は患者ではないという。自分はキリストであって、いまたまたまこの部屋にいるにすぎない。きみたちも見栄を張らず素直になって、真のキリストつまり私を礼拝しなさい、と三人ひとりひとりが言うのである。

三週間もしないうちに議論は殴りあいに発展したが、暴力は長くは続かなかった。二十五か月以上にわたり、会話はたいていきわめて礼儀正しくおこなわれた（あくまででたらめではあったが）。これはずっと変わらなかったのだが、自分の信念の話になると、三人とも頑として譲ろうとしなかった。それどころか、なんとしても自分の妄想を擁護しようとした。とはいえ、その手法はさまざまだった。ベンスンは謹厳だが口べたなため、激怒して脅しの言葉を吐くことになりがちだった。カッセルは興奮しやすく、便器にパンを投げ込んだり、本を窓から放り投げたりし、議論の途中で席を立ったり、自分のアイデンティティが脅かされそうになると話の方向を変えようとしたりした。しかし、ガボールは三人のなかでは最も知的だった。彼の妄想はあまりにみごとで、理屈に合っているように思えることもあるほどだ。三者会談の席では長広舌をふるい、冷静で雄弁な独白を展開し、議論をリードすることも多く、ほかのふたりに自分から質問したりもした。かれらの話題は、狩猟からクジラの骨から英国の料理まで多岐にわたった。それでもやはり、ガボールの話は壮大なでたらめのどん底に頭から突っ込んでいく。黙っていると、じつは頭のなかのぐちゃぐちゃの部屋に悪い印象が刻みつけられていくのだ、と彼はロキーチに語っている。時とともに、キリストや神の話題はあまり出なくなっていった。

ロキーチはこう書いている。「三人のキリストたちは、ものごとを合理的に考える人々ではなくとも、少なくともだれもが会ったことのある人――つまりものごとを合理化する人々だった」

合理化する人々。自分はこういう人間だと信じ、その信じる文脈に合わせて、周囲の事物すべてをねじ曲げてひとつの話を作りあげる人々。三人のキリストたちの信念はなにがあっても変化しなかった。二年以上にわたって精神科医の治療と心理学的検査を受け、質問され矛盾を突かれても、また目の前に座っている人物に、おまえのアイデンティティはいんちきだと言われ、そのアイデンティティは自分のものだと言い張られて、それでもなおかれらの信念は揺らがなかった。おかしいのはほかのふたりで、自分はなにもかもわかっているというわけだ。イプシランティの三人は三人とも、自分はイエス・キリストだと認識していたが、かれらの物語でほんとうに変わっていたのは唯一その点だけだった。他の点はすべて、心理学的に言ってふつうの人間となにもちがっていなかったのである。

ロキーチが言うように、他人の嘘や合理化なら人は見抜くことができるようだ。他人のそういう心理には気づいても気づかぬふりをし、ただ雑談のさいに噂話にとりあげる、なんていうのはよくあることだ。なんとかやっていくために自分に嘘をついている、そういう人を目にするのはほとんど日常茶飯事である。しかし、自分がそれをやっているときは、人はいわば心のカーペットの下に掃き入れて見なかったことにする。自分が朝起きて磨いているのはイエス・キリストの歯だと思う人はあまりいないだろうが、イプシランティの三人について見たように、これほど突拍子もない話であっても、自分の話のおかしさに人は気づかない。ただ、それが他人にそのままコピペされていると、そちらにだけは気がつくというわけである。

この三人だけではない。現実についての人の思い込みは、すべてひとつにまとまって一種の結束機を形作っている。起きているあいだはこれがずっと動いていて、現実がばらばらの断片に分解するのを防ぎ、すべては予想どおりに動いている、パニックを起こす必要はないと安心させてくれるのだ。人は日々を過ごしていきながら、この結束機の出力を使って現実を解釈する。そのさい好まれる方法（というかだれもが好む手法）は、自分を主人公としたストーリーとしてすべてを物語ることである。考えてみるとちょっと変な話だが、おかげで人は生きていけるのだ。

地球上のもっと単純な生物、たとえば蛆虫《うじむし》とかアメーバとか水滴内に住む原生動物などは、ひじょうに単純な規則に従って生きている。基本的に、栄養になるものに寄っていき、害悪になるものを避けるということだ。かれらの現実の範囲は狭くて単純であり、将来を思い悩んだり、過去を糊塗したりしない。時間という概念すらぜんぜんないかもしれない。それでもそれでうまく行っていて、書物も神話も歴史もない数十億年をかれらは生き延びてきた。神経系は単純そのもので、精神（と呼べるかどうかもあやしいが）に必要とされるのは、なにかに出くわしたときそれがふつうはよいものか悪いものか見分ける能力と、障害物をよけつつ適切な方向に移動する能力がせいぜいだ。

人の神経系はもうちょっと複雑で、だから使える道具はたんなる刺激・反応だけではない。回虫のニューロンの数はだいたい三百、猫は十億ほど、人間は八百五十億ぐらいだ。このニューロンをつなぎ合わせ、複数のレベルで処理をさせることによって、この宇宙という複雑すぎて理解できないぐちゃぐちゃのモザイクのなかを、人はふつうの猫よりずっとうまく渡っていくことができる。言うまでもなく、はるか昔から受け継いできた古い刺激・反応ルーチン——誕生日ケーキとハイイログマとでは、正常な人間の脳にまったく異なる反応を引き起こす——もまだ持っているが、たんによいものを探して悪いものを避けるというより、もっと多くの規則や道具を人は持っているということだ。意識的な経験の複雑さと意識下での処理とを適合させるため、また五感にたえず襲いかかる混乱と、頭のなかで展開される騒々しいおしゃべりに対処するために、すべてを組み込んで単純なものに作り替える能力を人は発達させてきた。単純であるがゆえに不正確であり、あまりためにはならないが面白く、そしてたいていはもっと使い勝手のよいものに作り替えてしまうわけだ。人はひじょうに複雑で驚くほど強力な神経繊維の集まりを首のうえに載せているから、ほかの動物が探そうとしないもの、すなわち意味を探し求める。目覚めているときに意識する日々の現実が意味をなすと思えるのは、日々の事象が筋の通った話《ストーリー》に変換され、ストーリーが記憶に、記憶が「人生」という物語の各章に変換されていくからだ。ほかの人と集まって会話をするとき、人々はみな同じ物語のフォーマットで自分にとっての現実を語る。そしてその物語がよくできていればいるほど、その説明を人は受け入れやすくなるのである。

ジョークや映画、漫画やプロレス、テレビ番組やニュース——これらはすべて、事実の劇仕立て《ドラマティックな》の解釈であり、物語の形式にのっとった虚構である。そういうことになるのは、自動車に椅子が設置されているのと同じ理由だ。人体の形状がちょうど収まるように座席は作られている。人体の形が座席の形式になり、お尻の置かれる場所にはどこにでもこの形式が適用される。またこれは、赤ちゃんであっても、クラシック音楽を逆回転で聞かされるより、正しい向きに演奏されるほうを好むようなものだ。ヴィヴァルディがあっち向きでなくこっち向きに作曲したのと同じ理由で、その曲を初めて聞く幼児も正しく演奏されたときに快いと感じ、逆向きに演奏されれば不快と感じるわけだ。芸術は、それを表現する記号がないものを、記号で表現しようとする試みだ。人が美しいとか醜いと思うものごとは、あらかじめ決まっている古い筋道を通って人の心に到達し、人を微笑《ほほえ》ませたり眉をひそめさせたりする。こういう感情は、文化的態度、社会的規範、時代ごとに変遷する精神というフィルターを通ってはくるものの、人がなにかを好んだり嫌ったりする根本原理は原始的な動機に発している。膝蓋腱反射でよい悪いが決まるようなものだ。人の精神は、入力情報や記憶をストーリーの形で解釈する。これは入れるときも出すときも同じだから、情報が提示されるところにはかならずそのフォーマットが現われる。人の精神の形がそのフォーマットを決めたのだ。というわけで、いまでは情報が脳と脳のあいだを行き来する場面では、かならずそのフォーマットが現われることになっている。

これが**物語バイアス**だ。人は、情報を物語のフォーマットで受け渡しするほうを好むのである。そして人が好む物語にはある構造があり、その構造はよいストーリーを組み立てるための基本線と了解されている。戯曲五本のうち三本では、主要登場人物が逆境に直面するところで始まり、ターニングポイントが訪れて未知の世界に冒険に乗り出し、旅の途中で人間的に成長して、最後にはその成長のおかげで不利な条件をはねのけて勝利する。神話学者ジョーゼフ・キャンベルによれば、かつて書かれたほとんどのストーリーに、これはかなり当てはまる筋書きだ。ただし悲劇はべつである。悲劇というのは警告的な話で、主役は成長することができず、誤った道を選択し、自分の弱さに屈し、その結果として失敗する。人はどちらのストーリーも楽しむ。なぜなら、それと同じ方法で人は自分の人生を理解しているからだ。自分はだれで、なぜここにいて、なにをなし遂げてきて、どこへ向かっているのか、それを突き詰めて単純化するために、人はこれと同じ手法を用いているのだ。本も映画もゲームも講演も——どんな形で情報を伝達するにしても、ストーリーの言語で表現したほうが伝わりやすい。

ひとつのストーリーとして形をなしていると、信じがたい話も説得力をもつようになる。次のふたつの文章のうち、どちらがほんとうらしく聞こえるだろうか。

①ある僧侶が裸になって、癇癪《かんしゃく》を起こして子供たちを怒鳴りつけた。

②ある僧侶が裸になって、癇癪を起こして子供たちを怒鳴りつけた。反体制派の暴動に巻き込まれて、自分の村が焼き払われたと聞いたばかりだったのだ。

②のほうがずっと納得しやすいと思うのではないだろうか。穏やかで争いを好まない仏教のお坊さんが、そんな無分別なことをするなんてばかばかしいと思うところが、事情を知ったことでそういうこともあるかもと思えるようになる。しかしこれは、かならずしも情報が増えたからではなく、その情報が物語の形をとってきたからなのである。「なぜ」という疑問が快く解消されると、人はすんなり受け入れてしまいやすい。こんな例を考えてみよう。

①新しいブラを試着しているあいだに、エリザベスは自然発火してしまった。

②新しいブラを試着しているあいだに、エリザベスは自然発火してしまった。試着室に向かう途中で、ショッピングカートの車輪でうっかりジプシーの足を轢《ひ》いてしまい、怒ったジプシーに呪いをかけられたのだ。

②のほうが納得できそうな気がするにしても、しかしジプシーの呪いなど信じられないと思う人もいるだろう。だが、なるほどと思う人もいるのだ。これはひとつには**連言錯誤**のせいである。物語バイアスは、大量の情報に接すると強化される。ある話について関連情報が多ければ多いほど、人はそれをほんとうだと信じやすくなるのだ。

連言錯誤のよく知られた例をあげたのは、心理学者エイモス・トヴェルスキーとダニエル・

カーネマンである。ふたりは認知バイアス研究のすぐれたパイオニアだが、一九八二年にあるクイズを提唱した。ここではストーリー形式で紹介しよう。リンダはサンフランシスコで育ち、ほかの女の子がお人形遊びをしているころに哲学書を読んでいた。もともと自分の思いどおりにならないと癇癪を起こしがちで、口答えをしないようしつけるのに両親は苦労させられた。飛び級で一年早く高校を卒業してハーヴァード大学に入学し、哲学を専攻して学位をとった。社会に出て働きだす前にしばらく〈平和部隊〉に所属して、アフリカ大陸のコンゴ地域周辺で女性が医療を受けられるよう手助けする活動に加わった。未婚で子供はいない。アメリカに戻ったあと、博士課程で政治学を学んだ。さて、次のどちらの可能性が高いと思いますか。

①リンダはいま銀行で働いている。

②リンダはいま銀行で働きながらフェミニズム関係のブログを書いている。

信じられないと思うかもしれないが、答えは①である。ただ銀行で働いているというほうが、ずっと可能性としては高いのだ。どの情報を見ても、この女性はフェミニストだろうなと多くの人が思う人物像を指し示しているが、それでも統計的な現実は動かない。この世に何億何兆とある特性のうち、ひとつだけを持っている確率のほうが、ふたつ兼ね備えている確率より高い。たとえば「リンダはフェミニストか、それとも〈米国改造自動車競技連盟《NASCAR》〉のドライバーか、どちらの確率が高いと思うか」と尋ねられたのなら、先にあげた生い立ちに基づいて、リンダは変速比よりも男女平等に関心をもつだろうと推測できるし、それでおそらく正解だろう。しかし、さっきの質問はそれとはちがう。簡単に言うと、この世界には銀行で働いている人のほうが、銀行で働いていて、かつフェミニズム関連のブログを書いているという人よりもはるかに数が多いのだ。要するに、条件が増えれば増えるほど、条件がひとつだけの場合よりもどんどん確率は低くなっていくということだ。リンダが銀行に勤めながらフェミニズムのブログを書き、民主党に投票し、カリフォルニアに暮らし、〈WWF〉に寄付し、トーリ・エイモス〔米国の女性シンガーソングライター〕のファンである確率は、したがってきわめて低くなる。リンダの話を思い返してみれば、こういう事実のひとつが真である確率はきわめて高いだろう。しかし、ひとりの人間について、このうちの任意のふたつが真である確率はそれよりずっと小さくなるし、三つとなればさらにさらに小さくなっていく。だが、どうもそんなふうには思えない――のではないだろうか。それは物語バイアスが働いている証拠だ。物語バイアスが連言錯誤に支えられ、**代表ヒューリスティック**――確率を無視し、想像上の原型にどれぐらい似ているかによって、事実かどうかを判断しようとする傾向のこと――に強化されているのである。

人が元気に生きていけるように脳はさまざまなことをやっているが、そのうちのひとつが、ものごとには原因があるという感覚を生み出すことだ。人が目撃したり感じたりする結果はその原因から発しているのであって、その結果からさかのぼっていけば、いずれひときわ目立つ重要な原因が見つかるというわけである。人生という雑音のなかに意味のある信号が聞きとれると人は信じ、時間のなかをでたらめに転がっていく人生のうちにパターンがあると思い、予測可能な規則に基づいて現実は動いていると思い込んでいる。そうと知ると驚くだろうが、こういう思い込みはたいていまちがっているのだ。

米空軍では、長年ホロマン遠心機という巨大な機械を使ってパイロットの訓練をしていた。この遠心機は基本的に、コックピットの実物大模型を巨大な金属シャフトに取り付けたものだ。中心に恐ろしく強力なモーターがあって、それが回転してシャフトをまわし、パイロットをなかに入れたままコックピットがぐるぐる回転する。石にひもを結び、その石を投げ縄式にぐるぐる回転させ、その石のなかに人がいるさまを想像すればよい。パイロットはこれによって、Gすなわち重力の影響を体感できるというわけだ。高性能ジェット戦闘機は、大変な高度まで上昇したり、正気とは思えないスピードで急旋回したりするので、身体に大きな重力がかかる。一方向に加速すると、ニュートンの法則で反対方向に引っ張る力がかかる。たとえば自動車でアクセルを踏み込めば、頭ががくんと後ろにのけぞるのはそのためだ。ジェット戦闘機ではあの力がもっと大きくなって、動脈血が脳に届かなくなる。首を絞められるのと同じことだから、パイロットは気絶したり、頭にかすみのかかったゾンビ状態になったりする。どちらにしても、Gがあまりに大きいと悲惨な結果が待っている。

空軍のほかNASAのような機関でも、コントロールされた環境下で巨大な重力を生み出すために遠心機を用いている。これによって、脳への血流を維持する方法をパイロットに身につけさせるのだ。たとえば力みつつ盛大にうなり声をあげるといった方法で、まあその、戦闘機パイロットでなかったらちょっと恥ずかしくなるような行動である。しかしある点を超えると、パイロットはブラックアウトして意識を失う。その状態に陥ったりそこから回復したりするときに、よくまぼろしを見ると報告されている。毎日の夢のような、不思議な幻覚が見えるというのだ。

空軍の医師ジェームズ・ウィナリーは、三十年前からこのようなブラックアウトを何百例と研究しており、録画したり、細かい差異を比較したり、パイロットに面接してその報告を記録したりしてきた。そうするうちに、手術中や自動車事故、窒息事故などで意識を失った患者が語る体験談との驚くべき類似点に気がついた。トンネルを通ると真っ白い光が見えるとか、友人や家族が迎えに来たとか、記憶が走馬灯のようによみがえるとか——パイロットはそのすべてを経験していたのだ。さらに、遠心機は体外離脱体験を生み出すのもたいへん得意だった。パイロットは身体から浮きあがったり、近くをふわふわしていたり、自分の頭がぐらぐらするのを眺めたりする。ウィナリーらが推測しているとおり、臨死体験や体外離脱現象はどちらも、じつは脳の持主の主観的な経験なのだ。いまなにが起こっているのか脳が必死で理解しようとし、酸素欠乏のために脳の組織があたふたしているさいちゅうに、自己の立ち位置を把握しようとしている、その様子を見ているのである。現実の境がわからなくなると、脳はしばしば意識を頭の外へ置こうとし、野原に遊んでいたり、湖を泳いでいたり、ドラゴンと戦っていたり――周囲の壁が崩れ落ちているときに、意識をつなぎ止めるためならどんなことでもする。酸素欠乏中のパイロットは、でたらめなイメージや切れぎれの思考など、理解不能な混乱を経験することはない。死にかけているときですら、脳は物語を作るのをやめようとしない。その物語を足場として、原因と結果、記憶と体験、感情と認知をつむぎつづける。物語は生きるために重要だから、肉の塊に変わってしまうまで、脳は文字どおり最後までそれを手放すまいとする。物語は人の意識的体験の枠組みである。物語がなかったら、世界には雑音しか存在しなくなるのだ。いっそう面白いことに、意識を回復したあとのパイロットは、救急治療室で事実上死亡したあと生き返った患者と同じく、その体験の解釈を始める。一定期間の酸素欠乏中に奇想天外な不思議を体験したあと、光とトンネルを死後の世界への通路だったと考える人は少なくない。なにを信じるかによってストーリーは異なるものの、ストーリーがあることは共通しているのだ。

一線を越えて戻ってきたパイロットに関してとりわけ不可解なのは、かれらが完全体で戻ってくるということだ。つまり、脳が正常に戻ったときに、以前とまったく同じ人格として組み立てなおされるのである。朝起きるたびに人が自己をどのように組み立てなおすのか、じつはよくわかっていないのだが、人の個人的な物語がそれに大きく関与しているのはまちがいない。神経学者オリヴァー・サックスは、著書『妻を帽子とまちがえた男』において、脳に損傷を受けた患者たちの荒唐無稽な作話をとりあげ、「たえず忘れられ失われる記憶を埋めるために」そうせずにはいられないのだろうと述べている。なぜなら物語は「われわれにとって自伝であり、歴史だから」と。サックスによれば、自分自身であるためには、人は自己をちゃんと維持していると感じられなくてはならない。自分のストーリーが消えていくのを感じると、人は自分自身の「内的演劇《ドラマ》を再構成する」。なぜなら人のアイデンティティは、これまでの自分のストーリーをちゃんと把握していると感じられるかどうかにかかっているからだ。だからこそ、こういう人々——周囲の人々が見聞きする現実から、とんでもなくかけ離れた物語を作る人々——について研究することが、大いに有用なのである。この研究について簡単に見ていくために、まずは脳科学の黎明期の話から始めることにしよう。

一八七〇年に軍医として勤務したあと、ジュール・コタールはとある病院に勤めはじめた。そこでは当時の知識でできるだけのことをしていたわけだが、かれらが治療していたのは、ある講演者に言わせると「ありとあらゆる種類の精神異常」を抱える患者だった。コタールは神経学の先駆者のひとりで、脳の物理的な部位と行動との関連を明らかにした人だ。キャリアを積むにつれて、彼がとくに関心を寄せたのは失語症、すなわち言語に問題を抱える患者だった。その関心は患者が死亡しても終わらず、疾患の原因を調べるために解剖まで実施し、ほかの医師たちにもそうするよう勧めている。一八八〇年、コタールは新たな疾患を特定して全世界に紹介した。名づけて**虚無妄想**（*délire des négations*）。

パリの聴衆に向かって彼が話したのは、脳に特定の損傷を受けた人は、自分は死んだと信じるようになるということだった。どれだけ理屈を説いても、うまいことを言っておだてても、その妄想を捨てさせることはできない。さらに、この症状は純粋に心理的なものではなく、原因は脳の生理的な異常にある。つまり、頭を強く打ったりすれば、だれでもこの症状を引き起こす可能性があるということだ。

医学文献を調べれば、この症状を呈する人々に関する論文は百ほども見つかる。この症状はいまでは**コタール妄想**と呼ばれるが、ときには**歩く屍《しかばね》症候群**という不穏な名前で呼ばれることもある。コタール妄想を起こすと、鏡を見てもそこに映る自分の顔が自分の顔と思えなかったり、自分の胸の鼓動が自分の鼓動と感じられなくなったり、身体の一部が腐敗していると思ったりする。極端な症例では、自分は幽霊になったからもう食事は必要ないと思うようになる。現に、コタールの患者のひとりは餓死している。

コタール症候群とその妄想は、ほかの疾患でも現われることがあるが、こういう症状を引き起起こす疾患の場合、すべて中心的な問題は同じである。他者と感情的につながる能力が損なわれるということだ。つまり、頭のどこかがすごくおかしくなると、赤の他人と恋人との違いが感じられなくなったりするのである。自分の愛犬や母親を見ても、自分の声を聞いても、それと認識したときの感情的な興奮がまったく起こらない。愛する対象を見ても愛情が湧いてこないと、人はその状況をなんとか解釈しようとする。感情が起こらないのだから、相手は偽物かロボットかドッペルゲンガーにちがいない。自分自身のイメージとのつながりが断ち切られれば、いまの自分はまぼろしなのだと思い込むのは理屈にかなっている。そんな恐ろしい認識に直面すると、人はそれと対処する方法をでっちあげにかかる。

コタール妄想などの症状を抱える人は、自分にとっての現実を説明するために、奇怪で突拍子もない話を作りあげる。というのも、奇怪で突拍子もない現実を経験しているからだ。こういう患者の説明と、ふつうの人の説明との違いは程度問題でしかない。明らかで検証可能な誤りが、どれぐらい含まれているかという差にすぎないのだ。人が自分の心身の状態を説明するために作りあげる説明は、どの時点をとっても同じようにまちがいだらけの可能性はあるが、精神衛生をたえず気にかけてくれる事実確認係は存在しない。脳が損傷を受けていようといまいと、人の心はつねに自分に対して自分のことを説明しようとしているが、その正確さの度合いはそのときどきによって異なるわけだ。心理学では、このような誤った説明のことを**作**

話――**不作為の嘘**と呼んでいる。作話の内容は事実とは異なるが、それを主張している人はそのことに気づいていない。神経学的にわかっているとおり、健康な人にも精神疾患のある人にも、作話は同じように継続的に見られるのだが、コタール妄想の場合、それが突拍子もない規模に拡大されている。人が説明したがるのは物語バイアスのせいだが、脳に重大な物理的損傷を受けた人々の場合、その同じバイアスが作話につながるというわけだ。

すぐれた神経科学者V・S・ラマチャンドランは、病態失認（病気を否認するという意味の医学用語）について論じるとき、よく作話について語っている。彼は医師として、そういう患者――身体的な障害があるのに、その障害を現実に則した形で説明しようとしない人々――を多く診てきた。たとえば、片腕がマヒしているのに、マヒしているのを認めない女性がいた。なぜ腕を動かせないのかと尋ねられると、自分の腕ではないからだと答える。これは彼女の母親の腕であり、母親は診察台の下に隠れて悪ふざけをしているというのだ。また、前向性健忘の患者も診ているが、この病気の患者は新しい記憶を形成することができない。十分かそこら経つと記憶が再起動されてしまい、いきなり自分が病院にいることに気がつく。どうやって病院に来たかまるで憶えていないのだ。ところがうろたえる代わりに、この種の健忘症の患者は自分はこの病院に勤めているとか、だれかを見舞いに来たのだとか言い出すことが多い。アントン＝バビンスキー症候群の患者は、脳卒中や事故のために視力を失っているのに、目が見えないことを認めようとしない。そのため診察中にそれを言わないので、じつは見えていないとわかって医師は驚くことがある。多くの場合、最初に気づくのは看護師だ。患者が平然と壁に歩いていってぶつかったり、そこに存在しない人やモノを指さしてあれこれ話したりするのをだれよりも早く目にするからである。

混乱した精神はたちどころに混乱から立ち直る。奇怪で筋の通らないものごとに直面すると、脳はすぐに意味が通るように解釈してしまう。失見当が起こってもすぐ見当識は回復される。たとえそのために、事実から何光年も離れたことを一時的に信じることになったとしてもである。ごちゃごちゃで不安な状況はひとつの物語に均《なら》されて、生物（つまりあなた）はいつもの行動に戻って、ジョークを飛ばしたり今日の夕食はなにかなと思ったりできるようになる。脳は混沌を秩序に変え、おかげで人は壁にぶつかったりサソリをなでたりせずにすむ。厄介ごとの徴候に気づいたとたん、まごつきそうだと察知した瞬間に、人のニューロンは偽りの明瞭さをでっちあげはじめる。イプシランティの三人のキリスト、これは自分の腕ではないと、自分は盲目ではないと言い張る人々――かれらはみな、正気を保つために物語を作っているのだ。この性質がなかったら、人間として生きていくのはとてもむずかしいだろう。たいていの状況でこの性質はとても役に立っているし、あまりにも役に立っているからめったに気づかない。それがどこかで狂ってきてはじめて、作話が目につくようになり、問題になり、ときには生命を脅かすまでになるわけだ。それでもやはり、この性質はつねに背後に存在している。脳はすべて吟唱詩人であり、すべての自己は自分がだれかという物語に耳を傾けているのだ。

ラマチャンドランからじかにこう聞いたことがある。「これは軍隊の将軍みたいなものだと思うんですよ。戦闘の準備中に、将軍はさまざまな情報源から報告を受けている。それで朝六時に戦闘を開始するつもりで準備していたとします。五時五十五分には将軍たちが勢ぞろいして、偵察兵がみんな情報を持ってきて、それで夜明けの午前六時きっかりに戦闘を開始しようとしている。そこへいきなり、だれかがやって来て『大変です。敵軍［の兵力］はじつは五百でなく六百でした。情報がまちがっていたんです』と言ったとしたら、将軍のせりふは『黙れ』でしょう。いまさら戦闘計画を一から作りなおしたりはしません。コストがかかりすぎる。それに、このひとりが正しくてほかが全員まちがっているなんてことがあるものか。こんなやつの言うことは無視してしまおう、というわけです。これがいわゆる**否認**ですね。情報を受け取っても、それが物語の意味と矛盾してると受け入れまいとする傾向です。しかし、同じくだれかがやって来て『敵は核兵器を持ってますよ。いま望遠鏡で確認しました、まちがいなく核兵器です』と言ったとしたら、それでも開戦するのは愚の骨頂です。わかった、パラダイムを変更しよう、ギヤチェンジしようということになるでしょう」

ラマチャンドランによれば、生物として、人は**行動の安定性**を欲する。生物としての組織全体がばらばらになり、統制がとれなくなるのをなにより嫌い、精神はあらゆる働きを通じてそれを阻止しようとする。厄介ごとを感じとると、つまりふだんとちがうことが起こりそうだと感じると、脳がとっさに始めるのは物語を作ることだ。でたらめで危険な行動に対する、それが一種の防衛機制なのである。

「ただ、これには限度があります」とラマチャンドランは言う。「こういう否認機制、フロイト的な否認——合理化、作話、否認、抑圧などなど——は、おもに左脳で起こると考えられます。右脳はいわば天《あま》の邪鬼《じゃく》なんです。否認が度を越してくると、右脳が尻を蹴飛ばして『こら、いい加減にしろ。現実を見なきゃだめだ』と言ってくるわけですね」

ラマチャンドランの説明によれば、左脳の生み出す一見してばかげた物語に対し、右脳が反撃できなくなっている人がいる。脳の右側に重大な損傷を受けて、牙が抜かれているせいだ。こういう患者の場合、左脳は好き勝手なことをでっちあげ、右脳はそれに黙って従うことになる。

「たとえば腕がマヒしているのに気づくと、左脳はそれをごまかして『気にするな』と言う。ふつうは右脳がそれを訂正して『ばかを言え、マヒしてるじゃないか』と言うわけです。この仕組みが崩れると、人はマヒを否認し、その腕は自分のものではないと言い出す。しかし、否認というのはしじゅう目にするもので、患者さんに特有の現象というわけではありません。ただこういう患者さんの場合、右脳が損傷しているせいで、それが奇怪な形に増殖していくんです」

脳に損傷がない人なら、ラマチャンドランの言う脳半球間の**押したり引いたり**が起こる。直面する状況が新奇であればあるほど、左脳はそれをなんとか説明しようとし、**物語の内的整合性**を生み出そうとする。そして右脳はその説明の不審点をいよいよ執拗につつきだすわけだ。

ここで、わたしの実体験から新奇な状況の例をあげよう。わが友人デヴォン・レアードは、ある朝歯磨きをしているとき、目のすみで異様な光景に気がついた。リビングルームの天井から大きな裸の男が産み落とされたのだ。男は枝編み細工のパパサンチェア〔丸いお椀形の大きな椅子。分厚いクッションが特徴〕のなかに、断熱材の雨とともにまっさかさまに落ちてきた。天井は破裂して花びらが開いたようなありさまで、その混沌のさなか、レアードはしばらくぼうぜんと突っ立っていた。いっぽう彼の恋人はくしゃくしゃのかたまりみたいな男に向かって怒鳴りつけ、すぐ出ていけとわめいていた。男はよろめきながらも立ちあがり、引っくり返った椅子を礼儀正しく起こすと、玄関のドアをあけて外へ飛び出した、と思ったらまわれ右をして戻ってきて、申し訳ないがズボンを貸してもらえないかと頼んできた。その後に流れた沈黙は歴史始まって以来の気まずさであったが、すぐにまた非難と怒号の嵐がわき起こる。服を持ってきてはもらえないようだと悟った天井破りは、朝日に裸のシルエットを浮きあがらせつつ、ドアのすぐそばにあったコート掛けから上着をかっぱらうと走って逃げていった。

友人とその彼女は、まだ断熱材がふわふわと床に降りそそぐなか、ぽかんとして顔を見あわせ、だれかが説明してくれるのを待っていた。待っているあいだに、ふたりの脳は脳にできる精いっぱいのことを始めていた。つまり話をでっちあげることだ。それから一時間ほどたつころ、わたしは数人の友人たちといっしょにレアードの話を聞いていた。その後、わたしはこの話をほかの人たちにも話し、その人たちもほかの人たちに話しはじめ、そのたびごとに憶測は膨らんでいった。やがてこの話は地元のマスコミの聞きつけるところとなり、大きな市場からさらに大きな市場に反響は広がっていき、しまいには「ほんとにあった変な話」みたいなコーナーで全国的なケーブルテレビのニュースにもなった。しかし、この騒ぎがついにガス欠になって鎮静化するころにも、公式にはまだなんの説明もなされていなかった。

いまではこの謎の真相はわかっているし、すぐに説明するつもりだけれども、その前にちょっと時間をとって、わたしたちがどんな憶測をめぐらせたか紹介しよう。

ことの直後、レアードがこう言っていたのを憶えている。歯磨き粉だらけの口で突っ立って、たったいま天井から落ちてきた裸の男と顔を見あわせているとき、この男はうちに泥棒に入ろうとしていたのだ、ととっさに思ったという。あとになって、パトカーが何台か外に駐まっているのを見、例の天井破りが仮釈放条件違反で追われていたと知って、そのストーリーはいっそう説得力が高まった。わたしとふたりで話しているあいだに、ほかにも何十というシナリオが飛び出してきたものだ。たぶんあいつは『スパイ大作戦』ばりの押し込みの達人で、裸だったのは釘に服を引っかける危険を恐れたからだろう。ひょっとしたら何週間も壁と壁のあいだで暮らしていて、雨水を飲み、食料貯蔵室をあけてものを盗んで食べていたのかもしれない。裸なのは壁の隙間は暑かったからだろう。あるいは警察から逃げていて、途中で囚人服を脱ぎ捨てて、通風孔からもぐり込んできたのだが、アクション映画ばりのことをしようとしたせいで落ちてしまったのではないか。この話がインターネットに出た直後に、掲示板やフォーラムに寄せられたコメントを読めば、みんなが同じことをしていたのがわかる。だれもがストーリーをでっちあげ、なんとか説明をつけようとしていた。わかっているのは事件の結果ばかり。男がいきなりアパートメントの二階の一室に落っこちてきて、素っ裸で断熱材のくずにまみれ、他人の家の家具を起こしていた——なぜそんなことになったのか、理由がわかるときは来ないかと思うとみんな居ても立ってもいられなかったわけだ。「もっとなにか事情があるはずだ」みんなでそう言いあったが、それは要するに、ちゃんとしたストーリー、ちゃんとした説明があるはずだという意味だった。ストーリーの形式にちゃんとはまるストーリーがあるはずだ。そうでないと、この世は意味をなさなくなってしまう。

天井の穴から全裸で登場した男について、もう頭のなかにストーリーができあがっていると思う。これはまちがいなく新奇な状況だから、あなたの左脳もこの状況を説明しようとすぐに回転しはじめたはずだ。わたしたちはしかし、男は秘密工作員で、友人をスパイしていたのだとは考えなかった。いくらなんでもそれはありえないと、右脳が待ったをかけてきたからだ。では、男が上から落っこちてきたのはなぜだったのか。そのほんとうの理由はこうだ。男は恋人（レアードの隣室の住人）とセックスをしていたが、そこへ警察がやって来てドアをノックした。男は性交を中断し、裸のまま逃げ道を探すうち、クロゼットの天井にハッチがあるのを見つけた。ハッチをあげて、狭い天井裏にもぐり込み、彼女の部屋の天井裏と隣室のそれとを隔てる薄い壁を破った。梁《はり》を伝って隣の天井裏に這い込んだはいいが、途中でバランスを失ってしまった。それで二本の梁のあいだ、断熱材を張った部分に体重をかけることになり、無慈悲な重力と化粧ボードの耐荷重能力の犠牲になったのだ。

この真相が明らかになったとき、説明を欲していた人々はみんな、ラマチャンドランなら予想したと思われるとおりのことをした。右脳に問い合わせをかけたのだ。この説明は、わたしが進んで受け入れられる物語の範疇に収まっているか。この現実の説明は、理屈と因果関係に関する最低限の要件を満たしているか。答えはイエスだ、とわたしたちは答えた。それで納得して、ふだんの生活に戻ってパイとか食べてるというわけである。

これはだれでも同じだが、人生の不条理に遭遇するごとに、人の抱く疑問は煎じ詰めればふたつの問いに集約される。ひとつは「われわれはどこから来たのか」であり、もうひとつは「なぜここにいるのか」だ。このふたつの問いにどう答えるか、それが文明全体の核をなしている。そして文化は、この宇宙全体について、また国民や国家について、会社やガールスカウトについて、その同じ問いを問いかける。実存主義的に言えば、ひとつの答えを得てそれを信じて生きていく人もいれば、どの説明にも与《くみ》せず生きていくことに甘んじる人もいる。

ここに第三の根源的な問いを付け加えたのが、いま台頭しつつある**物語心理学**という分野である。その問いとはこうだ——なぜ人は、このふたつの問いの答えを知りたがるのか。物語心理学で問うのは、なぜ人は意味を求めるのかということだ。心理学者ダン・マカダムズによれば、物語を作ろうとする試みが失敗すると、そこから自由落下が始まり、人は倦怠から無気力、無規範状態《アノミー》、停滞に落ち込んでいく。退職後に人が途方に暮れてしまうのはそのせいだろう、と彼は述べている。物語という結束物がなくなると、希望も欲望も目標もばらばらになってしまうのだ。マカダムズは物語心理学のパイオニアのひとりであり、数冊の著書を通じて、個人的な神話形成の予測可能な筋道と、神話の普遍的性質について語っている。物語はあらゆる人間の文化に現われる、と彼は言う。マカダムズによれば、意味は幸福より重要であり、「意味を付与することは、動的な物語を生み出すことであり、それによって混沌にしか見えない人間存在に一本の筋道をもたらす」のである。

物語心理学の中心テーマは、自分がだれで、なにを求めているのかという謎を解明するさいに、人が用いるのは論理でも慎重な分析でもないということだ。人は仮説を立てず、検証しない。人生の変数やその途上で知りあう人々を研究せず、記録せず、熟考しない。客観性や合理性は、人の知的生態系には居場所がなかなか見つからない。人は、時間というものを過去から現在に至る筋道と認識し、そのあいだに人生のさまざまな出来事が起こると考える。人生はある地点で始まり、べつの地点で終わると想像し、その途上には障害や山場が存在すると思う。ニューロンの巨大なネットワークによって生成される騒音に意味を見いだすには、頭のなかの物語作者が必要なのだ。人は、自分の自己像《セルフイメージ》にプラスになるように世界を説明しようとし、そのために原因と結果を探す。人の血統の長い歴史を通じて、人から人へ意味を伝える最善の方法として、物語は発達してきた。そしてその文脈のなかでは物語は真実でありつづける。

物語は意味の伝達手段であり、歴史を保存する道具である。文化を創造・保存し、いままであったことに関するふにゃふにゃで不完全な記憶を鍛《きた》えて、そこからアイデンティティを創り出す。それで筋が通るとなって、人間のあらゆる側面――意味すなわち原因と結果に関わる側面――が、物語に大きく依存するようになる。たとえば、第二次世界大戦についてのドキュメンタリーや書籍や映画では、あの戦争がはっきり始まりと終わりのあるひとつのストーリーとして描かれる。実際には、始まりと終わりなどどこにもない。第二次世界大戦は、原因と結果の織りなす巨大でぼんやりした迷宮であり、無数の初期条件と結果が寄り集まって濁りに濁ったどろどろの泥沼であり、それがいまだに全世界で人間のやっているあらゆることに影響を及ぼしている。すぐれた物語は、そんなごちゃごちゃのなかに一本の道を切り開く。そしてその道幅の範囲内だけで、ものごとは意味をなすのである。これが人の物語バイアスの基盤だ。自分の好きなように人生に意味を見いだす機会が与えられれば、具体的な事項をストーリーの形で語り、また聞くのを人は好む。そんな物語の中心にあって、主役を演じているのが自分自身だ。本が章から成り立つように、人は人生がいくつかの段階で成り立っていると考える。そして過去は、大小の敵役に対する勝利や敗北の連なりとして考えるのだ。過去を見返したときそこに意味が見いだせるのは、それをストーリーとして編集することができるからだ。過去はとても単純に見えるし、また物語のおかげで、予測可能でもあったはずだと感じられる。これを、心理学では**あと知恵バイアス**と言う。大きなニュースになった事件がこのあとどうなるか予測を書いてもらい、あとになってから自分がどう予測していたか思い返してもらうと、実際よりずっと正確に予測していたように思っている人が多い、という研究がある。人はめったに自分の予測を記録したりしないから、それがどれぐらい外れていたか、めったに気がつかない。その結果、自分の現在の予測を実際よりはるかに当てにできると思ってしまうわけである。

物語バイアスのために、人は外界からの情報をそのまま吸収することがほとんどできなくなっている。まずはものごとを原因と結果に配置しなおさずにはいられないからだ。ウミウシやツチブタは自分の行動について考えたりしないし、恥や誇らしさや後悔も感じない。ところが人は感じる――そんな必要がないときですら。自分の行動や思考や感情を思い返して不可解に感じると、その不可解さを解消するためにぜひとも説明せずにいられなくなり、その説明は将来の行動、将来の思考、将来の感情に影響する。その説明のさいによく用いられるのが**事後の合理化**だ。これは読んで字のごとく、事実のあとで納得が行くような説明づけをするということだ。自分の動機をくよくよ考えていると、身動きがとれなくなってしまうから、それを防ぐためである。たとえば、親友の引越を一日じゅう手伝っていたとしよう。夏の暑い盛りで、しかも新しいアパートメントにはまだ電気が来ていなかった。そんなときに、きんきんに冷えたビールが欲しくなったとしたら、あとでふり返ってみて、自分の欲求や選択や行為行動感情の出どころを説明するのはむずかしくないだろう。なにしろ暑かった。暑いときに、友人たちと飲むビールは格別だ。しかしそこで「巻き戻し」ボタンを押して、冷たいのを一杯やろうと提案した瞬間までに、自分の心に及んだ無数の影響をすべて追跡できたとしたらどうだろう。前日の夜、とくべつくだらないビールのCMを延々見せられたことを思い出すかもしれない。あるいは胸の悪くなる陳腐な広告板の前を通ったのかもしれないし、最近食料品店に入ったとき、ビール壜《びん》の積まれたピラミッドを目にしたのかもしれない。あるいは、先日母親に会いに行ったら、『ミーアキャットの世界〔英国のテレビ番組。四シリーズ製作されている〕』のDVDボックスセットを延々観せられ、どういうわけか「ミーアキャット」という単語からまだ発明されていないビール風呂《ビーアバス》を連想し、サイドテーブルかなんかを持ちあげて過ごしたきつい一日のあと、そういうものに浮かんでみたいと思ったのかもしれない。事後の合理化を意味するラテン語 *post hoc ergo propter hoc*〔AがBより時間的に早く起こったというだけで、AがBの原因であると見なすこと〕は、直訳すれば「これのあと、ゆえにこれが原因」という意味だ。物語バイアスのために、人はどうしても点と点を結んでストーリーを作りたくなる。だから冷たいビールが欲しくなるといった些細なことだけでなく、豊作のために処女を犠牲に捧げるみたいな途方もないことが起こったりするのだ。あることが先に起こったからそれが原因だと説明するのが、事後の合理化の最もシンプルな形である。イカ入りのタコスを食べたあとで重い病気にかかったら、とくに考えずともひとりでにストーリーができあがる。*post hoc lolligo, ergo quia de taco*（このイカのあと、ゆえにタコスのせい）というわけだ。しかし、これは不正確な思い込みだ。なにが病気の原因なのか、これだけではわからない。しかし事後の合理化と物語バイアスのせいで、次からはもうタコス・トラックのイカは食べる気がしなくなるだろう。ストーリーは線形だから、わが身にふりかかることに意味を見いだすのが容易になる。人ははっきりした因果関係が好きだが、年に一度のゴートボール〔ヤギの死体をボールがわりにして奪いあう競技〕のトーナメントと儀式的な打ち首ショーのあとでトウモロコシがよく育つからといって、このふたつに因果関係があるというわけではない。

物語バイアスのせいで、そこでのプレイヤーが物語の登場人物《キャラクター》のように見えないと、世界が意味をなすと思えなくなる。重要なキャラクターはその定義として人間的な性質を帯びていなければならないから、そうでないと意味がわからなくなるのだ。お話を作るとき、人が動物や調理器具やそのなかの背景を擬人化しがちなのはそのせいだ。

物語バイアスが真に輝くのは、自分のストーリーのなかの中心的キャラクター、つまり自分自身について考えているときだ。自分は自分であって、下着代わりに〈ターゲット〔米国のディスカウントスーパー〕〉のエコバッグをはいていた、地下鉄で見かけたあの男ではない、という確固とした感覚を人は持っている。人格の境界という概念——自分の自己はここまでで、そこから先は外界だという境目があるという考え、自分の行為をコントロールしているのは自分であって、宇宙から来た寄生生物ではないという考え、つまり自分のストーリーは自分のものだという考え——は、人が通常**自己**と称する思い込みのごった煮と表裏一体の関係にある。

そうと知ると驚くかもしれないが、神経科学と心理学はこの二十年間、力を合わせて研究を進め、人を不安にさせる奇妙な結論を導き出している。いわく、自己は存在しない。なんでもそうだが、自己もまたただのストーリーにすぎない。人の物語バイアスによって生み出されたものでしかないのだ。結局のところ、人はただの原子の集まりにすぎない。プリンを食べるということは、プリンもまた原子の集まりであるから、その原子を自分の原子のとなりに持っていき、一部が場所を交換するのを待つことにすぎないのだ。むかし、あなたの母親が二杯めのワインを飲んだあと、ものごとがああいうふうに進まなかったとしたら、あなたの骨や皮膚や舌や脳を作るために集まったのと同じ原子が、まったくべつのものを作るために配列されていたかもしれない。炭素や酸素や水素、果てはバナジウムやモリブデンや砒素《ひそ》にいたるまで、人体を構成する元素の集まりから、その一部を取り出して集め、再利用してほかのものを作ることもできるかもしれない——現代の技術ではまだちょっと無理そうだが。

　宇宙のレゴみたいなもので、物質を構成する基本材料は、大きな山だろうがサルだろうが、この世に存在するありとあらゆる形をとることができる。そこをじっくり考えていくと、奇妙な疑問にぶち当たるかもしれない。哲学者デレク・パーフィットが提唱したような——つまり、人間が原子交換機だとして、自分の肉体の原子をエドワード・ジェームズ・オルモス〔米国の俳優／映画監督〕のそれと一度に一個ずつ交換していったとしたら、どの時点で自分は自分でなくなり、オルモスはオルモスでなくなるのか、というのだ。ある時点を超えると、人は自分の心をなくしてオルモスの心を獲得するのだろうか。ある時点まで来ると、エドワード・ジェームズ・ほとんど《オールモスト》が現われるのか。またいつかの時点で、ふたりの思考や夢や記憶が入れ代わるのだろうか。この思考実験によって生じる不思議な感覚からは、人が自分自身と他者をどう見ているかということの一端が透けて見える。人はだれしも、人間には（とりわけ自分自身には）特別なところがある、という内的感覚を持っている。どんなながちがちの唯物論者でも、ただの肉ではないなにか、原子でできているのではないなにかがある、という小さな直感めいたものを完全に押し殺すことはできない。人間には、たんなる各部の寄せ集めではない本質《エッセンス》がある、と人は感じている。しかし、その感覚は生まれつきのものではない。

心理学者ブルース・フッドが著書 *The Self Illusion*（自己というまぼろし）で述べているように、人には起源のストーリーがある。つまり、子供のころから一本の道を通って旅してきて、途中の山や谷を乗り越え、いまある自分が形成されてきたと感じている。だが、赤ん坊にはそんな感覚はない。この感覚は、人が過去にあった出来事を思い起こすことができ、それを時間のなかに位置づけることができるようになってから、その出来事を核として築かれる感覚なのだ。乳幼児にあるのは、フッドの言う**無意識の知識**である。これはいわば、たんにパターンを認識して刺激と関連づけるということだ。出来事の記憶がなければ物語はない。そして物語がなければ自己はないのだ。フッドによれば、自己という感覚が生じてくるのは二歳から三歳のあいだである。その目覚めは、記憶に基づいて自分に関するストーリーを語る能力と対応している。この著書には、アリソン・ゴプニックとジャネット・アスティントンによる一九八八年の実験が取りあげられているのだが、これは三歳児にお菓子の箱を見せるという実験だ。ところがほんとうに入っているのはお菓子ではなく鉛筆で、三歳児はそれに気づいて驚くという寸法である。そのあと「次にべつの子に同じ実験をしたら、その子はなかになにが入っていると思うかな」と質問すると、たいてい鉛筆という答えが返ってくる。三歳児は、自分以外の人間にも心があることにまだ気づいていないから、自分の知っていることはほかのみんなも知っていると思い込むのだ。ところが、ほかの人にはほかの人なりの考えがあるはずと認識する能力が身についてからは、他人の心という概念がひじょうに強力であるため、人はそれをあらゆるものに投影するようになる。植物でも、すぐに故障するパソコンでも、名前のついた船でも——冗談半分であっても、一種の自己を持っていると考えて意味が通るものならなんでもだ。この**行為者の感覚**はひじょうに強力だから、あらゆる時代を通じて、人は太陽や月や風や海を動かす力に意識があると考えてきた。自分にも他者にも自己があるというこの感覚から、社会全体をひとつにまとめる物語が生まれてくる。古代・現代を問わずすぐれた神話は、壮大な規模でものごとに意味を付与するために生じてくる。物語バイアスはひじょうに強力であり、そんなストーリーのために人は生きもし死にもする。そのために全生涯を捧げたりもする（生命を奪ったりすることもある）。

ミシガンの妄想にとらわれた三人、作話をする患者、自分の腕ではないと言い張る患者、自分の知っていることはだれでも知っていると思う幼児たち、こういう例から学ぶべき教訓は、物語バイアスがなかったら人は道を見失うということだ。これはよく憶えておきたいのだが、人の心は生物学的現象――細胞のカスタード、と言っても、血管やらなにやらで蜂の巣状とか蜘蛛《くも》の巣状とかになっていて、食卓に出されても手を出す気になれないようなしろものだが、そこを化学的・電気的な嵐が波を立てつつ伝わっていくという――の産物だ。それが自分の正体であり、それが思考を生み出しているのに、内観してもそれに気づくことはない。内観したとき、見えるのは演劇《ドラマ》である。そこには恋愛や悲劇があり、冒険や運命のいたずらがあり、その中心には自分がいる。『人間であること《ビーイング・ヒューマン》』と題する会議がサンフランシスコで開かれたとき、神経科学者のデイヴィッド・イーグルマンは聴衆に向かって言った――仏教の僧侶たちは一生かけて瞑想をしているが、それでも「無意識という大海」に足指一本をひたしているだけである。さらに深く潜るのは、パソコンのトランジスタの検査をして、それでユーチューブの動画のジョークを理解しようとするようなものだ、と。神経節からの出力というわけのわからないたわごとは、人の先祖が形を変えていくにつれて、いよいよ複雑になっていった。しまいには収拾がつかなくなってきて、その完璧な解決策として生まれたのが物語だったのだ。イーグルマンの著書『あなたの知らない脳』によれば、脳の意識の部分は全体のごく一部にすぎない。あるアイデアが心に浮かんできたとき、意識の部分はそれを自分の手柄だと考えがちだが、実際には無意識の大海において、意識的には気づかないうちに、ひょっとしたら何年も前から育ってきたものなのである。ほんとうはどうだったのかという真相には手が届かないのだが、それでも人はそれを説明するためにストーリーをでっちあげるのをやめない。そのストーリーのなかで、人は気づきを創造と取り違える。現実には、人の意識の部分は脳の唯一の所有者ではない。心理学者ジョージ・ミラーの言葉を敷衍《ふえん》すれば、人は思考を経験しているのではなく、思考の結果を経験しているのだ。

またこれも憶えておきたいのだが、人がばらばらになるのを防いでいる物語は、直接的な攻撃を受けてもまずびくともしない。だれが本物のキリストなのかそうでないのか、三人の男が議論して意見がまったく合わなかった。とすれば、インターネット上でだれかと議論して相手の意見を変えさせようとしても、それが宗教でも芸術でも政策課題でも政治でも、とにかく文字どおりどんな問題であろうと、その見通しはかなり暗いと言わざるをえない。主観的な物語や個人的な神話は、一朝一夕に翻《ひるがえ》ることはない。たった一度の議論で立場が変わるはずはないのだ。変わることがあるとしても、心はゆっくりとしか変わらない。著述家マイクル・ペリーが *Off Main Street*（本通りをそれて）で書いているように、「真実は沈泥のように少しずつ降り積もっていく。風が砂岩をすり減らすように、真実はわたしたちを少しずつ削って形作っていく」のである。

どんな生きかたをしていようと、そこには内的物語があって、人はそれにしがみついている。人は一瞬一瞬にストーリーを構築して、なにが起こっているか自分はわかっていると自分を安心させる。そんなわけで、人は物語の形をとった情報を好む。人は無意識にストーリーを構築して、世界に意味を見いだそうとする傾向がある。そして、自分はだれで、どうしていまここにいることになったのかと、ふとわれに返って不思議になったりして、自分の考えとか感情とか行為とか、ともかく説明が必要なその他あらゆることを説明せずにいられなくなると、そのストーリーをくりかえし語るわけだ。そこに座ってこの文章を読んでいるいまのいまも、求められれば即座に、あなたは始まりと中間と終わりのある話をつむぎ出すことができるだろう。そこには原因と結果があり、語り手や主役やその他もろもろが存在するはずだ。さらに、それがストーリーの形式で伝えられると、ものごとを信じやすく、受け入れやすくなるという傾向が人にはある。生データのほうが正確かもしれないが、グラフなど視覚化されたデータについてじっくり考えるよりも、話を単純化してさっさと次に行くほうを好むのだ。統計分析よりも、感情に訴えられるほうが心に届きやすい。ジョークや意外な展開のある講演のほうが、パワーポイントのスライドで伝えられるより人を動かしやすいのである。真実と正確さは、記憶にこびりついた話——たとえその話が自分の頭から出てきたものであっても——と戦わされると、たいてい負けてしまう。本書のこのあとを読んでいけば、人が少しは賢くなろうと努力する場面で、物語バイアスが何度も戻ってくるのに気がつくだろう。理解するのがちょっとむずかしくなってくると、人はその不安を解消するために、ストーリー形式でのまちがった理解に飛びついてしまうのである。

人はただ食物を探し、危険を避けるだけではない。たんに刺激に対して反応するだけではないのだ。人は過去を思い出し、新しい友人にはその改良版を語る。解釈し修正し、はっきりさせたりぼかしたり、枠組みを改変したり合理化したりする。煎じ詰めれば、自己とはたんにひとつのストーリーにすぎない。自分自身の記憶の説明であり、人は耳を貸す相手にならだれにでもそれを語る。イプシランティの三人のキリストは、その物語がなかったらだれだというのか。どうやって自分の狂気に対処するというのか。べつの人間なら、自分のことをキリストの再来だとは思わなかったかもしれないが、だれのストーリーであれ、かれらのそれと同じ目的に役立っている。各章を束ねて、ばらばらになるのを防いでいるのだ。

人はみな、イプシランティの三人のキリストとそう違ってはいない。かれらの妄想は、ただずっと見抜かれやすいだけだ。かれらの脳はしくじっているかもしれないが、ふつうの人とまったく同じ戦略を用いて、周囲で起こっていることに意味を見いだそうとした。思い悩むこともうろたえることもなく、自分のアイデンティティや世界観を守りつづけた。砕けたレンズを通して現実を見ながら、それでも物語を、自分はだれかということを自分自身やほかの人々に説明するストーリーをつむぎつづけた。たしかに、かれらのストーリーではかれらは主役として神の子になっていたが、ふつうの人がでっちあげている役柄もこれとそう大きく変わらない。たんに簡単に見破られるかどうかの差があるだけだ。あなたと同じく、この三人は自分が妄想にとらわれていることに気づいていなかった。自分が混乱していることに気づかず、三人が出会うその時点まで長年役に立ってきた同じ脳に、だまされていることに気づいていなかった。あなたとまったく同じで、自分の欺瞞のおかしさを見せつけられたあとですら、自分の見かたが狂っていることも、まちがったことを信じていることも、まるで気づかないままだった。わけのわからない現実を無視するというのは、かれらだけでなくあなたにも共通する習慣だ。あなたもやはり、自分がどんなに多くのことに気づいていないか気づいていないのである。

2

通説の誤謬

ウソ

The Misconception

×

大多数の意見が一致していれば、
それはたぶん正しい。

ホント

The Truth

○

たくさんの人が信じているからと言って、
正しいと判定する根拠にはならない。

人間は万物の霊長であり、高貴な理性と無限の能力を備えているとシェイクスピアが書いた〔『ハムレット』第二幕第二場〕ころ、人間の身体には黒胆汁、胆汁、粘液、血液が満ちていて、病気と健康はすべてこの体液の相互作用によると考えられていた。やたら眠くてなにもする気が起きないのは、粘液が多すぎるからだ。吐き気がするのは血液が多すぎるせいだから、床屋に行って瀉血《しゃけつ》してもらったほうがいい。英文学の傑作をいくつも生み出した人物は、熱は刃物で治せると信じていたのである。

それに対して現代人は、ジェット機に乗っているときなど、飛行技術をマスターした生物種の一員であることに満足感を覚えたりするかもしれない。しかし、ここでぜひ指摘しておきたいのだが、初の動力機つき飛行機が離陸したころ、その国では女性に投票権はなかったし、多くの人がそれで当然と考えていた。また遠い銀河を眺めれば、飛行機から宇宙船まで六十年とかからなかったことに驚嘆の念を覚えるかもしれないが、その六十年のあいだには二度も世界大戦があり、気の滅入るほど何回も子供美人コンテストが開催されている。多くの人々が、いまではもう信じられていない多くのことを信じていた。信念というのはかなりもろいものだ。だからこそ、ほとんどの人が信念を大切に守ろうとするのだろう。

とはいえ、腰巻き姿だった大昔の親戚たちにくらべれば、現代人は驚くべき時代に生きている。ポケットにスーパーコンピュータを入れて持ち歩いているし、大半の祖先とは異なり、食事や寝場所の心配など一生することはないだろう。夜寝るときに、目が覚めたらライオンの口のなかではないかなどと気に病むことはない。こんなふうに考えてくると、祖先たちの社会なら自分は当代の天才のひとりだったのでは、と思いたくなるかもしれない。しかし、ほんとうにそうだろうか。ある日の午後、いきなり中世に飛ばされたとしよう。気がついたら足首まで埋もれるどろんこ道に立っていて、まわりでは村の人々がせわしなく行き交っていたとしたら、あなたは当時の人々に未来のなにを教えることができるだろうか。科学や医学の進歩、技術的飛躍――意気込む錬金術師や矢継ぎ早に質問を浴びせる火占い師に、それをどれぐらい伝えることができるだろうか。たとえあなたがエンジニアや化学者だったとしても、無からルンバを作ることはできまい。一週間としないうちに、墓穴を掘ったり家畜の世話をして生きる破目《は め》になっているだろう。綿繰り機や蒸気機関を発明できる見込みはまずない。また多くの病気を治すこともできないだろう。清潔を保つことの利点を教えるぐらいが関の山だ。つまり、自分の知性の証拠だと人が思っているものの多くは、たんに厖大《ぼうだい》な文化的遺産の一部にすぎないのだ。人は石器時代からのろのろ這い出してきたわけだが、どこかでなにかのリセットボタンが押されたとしたら、自分が一万年前の人々と大して変わっていないことがわかるはずだ。核戦争後のくすぶる地球の荒れ野で、どんな技術や知識を生き残った人々に提供できるだろうか。現代生活をどれぐらい、あなたは実際に理解しているだろうか。

私の友人スザンナ・グレッグは、韓国で英語の教師として働いていたとき、扇風機で死ぬという話を初めて耳にした。かの国の人々のあいだでは、首ふり扇風機ほど恐ろしい発明は少ないと広く信じられていたのだ。あるとき、彼女は友人といっしょにビールを飲みに出かけようとしたが、家のなかにペットのうさぎがいるのに、扇風機をまわしたままだと気づいて友人は震えあがった。その友人は二十八歳の大卒男性だったのだが、彼女が扇風機を止めるまでは出かけようとしなかった。窓を閉めた部屋のなかで扇風機をまわしっ放しにしてはいけない、だれでも知っていることだ、と彼は説明した。そんなことをしたら確実に死に至るというのだ。

こんな単純な、生命に関わることを彼女が知らなかったというので彼は肝をつぶしていた。最初のうち、スザンナは冗談かと思った。彼女の国では、というよりほとんどの国で、だれもそんなことは信じていないと説明して、やっと友人にそれがまちがいだと納得させることができたという。彼女がこういう**通説の誤謬**に陥らずにすんだのは、友人より賢かったからではなく、その神話がまちがっているという実証実験をすでに何度もやっていたからだ。いままでに何度となく扇風機をまわしたまま寝ていて、しかもちゃんと生きてその話ができたからである。それ以来、彼女は多くの友人や同僚に扇風機のことを尋ねてみたが、それに対する反応は半々だった。ばかばかしいと思っている人もいたが、殺人扇風機の話はほんとうだと思っている人もいた。ちょっと〈グーグル〉で検索してみればわかることなのに、室内で扇風機をまわしっ放しで眠ったり、長時間過ごしたりしてはいけないという話は韓国では広く信じられていて、スザンナから聞いたところでは、時間設定で自動で止まる安全機能のついていない扇風機は、韓国内では売っていないそうだ。この共通認識が根強くはびこっているせいで、多くの消費者は不合理な恐怖を抱いており、それをなだめるためにメーカーは安全スイッチをつけないわけにはいかないのだ。

世界は亀の背に乗っていると考えていた人々や、雨乞いの踊りで雨が降ると思っていた人々——かれらの脳は現代人の脳と同じだ。つまり、脳を作るＤＮＡの青写真は同じものだったのだ。だからかれらの世界に生まれる赤ん坊は、現代の世界に生まれる赤ん坊と同じだった。進化の歩みは遅くて脳はそれほど変化していないから、現代人と一万年前の人をくらべても違いはわからないのである。しかし、むかしをふり返って、人々の愚かな思い込みを笑うのは簡単だ。燃える戦車を駆る神々に始まって木のなかでクッキーを作る妖精に至るまで、祖先はありとあらゆることを信じていたが、現代人にしても祖先と同じ誤った推論法を用いている。さらにまた、祖先を突き動かしていたのは、現実の意味を理解したい、そして古くからある問いの答えを見いだしたいという欲求だった。つまり「いったいここではなにが起こっているのか」という問いである。わたしたちの遠い親戚たちは、その問いを宙ぶらりんにしておくことができず、それにくりかえし答えようとしてきた。そのときどきにより新しく、しかし同じくらいおかしな概念を持ち出して。

石を打ち欠いて槍の穂先を作りはじめたころから、人類の抱える最も根源的な難問のひとつが、いわゆる通説の誤謬である。ラテン語では *argumentum ad populum* すなわち**衆人に訴え**

る論証というが、このことからもわかるように、人間は昔からずっとこの問題に頭を痛めてきたのだろう。この誤謬はこんなふうに作用する——多くの人があることを正しいと信じていると、それを初めて聞いた人でもそれを正しいと思い込みやすくなる。そこで人は、その誤った考えをほかの人々にも伝え、それがどんどん広まっていく、というわけだ。人間は社会的動物だから、職場でも学校でも国でもなんでも、新しい環境に身を置いたときにはいの一番に、その環境になじんでいる人々に質問して、どうするのが最もよいのか教えてもらおうとする。どこで食事をすればいいかとか、首を切られたくなかったらどんなしぐさをしてはいけないかとか。言うまでもなくここで問題なのは、このようにして得られる情報は、同一性とか感情とか規範とか人気などに基づく意見を色濃く反映しているということだ。というわけで、高校とかディスコとか乱痴気パーティとかで一定期間を過ごせば、みんながやっているからといってつねによいとか正しいとはかぎらないと気がつくのである。この問題を完全に克服することはできないが、いまでは少なくともそれに対処する戦略が明らかになっている。

現実を検証する方法が手に入る以前、真実はぬるぬるしてつかみどころのない魚だった。祖先があんなに愚かだったのはそのせいだ。いま話しているのは石と石をぶつけていた人々だけではなく、物理学者や哲学者まで含めたすべての人間のことである。実際あまりにも愚かだったから、ひじょうに長い時間をかけて曲がりくねった当てにならない道をたどり、それなのにちょっぴりしか賢くなれずにいた。だがそれでも、ついにある道具を発明し採用して、たえず落っこちつづけていた巨大なばかの穴から這い出すことができるようになったのだ。

ここで穴と言っているのは、自己欺瞞の比喩《メタファー》である。人の遠い祖先が、実際に巨大な穴に落っこちつづけていたわけではない——少なくともそれで一章を費やす価値があるほどではない。また道具というのもメタファーであり、ここで言っているのは科学的手法のことである。

私たちの祖先が科学的手法を発明したのは、通説の誤謬のせいである。この世界を理解するためのデフォルトの戦略は、通説の誤謬のせいでおおむね役に立たず、誤りに直結しやすい。なぜ蜂は花が好きなのか。なぜ雪は降るのか。赤ん坊はどこから来るのか。あらゆる部族や都市や国民があらゆる説明をしてきて、それはいずれ劣らずすぐれていたが、ただどれも完全なでたらめだった。なお悪いことに、いったんある説明が文化に織り込まれてしまうと、何世代にもわたってそれが公式な説明になりがちだ。「雷ってなに?」ときっと子供は尋ねただろう。するとお空の大きな雪蟹が寝床から落っこちた音だよ」とシャーマンが説明する。それでだれもが納得し、自分もやがておとなになって子供ができ、しまいに赤痢で死んでしまったわけだ。かぎられた知識というハムスターの車はたえず回転しつづけ、それにブレーキをかけたのが科学的手法だった。しかしそのときですら、まだ進むべき道のりは長く、常識から払いのけるべき蜘蛛の巣は分厚かった。

科学と呼ぶにふさわしい科学が登場する以前は、すこぶるつきに賢い人でもじつに変てこなことを信じていた。ヨハン・セバスチャン・バッハがシンフォニアを作曲していたのと同じころ、多くの科学者が「フロギストン」は存在すると主張していた。燃えるもののなかにはこれが存在していて、火をつけるとフロギストンが空気中に抜け出すというのだ。壺のなかに燃え木を入れて蓋をすると火が消えるのは、空気がフロギストンでいっぱいになって、それ以上抜け出せなくなるからだ。しかし開けた場所なら、燃え木はしまいに灰に変わり、かれらに言わせれば完全に脱フロギストン化されるというのである。この説は百年ほど支持されていたが、ついに勤勉な科学の攻撃によって誤りをあばかれた。しまいに科学者はフロギストンなど存在しないことに気づき、真の魔法の成分は酸素であると突き止めた。火は酸素を消費するから、蓋をされると飢え死にするというわけだ。

また、生命はときどき自然に発生するとも信じられていた。アリストテレスまでさかのぼって、学のある人々が本気でそう信じていたのだ。肉を外に出したままにしておくと、蛆虫と蝿という新しい生命が自然発生するというわけである。また同様に、汚い敷物の山をしばらく放置しておくと、魔法のようにねずみに変わるとも信じられていた。嘘ではない。この説が揺らぎだしたのは一六六八年のことだ。この年、フランチェスコ・レディという医師が、密封した容器と密封していない容器に肉と卵を入れて、どちらに生命が発生するか確かめるという実験をおこなって、この説を検証したのである。密封容器では自然に生命が発生することはなく、これでこの説はすたれはじめた。とはいえ、最初のうちは彼の発見に対して懐疑的な声もあった。この説が完全に息の根を止められたのは、名高いルイ・パスツールの独自の実験のおかげだった。二世紀ほどのちのことになる。この時期のレディをはじめとする人々の実験をもって、人類史のターニングポイントと見る人は多い。ものごとを逆さまに見ることによって、世界はよくなりはじめた。この「壜のなかの肉」実験によって、科学的手法は真に誕生したとも言われている。通説に基づいて研究を進めるよりも、通説に矛盾する証拠を探すほうがすぐれた研究方法だということの証明になったからである。

ある結論から出発して、さかのぼって仮説の正しさを確認する、というのが自然な人のものの見かたである。しかし、科学的手法はそれとは逆方向に進み、仮説のまちがいを証明しようとする。疑問点がなくなったら、真実の輪郭が現われはじめるのだ。この手法によって結果が出せると祖先たちが気づいてから、ほんの数世代で、人類は魔女を火あぶりにしたり水銀を飲んだりするのをやめ、ヒトゲノムのマッピングをしたり月面でゴルフをしたりできるようになったのだ。

親戚たちが科学的手法を手に入れたあとですら、人々はあいかわらずじつに変なことを追求したり信じたりしていて、多くの古い迷信はなかなかなくならなかった。いまとなっては信じがたい話だが、手洗いで感染症が防げるという単純な事実ですら、人類史的に見れば比較的最近まで、医学界で完全には認められていなかったのだ。手を洗うことで致命的な熱病を劇的に減らせることが発見され報告されたあとでも、この説が受け入れられるにはしばらくかかった。あまりに革命的で、あまりに奇怪な説と見なされたのだ。細菌とか微生物の存在は、その他さまざまな説と相いれなかった。たとえば、病気の原因は悪臭と関係があるのではないかという説もあった――考えてみれば、この説はあるていど正しかったと言えるわけだが。すでに電話や電球が発明されていた世界で、手洗いで病気が防げるという説が多くの抵抗にあい、医学者たちは何十年も議論を戦わせていたのである。

　少しずつ愚かさを克服していく道のりは曲がりくねっているし、何度も中断と再出発がくりかえされてきたが、人類は粘り強く進みつづけている。ここであげてきた実例について、もうすばらしい事実にお気づきかもしれない――科学はもうそんなことは信じていないし、人々も信じていないということだ。通説の誤謬と闘ううちに、新たな通説が生まれてくる。人が自分では不得手なことを、科学が代わりにやってくれているからだ。科学はたえず、弱点を探してはそれ自身の現実モデルを解体している。もちろん科学者もただの人間だから、愚かさに陥りやすいのは同じだが、科学という企《くわだ》てとそのプロセスが、ゆっくりと、しかし確実に、人類の弱点をつぶして消していく。科学は自己修正システムであり、つねに昨日より今日のほうが真実に近づいているのだ。

生きていくうえで通説の誤謬に出会ったら思い出そう。科学者は、つねによりよい結論を導こうと努力している。それは、人が個人としては(少なくともデフォルトでは)やらないことであり、また人の外延である以上、組織もまたそれがあまり得意ではない。人は、科学の言う**帰無仮説**を求めない。つまり、なにかを信じているとき、それに反する証拠をめったに探そうとせず、自分の思い込みがどれぐらい正しいか検証しようとはしないということだ。だから、都市伝説や民話や迷信などなどが生まれてくる。懐疑主義は人の得意分野ではない。企業などの組織が特別に部署を設けて、その実行部門の誤りをチェックさせようとすることはめったにない。科学とはちがって、たいていの人間の営為では、その最もまずい点を見つけるために特別に労力を注ぎ込んだりはしない。これはたんなる苦情受付ということではなく、自分たちが正しい道を進んでいるか検証する部署がないという意味である。なにかをやるときにはかならず、まちがった方向に行っていないかどうか、立ち止まって検証する手段を計画的に取り入れるべきだ。愚かさを少しでも克服するには、頭のなかにそういう部署を置いてたえず働かせておかなくてはならない。科学的手法という教訓を、日々の行動に応用すればうまく行くはずだ。人の知らないところで、あなたが編み物をしたりゴルフをしたり猫の動画を検索したりしているあいだにも、科学は人の愚昧《ぐまい》と闘っている。人間の企てのうちで、これほど熱心に闘っている分野はない、というか、少なくとも闘って勝利しているところはほかにない。

むかしの人々が科学を発明したのは、人が自分の経験を理解し説明する方法——人にとって自然と感じられる方法——が、あまりにでたらめすぎるからだ。なんの証拠もないときには、あらゆる前提は基本的に平等である。それなのに、人は影響より原因を見るのが好きで、雑音のなかに信号を見、でたらめのなかにパターンを見るのが好きだ。わかりやすいストーリーが好きで、だから日々のあらゆることを物語に変換し、複雑な問題を容易にしようとする。科学者はこの物語を除去しようと努め、それを蒸発させ、生《なま》の事実だけをあとに残そうとする。それらのデータはただ裸でそこにさらされ、あとでやって来る新たな訪問者は、それについて考察したり再評価したりできる。科学者でも一般人でも、そのデータを使って新しいストーリーをでっちあげたり、議論したりするだろうが、しかしデータじたいは頑として動かない。ひょっとしたら百年以上もなんの意味もなさないかもしれないが、科学的手法のおかげで、バイアスや誤謬に満ちたストーリーは事実にぶつかって砕け散り、歴史のなかに消えていくのである。

3 ベンジャミン・フランクリン効果

ウソ

The Misconception

×

人は好きな相手には親切にし、嫌いな相手には意地悪をする。

ホント

The Truth

○

人は自分が親切にした相手を好きになり、傷つけた相手を嫌いになる。

ベンジャミン・フランクリンは、敵への対処法を心得ていた。

ベンジャミンは一七〇六年生まれ。十七人きょうだいの八番めで、父親はマサチューセッツ州で石けんとろうそくを作って生計を立てていた。将来、紳士にして学者、科学者、政治家、音楽家、著述家、出版業者、そしてあらゆる面で手ごわい闘士となる——そんな見込みは天文学的に低い生い立ちだが、彼はそれ以上のことをやってのけた。というのも、対人関係の駆け引きというゲームの達人だったからだ。

野心と知力に不足はないが、生まれは低いという人の例に漏れず、フランクリンはすぐれた対人スキルと社交力を身につけていった。どんなに可能性が閉ざされても、分析的な頭脳はできることを見出すもので、かくしてフランクリンは対人関係の達人になった。子供のころから話術に巧みで抜け目がなく、知略や術策をめぐらすのが得意で、しかも人をそらさない魅力を持っていた。そして秘密兵器をどんどん蓄えていった。そのひとつが**ベンジャミン・フランクリン効果**と呼ばれるもので、これは今日でも一七三〇年代と変わらず有用であり、また同じぐらい直感に反するツールである。その説明をするために、まずは一七〇六年までさかのぼることにしよう。

フランクリンの前途は明るいとは言えなかった。なにしろ父ジョサイア・フランクリンと母アビア・フランクリンには十七人も子供がいたから、ベンジャミンはたった二年しか学校に通わせてもらえず、早くから働かされていた。十二歳のときには兄ジェームズの徒弟になった。兄はボストンで印刷業を営んでいたため、おかげでベンジャミンは本や小冊子を読む機会に恵まれた。たとえて言えば、近所の子供たちのなかでただひとり、インターネットにアクセスできるようなものである。ベンジャミンは片端から読み、人が文章から吸収できる技能や学問をすべて自学自習していった。

十七歳のとき、フランクリンはボストンを離れ、フィラデルフィアで自分で印刷業を始めた。二十一歳のときに〈秘密結社《ジャントー》〉という「相互研鑽のクラブ」を作る。知識を吸収するための壮大な計画だった。自分と同じような労働階級の勉強家たちを集め、蔵書を持ち寄ってプールし、また定期的に集まって考えや世界の知識を交換することにしたのだ。かれらは論文を書いて朗読し、議論を戦わせ、また現金を集める手段を考えた。フランクリンはこの〈ジャントー〉を個人的なコンサルタント会社、シンクタンクとして利用し、よりよい小冊子を書いて印刷できるようにほかのメンバーの意見を聞いた。フランクリンはしまいに、アメリカで初の会員制貸し出し図書館を設立し、「ふつうの商人や農民を、他国の大半の紳士に負けないほど知的にする」ことがその目的だと書いているが、もちろんこれによって彼自身が読みたい本を読めるようになったのは言うまでもない。まさに天才。

一七三〇年代には、フランクリンは自分の作った情報のスーパーハイウェイに乗っていた。そして絶え間なく流入する情報のおかげで、フィラデルフィアの賢明な政治家になっていた。名士にして企業家、新聞も年鑑も印刷するフランクリンは、州議会書記の選挙に出馬するころには敵も何人か作っていた。しかし、敵の扱いかたなら心得たものだった。書記になれば、生まれてまもない政府から滝のように押し寄せる資料のなかに足を踏み入れることになり、公的記録や請求書や投票の集計結果など、公的文書を記録・印刷することになるし、州の紙幣を印刷することで文字どおり財を築くことにもなる。彼はこの選挙に勝ったが、次の選挙はそう簡単には行くまいと思われた。フランクリンの自伝では氏名は明かされていないが、フランクリンが書記として二期めの選挙に出馬したとき、同僚議員のひとりが議会で長い演説をぶってフランクリンをこきおろした。フランクリンは二期めの選挙にも勝ったものの、その批判をじつは気にしていた。しかも、その議員は「財産と教育のある紳士」で、政府部内でいずれ大きな影響力を持つことになるだろうとフランクリンは思っていた。なんとかしなくてはならない。

フランクリンは敵を味方に変えようと行動に出たが、「相手にこびへつらう」ことなくそれをやり遂げたかった。蔵書家として、また図書館の設立者としてフランクリンは名声を得ており、おかげで文学のわかる人物と広く見なされていた。そこで彼はその敵に手紙を書き、向こうの所有する、とある本を貸してもらいたいと頼んだ。「ひじょうに珍しく、また興味深い本」だからと。政敵は気をよくして、すぐに送ってきてくれた。フランクリンは一週間後、感謝状とともにそれを送り返した。任務完了である。次に議会が開かれたとき、その人物はフランクリンに近づいてきて、初めてじかに話しかけてきた。フランクリンによれば、その人物は「それ以後あらゆる場面で喜んで私を助けてくれ、親しい友人になり、その友情は彼が死ぬまで続いた」という。

いったいなにが起こったのか。なにかを頼むことで、どうして敵を味方に変えられるのか。厚意に頼ることによって、頼られた人物がこちらについての意見を変える——そんなことがどうしてありうるのか。要するに、なにがベンジャミン・フランクリン効果を生み出すのだろう。この問いに答えることは、人がなにかをするのはなぜなのか、その理由をよりよく理解することでもある。

まず態度から始めよう。**態度**とは心理学用語で、人物、話題、概念などなどに対して人が抱く信念や感情の集まりのことをさし、必ずしもはっきりした思考をともなう必要はない。ちょっと実験してみよう。ジャスティン・ビーバー〔カナダの歌手・俳優・シンガーソングライター〕。こみあげるものがあったかな？　それが彼に対するあなたの態度——神経系をたちどころに流れくだる、連想と感情の滝——というわけだ。もう少し試してみよう。これを読んで目を閉じてみてください。ブルーベリー・チーズケーキ。いいねえ、でしょ？　ではもうひとつ。原子爆弾。今度もまた、きのこ雲のごとき脳活動が、このテーマについてあなたがどう感じているか伝えてくる。ではここで自問してみよう。あなたはどこでその態度を身につけたのか。これは心理学ではよく知られているのだが、態度という馬より先に、行動という荷車が来ることが多いのである。

多くのものごとに関して、人の態度は行動から生まれる。行動は観察につながり、観察は説明に、説明は信念につながるのだ。行動は人の人格《ペルソナ》という未加工の大理石をノミで削り、日々人が経験する自己を形作っていく。しかし、そんなふうには感じられない。意識のうえでは、ノミを持っているのは自分だという気がする。すでに持っている思考や信念を動機として、ノミをふるっているというわけだ。あなたのズボンをはいている人物が、すでに確立された性格に基づいて、それに適合する行動をとっているように感じられるわけだが、多くの研究結果がそれは逆だということを示している。なにをするかが、なにを信じるかを決めていることが多いというのだ。

最も低いレベルでは、行動から態度への変換は印象操作理論に始まる。これはつまり、人は自分がなりたいと思う人物を、仲間たちの前で演じてみせるということである。社会関係資本《ソーシャル・キャピタル》をもたらすようなモノを買って仲間たちに見せびらかし（呈示）、それによって人は経済学で言う**シグナリング**をやっている。米国最南部《ディープ・サウス》に住んでいる人なら、車高の高いピックアップ・トラックとトラック・ナッツ〔ピックアップ・トラックなどの後部バンパーにぶら下げるジョークグッズ〕を買うかもしれないし、サンフランシスコに住んでいれば、〈プリウス〉や自転車スタンドを買うかもしれない。なんでもいいから、手に入りやすく、自分が描きたい自画像を最もわかりやすく伝える種類のものを、人は所有することになる。たとえば、自分があっちではなくこっちの集団に属していると広く世間に合図《シグナリング》するバンパーステッカーなどがそうだ。こういうモノを手に入れると、それを持つことがさらに影響を及ぼして、人はそれを所有するたぐいの人間になっていくのである。

霊長類の一員として、人は集団から追放される前兆になりそうな社会的合図に敏感だ。野生では追放は死を意味する。したがって、人は集団の一員だと感じられるように努力する。疎外されている、仲間からないがしろにされている、パーティにひとりだけ招待されないと感じることは、人の感情の核心部分に深く大きな傷を与えるからだ。追放されること、のけ者にされることへの不安は、太古の昔から何十億という人を行動に駆り立ててきた。印象操作理論によれば、自分が他者からどう見えるかを人はつねに考えている。これは、まわりに人がだれもいないときでも変わらない。だれも見ていないときには、心の奥の鏡がいままでしてきたことを映し出してくる。また、自分が仲間はずれにされそうだと見てとると、人は不安になって集団との結びつきを強めようとする。しかし、どちらが先なのだろう。呈示か、それとも信念か。職業人だから、スーツを着なくてはならないと感じるのか。それともスーツを着ると、職業人としてふるまいたくなるのだろうか。民主党に投票するのは社会的プログラムを支持しているからだろうか、それとも社会的プログラムを支持しているのは、民主党に投票したからだろうか。作家カート・ヴォネガットが書いているように、「なにかのふりをしているとほんとうにそれになってしまうから、なんのふりをするかは慎重に選ばなくてはいけない〔『母なる夜』より〕」。ある集団の一員になったり、あるジャンルのファンになったり、ある製品のユーザーになったりするとき、それは態度が影響してそうなったのではなく、そうなったことのほうが態度に大きく影響を及ぼすのだ。しかし、なぜそうなのだろうか。

自己知覚理論によれば、自分の行動を観察したがその理由がはっきりしないとき、人はその行動の意味を理解しようとする。そしてそれによって態度が形作られていくのである。観衆のひとりであるかのようにある状況を見返し、人は自分の動機を理解しようとする。自分の行為の観察者として、また自分の思考の目撃者としてふるまい、その観察に基づいて自己についての信念を形成していくわけだ。心理学者ジョン・カチョッポ、ジョゼフ・R・プリースター、ゲイリー・バーントソンは、一九九三年にこれを実証する実験をおこなっている。中国語の文字を知らない人に漢字を見せ、その文字がよい意味だと思うか悪い意味だと思うか尋ねたのだ。そのさい、一部の人にはテーブルの裏面に手を当てて持ちあげるようにしながら答えてもらい、またべつの人にはテーブルを上から押し下げるようにしながら答えてもらった。

平均すると、全被験者を通じて最もよい意味だと評価された文字は、テーブルを持ちあげながら見た文字であり、逆に最も悪い意味だと評価されたのは押し下げながら見た文字だった。これはなぜかと言えば、人は無意識のうちに屈曲とよい経験を結びつけ、伸展と悪い経験を結びつけるからだ。押したり引いたりが知覚に影響するのは、乳幼児のころから人は望ましいものをこちらに引き寄せ、嫌悪感をもたらすものをあちらへ押しのけてきたからだ。嫌悪感をもたらす（repulse）という単語じたいが「追い払う」という意味ではないか。神経の結合は深くて稠密《ちゅうみつ》だ。自己知覚理論では、記憶を宣言的記憶、つまり意識的な精神からアクセス可能な記憶と、非宣言的記憶、つまり無意識に保存されている記憶に分ける。宣言的記憶については、それが人をどう形作り、動かし、教育するか直感的に理解できる。たとえば、パンプキン・スパイス・マフィンについて考えると、温かくてふんわりした気分になるというわけだ。自己知覚理論では、非宣言的記憶も同じように強力だと仮定している。アクセスすることはできないが、それは人の神経系全体に脈打っている。人の姿勢、室温、顔の筋肉の緊張具合——そんなことが、あなたはだれでなにを考えているかということを、人の知覚に伝えてくるのだ。引き寄せるのはよいもので、押しのけるのは悪いものである。自己知覚理論で示すように、人は無意識に自分自身の行為を観察し、自分でも気づかないうちにそれに好ましい説明をでっちあげる。ベンジャミン・フランクリンの政敵は、貴重な書籍をライバルに提供したとき、自分が気前のよい親切な行為をしたのを観察し、無意識のうちに自分自身の行動を自分自身に説明した。そうか、おれはじつはフランクリンが嫌いではなかったんだな、そうでなかったらあんなことをするはずがないじゃないか、と考えたわけだ。

多くの心理学者が、ベンジャミン・フランクリン効果を**認知的不協和**というレンズを通して説明しようとするだろう。これは、何千何万という研究からなる巨大な理論で、種々さまざまな心理的なつまずきの石――本書で取りあげるもので言えば、確証バイアス、あと知恵バイアス、バックファイア効果、埋没費用効果など――を突き止めてきたが、全般的に言えば、人が日々経験する現象を記述した理論である。

人はときどき自分の行為について、論理的にして倫理的な、つまり社会的に容認できるような説明ができないことがある。自分の属する文化や社会集団や家族や、自分がそうだと信じる人物像にすら反するような、そんな行動をとってしまうことがあるのだ。そういうとき、「なぜ自分はこんなことをしたのか」と自問し、その答えに自尊心を傷つけられると、人は正当化せずにいられなくなる。頭のなかで砂袋が破裂して、脳の隅から隅までいっぱいになったように感じ、なんとかしなくてはと感じるわけだ。その証拠は、自分の政治信条に反する文章を読まされた人のMRIに見つけられる。自分の政治的立場と対立する文章を読まされた人の脳をスキャンすると、大脳皮質の最も高い部位、つまり合理的思考を司《つかさど》る部分の血流が減少し、信条に合致するべつの文章を読まされるまではもとに戻らないのだ。自分の思想が脅かされたと感じると、人の脳は文字どおり機能停止しはじめる。自分で試してみよう。嫌いな評論家をテレビで十五分観るのだ。となりで観ている人に文句を言ってはいけない。ネットに接続して毒づいたりしてもいけない。ただ黙って最後まで耐えるのだ。拷問されているようにつらいのがわかるだろう。

認知的不協和に関する驚異的な著書『なぜあの人はあやまちを認めないのか』において、キャロル・タヴリスとエリオット・アロンソンは、すぐれた心理学者レオン・フェスティンガーの話をとりあげている。フェスティンガーは一九五七年、世界の終末を唱えるカルト集団に潜入した。教祖はシスター・シードラを自称するドロシー・マーティンで、一九五四年十二月二十一日に宇宙船がやって来てシカゴの信者たちを吸いあげて飛び去り、その後に大洪水が来て地球の人類は滅亡すると唱えていた。多くの信者が家屋敷も含めて所有するものすべてを手放し、その日が来るのを待った。フェスティンガーは、宇宙船も洪水も来なかったときなにが起こるか調べようと考えたのである。信者たちは、自分をばか丸出しだと思うか、信仰のおかげで救われたと考えるかという二者択一を迫られるだろう、と彼は推測した。それ以前の多くの集団が同様の状況でそうだったように、世界が終わるとされた日以降もかれらは奇怪な信仰を保ちつづけ、さらに熱心な信者になるのだろうか。答えはもちろんイエスだった。あるていどの時間が過ぎて、宇宙船はやって来ないとあきらめがついてしまうと、信者たちはメディアに朗報を伝えはじめた。かれらの信仰の力で神は地球を滅ぼすのを考えなおされたというわけだ。信者たちは動転し、その後気を鎮《しず》める手段を見いだしたのだ。フェスティンガーは、かれらの極端なまでの高揚感は不安の特殊な形——すなわち認知的不協和だと言っている。こういう高揚感を味わうときというのは、ふたつの相反する信念が脳内の酒場で喧嘩を始め、椅子を倒したり互いの頭にボトルを叩きつけて割ったりしているのである。それはひどい気分であり、いっぽうの信念が他方をノックアウトして黙らせるまで続く。

フェスティンガーは、次にはコントロールされた環境で認知的不協和の研究に取りかかった。同僚のジャドソン・ミルズとともに、スタンフォード大学で実験を始めたのだ。ふたりは学生たちに、セックスの心理学を学ぶ秘密クラブに入会しないかと持ちかけた。ただし、入会には通過儀礼を乗り越える必要があると説明し、希望者をひそかにふたつのグループに分けた。そしていっぽうのグループには、教師の前で辞書から性的な単語を読みあげさせ、もういっぽうには、あらゆる時代を通じて最も有名なロマンス小説、すなわち『チャタレイ夫人の恋人』の一節をまるごと朗読させた。タヴリスとアロンソンが指摘しているとおり、これは一九五〇年代のアメリカの話だから、どちらもかなり恥ずかしい思いをしただろう。しかし、性行為と性器の描写だらけのセックス場面を朗読する恥ずかしさは、性的な単語の比ではなく、まさに想像を絶するほどだったにちがいない。この通過儀礼のあと、どちらの学生もグループディスカッションの録音テープを聞かされる。たったいま入会を認められたクラブでは、こういう議論をしているというわけだ。フェスティンガーらの努力のかいあって、それはこの上なく無味乾燥で退屈でちっともセクシーでない議論になっていた。なにしろセックスはセックスでも鳥の交尾習慣が主題だったのである。その後、学生たちにその議論について評価してもらった。辞書の単語を読まされた学生は、このセックス・グループにはがっかりした、以後は出席するかどうかわからないと答えた。いっぽうもっとつらい通過儀礼を耐え忍んだロマンス小説のグループは、とてもわくわくして興味深かった、参加するときが待ちきれないと答えている。ひとつのテープ、ふたつの現実というわけだ。

フェスティンガーは、べつの同僚J・メリル・カールスミスとともに、一九五九年にはさらに一歩進んだ実験をおこなった。いまではこの現象に関する記念碑的研究と見なされており、これがきっかけとなってそれから四十年間、今日にいたるまでこの分野の研究は続いている。

スタンフォード大学の学生たちは、単位を取得する必要条件として「実行能力測定」と称する二時間の実験に参加した。フェスティンガーらは学生たちをふたつのグループに分け、いっぽうには謝礼として一ドル（今日の通貨価値で八ドルほど）支払うと言い、もういっぽうには二十ドル（今日の価値に直せば百五十ドルほど）出すと伝えた。それに加えて、研究部門の改善のため、最後にこの新しい実験を評価してもらうと説明した。学生たちはそれから一室に連れていかれ、片手で木製の糸巻《スプール》をトレイに載せてはおろすということを何度もくりかえしやらされた。三十分後、今度は角釘を平らな板のうえで時計まわりにまわすという作業に移った。一度に四分の一回転ずつまわして、それを三十分続けるのだ。そのあいだずっと、実験者がそれを見ていてなにやらメモをとっている。一時間後、作業を終えた学生は、学校のためにひとつ頼まれてほしいと言われる。次にこの作業をする予定の学生が部屋の外で待っているから、この実験は楽しくて興味深かったと帰りぎわに伝えてほしいというのだ。こうして嘘をつかされたあと、最後にどちらのグループの学生も（いっぽうはポケットに一ドルを、もういっぽうは二十ドルを入れて）アンケートに答えさせられ、この実験に対するほんとうの気持ちを尋ねられる。学生たちはなんと言ったと思いますか。ここでヒント――いっぽうのグループは外で待っていた学生に嘘をついたばかりか、さらに進んで小さな木片をくりかえし転がすのがすごく楽しかったと答えている。こんなふうに嘘を内面化したのはどちらのグループだと思いますか？　平均すると、一ドルもらった学生はこの研究は刺激的だったと答えているのに対し、二十ドルもらった学生たちは、いまやらされた実験は退屈で退屈で死にそうだったと答えている。この差はどこから来るのだろう。

フェスティンガーによれば、どちらのグループもこの一時間について嘘をついたが、認知的不協和を感じたのはいっぽうのグループだけだった。つまり、二十ドルもらったグループはこんなふうに考えたわけだ――退屈だったし嘘までつかされたけど、かなりいいお金になったし……まっいいか。かれらの精神的な苦痛は、けっこうな外的正当化によってすばやく容易に解消されたのである。いっぽう、一ドルしかもらえなかったグループにはそういう外的正当化の手段がなく、そこで内面に目を向けた。自分の考えかたを変えることで、脳内の日焼けに軟膏を塗ったのだ。ボランティアをすると気分がよかったり、無給のインターンが熱心に働いたりするのはそのためだ。明白な外的報酬が存在しないと、人は内的なそれを創り出すのである。

このようにして認知的不協和は循環する。自分はどんな人間かという問題について、苦痛をともなう混乱が生じると、人はそれを解消しようとして、もっと納得できるように世界の見かたを変化させる。フェスティンガーが言うように、人は「自分の感じること、または自分のしたことと適合するように、世界観を調整」するのだ。自分のやったことに不安を感じ、それを鎮めるために不安の存在しえない空想の世界を創り出し、やがてその空想を現実だと信じるようになる──それがベンジャミン・フランクリンの政敵がしたことだ。貴重な本を嫌いな相手に貸すはずがない、とすればほんとうは好きだったにちがいない。問題解決である。

ところで、ベンジャミン・フランクリン効果じたいは検証されているのだろうか。答えはイエスだ。フェスティンガーの研究をもとに、ジム・ジェッカーとデイヴィッド・ランディは、一九六九年にある実験をおこなった。この実験では、心理学者と研究助手をそれぞれ俳優が演じ、いっぽう被験者は、心理学的テストを受けて勝てば賞金がもらえると信じて実験室にやって来る。心理学者を演じる俳優は、無礼で横柄にふるまって嫌われるように努めつつ、用意された一連のテストを被験者に受けさせる。被験者はみなどうやっても十二回は勝つことになっていて、小遣い銭程度の賞金を受け取る。それがすむと、上階に行ってアンケートに回答するよう、感じの悪い俳優に指示される。この時点で俳優は、全被験者の三分の一を出ていく前に呼び止める。そして賞金を返してもらえないかと頼む。じつはその金は彼のポケットマネーで、資金不足でこの研究は続行が危ぶまれているので、返してもらえるとたいへん助かるというのだ。実験では全員が同意して返している。さて、べつの三分の一の被験者は、二階の一室で助手を演じる俳優の前でアンケートに記入する。ところが記入する前に、さっきの賞金を研究部門の基金に寄付してもらえないかと研究助手に頼まれる。研究部門は資金が不足しているからというのだ。今度もやはり全員が同意した。そして最後の三分の一は賞金を受け取ったまま、とくになにも言われず帰っていく。

この実験の真の目的は、感じの悪い心理学者の頼みを聞き入れたあと、被験者が彼をどう思うかを調べることだった。アンケートでは、彼をどれぐらい好ましく思うかを一点から十二点までで評価してもらったのだが、平均すると、賞金をもらったまま帰った被験者は五・八点と評価した。研究助手の頼みを聞き入れた被験者の平均は四・四点。そして心理学者の頼みを聞き入れた被験者は七・二点だった。ベンジャミン・フランクリン効果のおかげで、ほかの二グループよりずっと好意的に評価したと考えることができる。

ベンジャミン・フランクリンを嫌っていた人物は、フランクリンに親切にしたあと好意を持つようになったが、逆に冷たい仕打ちをしていたらどうだっただろうか。一九七一年、心理学者ジョン・ショプラーとジョン・コンペールは、学生に実験への協力を求めた。学生たちは「教師」として学習テストを実施するよう言われるが、テストを受ける「学習者」は学生を装った実験協力者である。教師役を務める被験者の学生は、学習者の前で一連の木製キューブをスティックで叩いてみせる。そしてやってみせたとおりに叩くようにと指示するわけだ。教師役たちはみな一度にひとりずつ、ふたりのべつべつの学習者相手にべつべつの指導法を実施することになっている。いっぽうの学習者には、正しく叩けたときに褒めて指導する。もういっぽうには、まちがったときに叱ったりけなしたりする。その後、教師役の学生は事後アンケートに答えるのだが、そのなかに、学習者たちはどのていど魅力的で好感が持てたかと尋ねる項目があった。全体として、叱ったりけなしたりした相手のほうが、褒めた相手よりも人間的に魅力に乏しかったと評価されている。教師役の学生は、行動によって認知が影響を受けたのだ。人は、親切にした相手を好きになり、つらく当たった相手を嫌いになる傾向がある。スタンフォード大学の監獄実験からアブグレイブ刑務所〔米軍によるイラク人捕虜虐待が問題になった〕、強制収容所や戦闘で血を流す兵士の態度まで、山のような証拠が示しているとおり、助けたときと同じく虐待したときにも、その行動が態度を生み出すのである。看守は囚人を見下すようになる。収容所の監視兵は捕虜を同じ人間とは見なさなくなる。兵士は敵に侮蔑的なあだ名をつける。相手に好感や敬意を抱いていたら傷つけるのはむずかしい。同じ人間を殺すのはさらにむずかしい。自分が傷つけた犠牲者を、自分より劣る存在、傷つけて当然の相手と見なすことができれば、自分は善良で正直な人間だと思いつづけることができる。正気を保つことができるのだ。

ベンジャミン・フランクリン効果は、自己が攻撃されているという危機感の結果だ。人はだれでも人格《ペルソナ》を発達させており、そのペルソナはつねに維持される。なぜなら個人的な物語の矛盾は書きなおされ、編集され、解釈しなおされるからだ。たいていの人は自己評価が高いのがふつうで、自分はほぼあらゆる面で平均以上だと信じる傾向がある。そのおかげでやっていけるし、水面上に頭を出していられるのだ。だから、自分自身の行動の原因がよくわからないと、人は自分を美化できるような物語をでっちあげる。逆に、自己評価スペクトルの反対端のほうにいる人は、自分はだめなやつで生きる価値もないと思っている。だから、タヴリスとアロンソンによれば、自分の行動がよく理解できないときには、無能とか奇人とか、なんでも自分はそういうやつだと思う種類の負け犬らしいペルソナにふさわしい態度の結果として、その行動を書きなおす傾向がある。そういう人は成功すると落ち着かない気分になるから、あれはまぐれだったのだと片づける。親切にされれば、なにか魂胆があるのだろうとか誤解しているのだとか思う。自分のペルソナを愛するにせよ憎むにせよ、人はその自己を守ろうとする。それが自分にとって居心地がよくなっているからだ。自分自身の行動を観察したり、他者の視線を感じたりするとき、人は事実をねじ曲げて自分の期待に合わせようとする。

荷車が馬より前に来ていないか気をつけよう。つらい通過儀礼のせいで根拠もなく情熱がわいてきたときや、つまらない仕事にやりがいを感じはじめたときには注意しよう。誓いとか約束と同じように、制服やパレードにも影響力があることを思い出そう。外的な報酬が存在しないと、内的にでっちあげようとしだすことを忘れてはいけない。自分の決断に高い代償を払えば払うほど、それが貴重に見えてくることを計算に入れよう。時間とともに、あいまいだったものが確実になっていくことを念頭に置こう。どっちつかずだった感情が、あるグループやクラブや製品に肩入れしたとたんに強化されることに気づこう。自分の演じる役割や、自分のふるまいに気を配ろう。人は自分の受け入れたレッテルを実現しようとする傾向があるからだ。そしてなにより、人につらく当たれば当たるほど、相手への憎しみがつのることを肝に銘じよう。親切にすればするほど、人は助けた相手を好きになるのだ。

フランクリンは、自伝でこう要約している。「これは、私が学んだ古い金言の正しさを示すもうひとつの実例だ。その金言にいわく、『助けてくれた相手のほうが、助けてやった相手よりずっと頼りになる。一度助けてくれた人は二度めも進んで助けてくれる』。このことからわかるのは、憎み復讐し反目を続けるより、それを思慮をもってやめるほうが、はるかに有益だということである」

4

因果の誤り

ウソ

The Misconception

×

原因のあとに結果が起こらなければ気がつくものだ。

ホント

The Truth

○

ものごとの起こる順番に、なんの意味もないと信じるのはきわめてむずかしい。

しばらくのあいだ、有名なプロ選手の手首に例のブレスレットをよく見かけたものだ。ほとんどどんな人気スポーツでもそうだった。サッカーのデイヴィッド・ベッカムからバスケットボールのシャキール・オニールまで、スーパーボールからワールドシリーズまで、ホログラムを側面に貼りつけた黒いシリコンのリストバンドは、ありとあらゆる場面に氾濫していた。ところがこれほど人気を誇ったにもかかわらず、この〈パワーバランス〉ブランドの運動能力向上リストバンドのメーカーは、二〇一一年十一月に破産を申請している。

〈パワーバランス〉社は数々の効果を謳《うた》っていた。ウェブサイトによれば、このシリコンの輪っかを着けると脳の回転が速くなり、筋肉の反応が速くなり、肺の機能が向上し、柔軟性が高まり、そしてその名称が示すとおり、バランス感覚が高まるという。この魔法のストラップは一時は世界三十か国以上で販売されていて、二〇一一年に広報担当がAP通信に語ったところでは、この年の売上は三千四百万ドルと見込まれるとの話だった。三月、その利益を使って、カリフォルニアのアルコアリーナをパワーバランス・パビリオンと改名。その後〈NBA〉と契約を結び、各チームのロゴの入ったバージョンのバンドを出すことに同意。というわけで、破産したとき同社には財政的問題はいっさいなかった。それどころか、このブレスレットの人気は絶頂に達していたのだ。もと合衆国大統領ビル・クリントンは、これを着けているところを写真に撮られているし、ロバート・デ・ニーロも、ジェラルド・バトラーも、そしておそらく、ゴルフをするよりその話をしている時間のほうが長い、あなたの親戚のおじさんたちもみんなしていただろう。〈AP通信〉の二〇一一年の報道では、バスケットボール・チーム〈フェニックス・サンズ〉のトレーナーはあの安物にかけて誓いを立て、インディアナポリスの〈セント・ヴィンセント・スポーツ・パフォーマンス〉——何百人というプロスポーツ選手がトレーニングに通っている施設である——の広報担当は、客の三分の一はトレーニングのさいにあのブレスレットを着けているようだと語っている。二〇〇七年から二〇一二年まで、猫も杓子《しゃくし》も、アイヴィー・リーグや高校の教師たちから、俳優からフットボール選手から政治家まで、何百万という人々が三十ドル払って魔法のお守りを買い、人前でこれ見よがしに身に着けていた。メーカーの謳っているとおり、自然のエネルギー場が強化され、ホログラムと共鳴し、運動能力が高まる——それがどういう意味かわからないが——と信じて。

この会社はいまも立派に儲けていたかもしれない——故意に大衆をだましたかどでオーストラリアの法廷で有罪とされ、消費者への欺瞞に対して六千七百万ドルの和解金を支払う破目にならなかったら。同社の数々の主張の問題点は、お節介な科学者たちが言うには、それがひとつ残らず完全に、絶対に、そして明らかにまちがっているということだった。あのバンドには、食料品店の自動販売機で売っているキャンディレイ〔キャンディをつないで輪にしたもの〕ほどのパワーもなかったのだ。判決が出てまもなく、〈パワーバランス〉社が発表した声明を一部抜粋するとこうだ——「弊社の主張を支持する信頼に足る科学的証拠はなく、したがって不正行為に携わっていたことを認めます」。そしてその後、同社は連邦改正破産法第十一章による破産を申請したわけだ。

いまでもあのブレスレットはたまに見かけることがある。とくによく見るのは、ガソリンスタンドの料金支払い所で売っているコピー商品だ。しかし、その名が有名になり、何十人というセレブのお墨付きをもらっていた国々でも、オリジナルはしだいに見かけなくなってきている。

言うまでもなく、これで製品の息の根が止まったわけではない。ウェブサイトはいまも開いているし、そこをのぞいてみれば、スウェットバンドからマウスガードまで、さまざまな新製品が出ているのもわかる。〈ＮＢＡ〉のオンラインストアに行けば、〈ＮＢＡ〉公式バージョンの製品もまだ買うことができる。ウェブサイトの文言が信じられるとすれば、いまでも大勢のセレブがお墨付きを与えているらしい。二〇一二年には中国の販売会社が同社を買収し、『ウォールストリート・ジャーナル』によれば、この製品は大々的にカムバックすると消費者保護の担当者は警戒しているという。担当者のひとりフィリッポ・マルシーノは、『ジャーナル』に対して「非正統的な健康哲学に弱い」消費者への拡大をはかってくるだろうと語っている。とくに消費者保護のための監視制度不在の市場が狙われるだろうと。

だが、これはじつは大した問題ではない。たとえこの会社がしまいに消えたとしても、すぐにほかのだれかが出てきて、魔法のアクセサリーとか秘密のがらくたを売りはじめるだけだ。そういう製品はずっと前からあった。磁石の護符とか、ホメオパシー的なエッセンスとか、聖遺物、ヴードゥーの呪いの人形、ダイエット用イヤリング、内部に小さなカタパルトを仕込んだスニーカーなどなど。儲けの潜在的可能性はつねにそこにあり、原始時代以来の「だまされやすさ」の現代精神版、そこにつけ込む抜け目のない商人が出てくるのを待っているのだ。しかし、なぜ人はこんなにだまされやすいのだろう。うさぎの足や四葉のクローバーをすぐにポケットに入れたくなるのはなぜなのか、そして汗水垂らして稼いだお金が、そういうものを売っている連中のポケットにあっさり飲み込まれるのはなぜなのか。その根っこにあるのは、**因果の誤り**と呼ばれる呪術的思考《マジカル・シンキング》の一種である。何百年も前から、人はプラシーボ効果の余波にひたっているあいだにこれに惑わされ、詐欺師を肥え太らせる結果になってきたのだ。

スポーツ選手はとくにマジカル・シンキングに影響されやすいようだ。ペレ・リンドベルグ（スウェーデン出身のＮＨＬ〔北米のプロアイスホッケー・リーグ〕所属のゴールテンダー）は毎試合かならず防具の下に同じオレンジ色のＴシャツを着ていた。このシャツを彼はけっして洗濯せず、長年のあいだに傷んでくると何度も何度もつくろいなおしている。テニスのスター選手ゴラン・イワニセビッチは、試合に勝つと、その日にやったことを次の試合の日にもそのままくりかえそうとする。テーブルの配置から食事の内容まですべてだ。彼はブログに、トーナメントが終わるのが待ち遠しい、終わったら「やっとほかのものが食べられるから」と書いている。チキン・マンとあだ名されたウェイド・ボッグスは、野球のダイヤモンドを飾ったかつて最高の選手のひとりと広く見なされているが、こんなあだ名がついたのは、試合前にはなにがあってもチキンを食べていたからだ。また十七という数にもこだわっていて、バッティング・ケージではきっかり五時十七分に練習を始め、きっかり七時十七分にスプリント練習を始めていた。あるとき、スランプの最中に、アナウンサーがボッグスの名前を観衆に伝えるさいに背番号を言い忘れたことがあった。この試合でスランプが終わったため、以来ボッグスは、背番号を言わないでほしいとプレーの前にアナウンサーに頼むようになった。ある伝記作者は、ボッグスの日々はこういう決まりごとに支配されていたと書いている。彼は時間に几帳面で、成果をあげつづけるためにすべてを儀式化していた。つねに一貫性と規則性を維持することによって、自分の成果や成績が測定可能、比較可能になると考えたのだ。スポーツは人にこのような影響を与えやすく、選手もファンも統計マニアになりがちである。『ダンジョンズ&ドラゴンズ〔最も歴史あるテーブルトークRPG〕』のどんなゲームマスター〔ゲームのルールを定める人〕もうらやむほどに、ルールを守らなくてはという強迫観念が強くなるのだ。数量化されたライフスタイルに傾倒するあまり、スポーツ選手はどうしても迷信深くなりがちである。数字を調べて成績があがっていれば、そうなる以前にあったことすべてが理由と思えてくる。よい結果が出たときには、その前にあったことはすべて複雑な儀式に組み込まれ、くりかえす価値のある行動になる。これが因果の誤り（post hoc fallacy）である。これは制御不能のチックのようなもので、あらゆる人間の頭にはるか昔から——穴居人でもファラオでもいいが、その墓から出土した世界最古の護符よりずっと大昔から——刻みつけられている。
　この*post hoc*（ポストホック）の語も、やはりラテン語の*post hoc ergo propter hoc*、すなわち「これのあと、ゆえにこれが原因」という意味の文言から来ている。そう想定するのが自然だと人の頭には感じられるのだ。あることのあとにべつのことが起こると、先に起こったことが原因だと思う――こういう思考の流れは、人のふだんの意識にとってきわめて根源的な働きかたなのだが、このことはあまり気づかれていないかもしれない。ボタン操作式の機械が直感的にわかりやすいのは、人がものごとを直線的に、ポストホック式に考える傾向を持つせいだ。ドアベルのボタンを押せば、ベルの鳴るのが聞こえる。エレベーターのボタンを押せば、ボタンが明るく光る。スクリーンに触れるとアプリが立ちあがる。自動販売機のボタンを押せば、缶ジュースがゴトンと落ちてくる。物心ついてからずっと、ボタンを押せば報酬が得られるという経験をしてきたのだ。これは最も単純な形の条件づけであり、レバーを押すと餌のペレットが出てくるねずみと少しも変わらない。ボタンを押した瞬間と、望みの結果が得られた瞬間のあいだに、なにか目に見えない魔法が起こったのかもしれない。自動販売機のなかを開いてからくりを確認しないかぎり、自分の力で缶ジュースが出てきたのかどうか真の意味で確認したことにならない。ひょっとしたらなかに人がいて、缶ジュースを選んで取り出し口に落としているのかもしれない。あるいはカメラで販売機を監視していて、遠くの司令室から缶ジュースを出すよう機械に命令しているのかもしれない。つまりわからないのだ。しかし、ボタンを押したあとで期待どおりの結果が得られれば、そんなことは問題ではない。こんな経験をすれば、人はどんどんボタンを押しやすくなっていくだろう——というか、ものごとはこんなふうに進むものだと信じ、それに無自覚に頼るのはまずいとは思わなくなっていくだろう。一セント銅貨をコンセントに差し込んで痛い思いをすれば、子供は自動的にコンセントを避けるようになる。電気の発見とか、それを利用するための長く危険な歴史とか、そんな複雑なことを学ぶ必要などない。一度ビリッと来たら、便利な電力網を作りあげるために必要な経済的・産業的な道筋など説明される必要はないのだ。そういう経験から学ぶためには、電磁気について理解しているかどうかはどうでもいいし、その存在を信じているかどうかすら問題ではない。その行為と結果のあいだにほんとうはなにが起こっているのか、たいていの動物は考えもせず、まったく気にもしていない。乳幼児が壁のコンセントから飛びすさり、親指にリンカーンの横顔〔一セント銅貨の図柄〕が焼きついた理由を何度も説明する破目になったら、その子供が同じ実験をもうくりかえすことはないと安心してよい。なぜなら進化は「これのあと、ゆえにこれが原因」だから「二度とこんなことはしない」と考える種類の脳に有利に働くからである。

　人はこの因果の誤りを犯すのが大好きなので、あることのあとにべつのことが起こったとき、ふたつの出来事には関係があるにちがいない、第一の出来事は第二の出来事の原因ではないとしても、少なくとも影響ぐらいは与えているだろう、と考える癖がある。このため、因果の誤りは不合理な思考の要石になっている。因果の誤り的な合理化は、不正確で、非科学的で、神秘的で、神話的で、迷信的なことすべてを支える救いの神なのだ。こういう考えかたが人を暗い水域に導いていくのも当然だ。なぜなら、「もしこれならあれ」という状況ではとくに、パターン認識は人生航路において決定的に重要だからである。これはたんに、そういう考えかたがまちがっているとき（そういうことはしょっちゅうある）、人はそれに気づくのがあまり得意ではないということだ。たとえばたいていの風邪は治るまで七日かかり、どんな薬を服《の》んでもふつうは症状を軽くするだけだ。それでもたくさんの家庭療法や一般市販薬がもてはやされるのは、風邪が治ったのはそれのおかげだと人が信じているからだ――ほんとうは、なにもしなくても同じぐらい早く治ったはずなのに。毎年同じ時期に踊りを踊り、それが雨をもたらし、作物が大きく育って豊作になると考える文化もあるかもしれないが、その踊りが豊作となにか関係があるということにはならないだろう。また試合の前にかならず集まって一心不乱にお祈りをするチームがあったとして、そのチームが州大会で優勝したとしても、世に知られたありとあらゆる神々を説得して強くしてもらったおかげで、信心の足りないキックボール〔子供向けの野球に似たスポーツ〕のライバルチームに勝てたのだということにはなるまい。自動的にそういう結論に達するのは便利ではあるが、そんなふうに考えるのはやはりまちがっている。とはいえ、用心しすぎる方向にまちがうほうがたいていは安全である。だから、それが全人類の出荷時の設定になっているのだ。

因果の誤り的な思考法には、ほかの誤謬とはちがって特別に生物学的な後押しがある。プラシーボ効果という生理的な奇癖が存在するからだ。**プラシーボ**という言葉は聞いたことがあるだろう。以前はあらゆる民間療法——頭痛を治すために蜘蛛の巣を食べるとか、インフルエンザによる節々の痛みを和らげるために、温めたウィスキーに砂糖を溶かして飲むとか——を指して使われていた。だがのちには、患者をよくするというより幸福にするのが目的のような治療法なら、なんでもプラシーボと言うようになった。一九五五年、医師にして社会活動家のヘンリー・K・ビーチャーが、論文「強力なプラシーボ」において、プラシーボという語に現代的な定義を与えた。ビーチャーは、医療での臨床試験は二重盲検法を用いるべきであると論じ、またプラシーボを含めることで、新しい薬や治療法をダミーと比較評価できると述べた。二重盲検法では、実験者も被験者もどちらの治療がプラシーボで、どちらが本物か知らされない。これはうまく行った。科学も医学も知恵を身につけたし、彼の論文が発表されてから、プラシーボはそれじたいが研究対象となり、新薬研究の必須の一部となっていった。それから長年にわたり、多くの治療法がただのプラシーボにすぎないことが明らかになり、そしていまでは、プラシーボは人の心に備わる奇態中の奇態であることもわかってきた。

プラシーボ効果はあまりに簡単に生み出せるので心配になるほどで、だれもが日々経験している可能性がある。なにかがこういうふうに起こるはずだと思っている場面ではどこでも、そう思っているというだけで人の知覚は変化することがある。二〇〇九年のドイツで、被験者の腕に麻酔クリームを塗布するという実験がおこなわれたが、じつはそれは偽薬だった。クリームを塗布したのち、痛みを感じるほどの熱をそこに加えたところ、プラシーボ効果のおかげで、麻酔が効いていると期待される箇所では痛みが小さかったと被験者は報告している。だが実際には、クリームには痛みを抑える効果はまったくなかったのだ。さらに奇怪なことに、脳をスキャンしたところ、被験者の脳はほんとうに痛み止めが使われていたかのような反応を見せたのである。不思議な話だが、ブロックされるはずと信じるだけで、被験者の身体はほんとうに痛みの信号をブロックしてしまっていたわけだ。二〇一〇年、ハーヴァード大学の研究者は、過敏性腸症候群を緩和するという偽薬を患者に与えた。しかし、この実験では多少のひねりが加えられていて、これから投与するのは偽薬だと被験者に前もって伝えていた。奇妙なことに、この偽薬を服《の》んだ人々は、その薬が本物ではないとちゃんと知っていたのに、なんの薬も服まなかった人々よりも、二倍も症状が軽くなったと報告したのである。医師の診察を受け、自分の健康を医師の研究にゆだねるというその儀式だけでも、プラシーボ効果を生み出せる場合もあるのだろう、と研究者は結論している。

因果の誤りとプラシーボ効果は、いっしょに現われることも多い。このふたつが組み合わさることで、ありとあらゆる興味深い現象が起こる。わたしの好きな実例としては、なんの効きめもない仕組みを人が使いつづけるという現象がある。プラシーボ・ボタンと呼ばれ、いたるところで目にすることができるが、「これを押したあと、ゆえにこれを押したから」という原理でこれは働いている。障害アメリカ人法〔一九九〇年制定。障害をもつ人が不利にならないように公共施設その他での機会均等を定めた〕以後にアメリカで設置されたエレベーターでは、閉ボタンを押してもドアが閉まらないものが多い。このボタンがついているのは作業や緊急時の対応のためであり、そのための鍵がなければ役に立たないのだ。それでも、そのボタンを押せばしばらくしてドアは閉まり、人の脳を小さな幸福のさざ波が伝わっていく。これでこの行動は強化されるわけだ。二〇〇四年の『ニューヨーク・タイムズ』の調査によると、ニューヨーク市当局は、歩行者が手動で信号機を操作する仕組みをとっくの昔に廃止しており、「いまも残っている三千二百五十の歩行者用押しボタンのうち、二千五百以上はおもに機械的プラシーボとして機能している」という。ほとんどの交差点で、信号機はコンピュータとタイマーで制御されているのだが、かつては横断歩道わきの小さなボタンで人は信号を変えることができた。このボタンをすべて交換したり撤去したりするのはたいてい大仕事だから、ほとんどの市はそのまま放置している。それでも人はそのボタンを押すのをやめない。信号はいつかは変わるからだ。信号機について二重盲検をやっているひまはないから、因果の誤り的分析のあとは一種のプラシーボ効果が引き受けるというわけである。二〇一〇年のABCニュースによると、テキサス州オースティン、フロリダ州ゲーンズヴィル、ニューヨーク州シラキュースで調べたところ、いまも機能している歩行者用押しボタンは、三都市すべてあわせてたったひとつしかなかったという。

この効果はどこでも見られる。多くのオフィス（ふつうのでも、パーティションで細かく区切ったところでも）では、壁のサーモスタットはどこにもつながっていない。不動産賃貸会社と技術者と空調の専門家は、何十年も前からダミーのサーモスタットを取り付けてきているのだ。しょっちゅう室温を調節するとコストがかさむので、それを防ぐためである。『ウォールストリート・ジャーナル』の二〇〇三年の記事によると、ある空調の専門家の見立てでは、オフィスのサーモスタットの九十パーセントはにせものだという。スイッチをまわしたあとの錯覚を補強するため、わざわざ作動音発生機まで取り付けている会社もある。二〇〇三年に『エアコンディショニング・暖房・冷凍ニュース』のおこなったアンケート調査では、回答者の七十二パーセントがダミーのサーモスタットを取り付けていることを認めている。

プラシーボ効果に限界があるのはたしかだ。実際の治療よりもポジティブ・シンキングのほうがよいと勧める医師はいないだろう。しかし、その効果は現実にあって測定可能だ。期待と確信は現実の見かたを変える力がとても大きいから、無意識のうちに肉体もそれに合わせて反応を変化させる。だから、信用している作用因から効果を期待していると、つねにプラシーボ効果が現われるのもなんの不思議もないのだ。銀杏《いちょう》葉エキスからシバムギまで、カイロプラクティックから鍼灸治療まで、ほとんどのサプリメント食品や代替医療の有効性には科学的証拠はほとんどない。しかしいくら効果がないと暴露されても、こういう施術とか、種々さまざまな健康食品とかいかがわしい治療薬とかが大打撃をこうむることはまずない。山のような代替医療やなぞの商品は、オンラインでも主要な百貨店でも売られつづけている。無意味な治療法を撲滅するのがきわめてむずかしいのは、ひとつには、それで多少ながらも具合のよくなる人が多いからなのだ。科学的に見るかぎり、磁気ブレスレットが生理的に関節炎の痛みを緩和するとか、血流を改善するということはありえないのだが、臨床試験をしてみると、そのブレスレットに効果があると思っていれば、ほんとうに具合がよくなることも多いのである。ここで重要なのは「具合がよくなる」だ。魔術的な飾りを身に着けたり、えせ科学的――と言って悪ければ神秘的な代替治療を受けに行ったりするときには、ぜひ思い出してもらいたい重要なことがある。その効果はすべて、それを信じる自分の心が起こしているということだ。問題の物品や治療は、因果の誤り的合理化を生み出すようにデザインされた、ただのプレースホルダー〔数式内の記号のように、なんにでも置き換え可能なもの〕にすぎない。このブレスレットを着けたあと、ゆえにブレスレットを着けたおかげ、というわけである。

科学的手法はある意味では、この因果の誤りと闘うために必要な発明だったと考えることができる。これがなかったら、再現したいと思う効果や、逆に二度と起こってほしくない効果に、ほんとうはどの原因が関係しているのか見極めるのは大変だ。歴史上の重要事件がこんなふうに分析できないのはじつに残念なことである。自分のであれ、アレクサンドロス大王のであれ、ハリー・トルーマンのであれ、なにかの決断が正しかったかどうかわかる時は永遠に来ない。わかるのは結果だけであり、すでに見たとおり、これのあとだからこれが原因とはかならずしも言えないのだ。ありがたいことに、なかには研究できる事象や効果もある。〈パワーバランス〉の常軌を逸した人気のおかげで、プラシーボ・アクセサリーという問題については科学の出番があった。二〇一〇年、ウェールズ大学で実験がおこなわれ、被験者は目隠しをしたうえで、ダミーのブレスレットと〈パワーバランス〉のブレスレットのどちらかをつけて、激しい運動をすることになったのだ。ふたつのブレスレットで差はまったく出なかった。さらに二〇一一年、オーストラリアのRMIT大学でも実験がおこなわれ、被験者はちゃんとホログラムの入った〈パワーバランス〉のブレスレットか、ホログラムを小さな金属の円盤に取り替えたものを着けて、バランス感覚も含め身体的能力を調べる一連の試験を受けた。このときもやはり、有意の差はまったく見られなかった。

こういう商品が完全になくなることはたぶんないだろう。心理学者リサン・ダミッシュは二〇一〇年、半数の被験者には幸運のボールだと説明してゴルフボールを渡し、残る半数にはふつうのゴルフボールとして渡した。すると幸運のボールを渡された半数は、パットの成功率が三十五パーセント高くなった。もちろん幸運のボールは実際には幸運でもなんでもなく、どちらになるかは無作為だった。コイントスによって、そのボールが魔法のボールかどうかを決めたわけだ。しかし、そう信じることが効果を発揮したのである。ダミッシュの推測によれば、幸運のボールを受け取ったプレイヤーは、自分のほうが上手《うわて》をとれると信じ、そのために粘り強さが向上し、不安が減少し、そんなこんなで自信が高まって、それが成績にも現われたのだろうという。これは例のブレスレットでも同じだ。レーシングカーのドライバーや重量挙げの選手や人前で話す人たちが、〈パワーバランス〉を着けているとうまく行くと気づいたとしたら、おそらくその犯人はプラシーボ効果だ。ブレスレットをただのひもに取り替えていたとしても、同じぐらい効果を信じてさえいれば、現実世界で同じ結果を得ることができただろう。因果の誤りのおかげで、人はなんらかの違いを認めると、その変化を引き起こしたのが自分の心だとは思わない。その効果の原因をもっとわかりやすいもの――ホログラムつきの腕輪に求めるのだ。

　具合がよくなったときには、それが薬や治療のおかげなのか、それとも期待のせいなのか自問しよう。薬や治療の出どころが医者でない場合はなおさらだ。何百年も前から、あなたの一族が乳首の痛みに凍ったレタスを使ってきたからと言って、レタスがその治療の有効成分だということにはならない。マッサージ屋の女性の家族が中国に住んでいるからと言って、彼女の使う吸引カップがむちうち症に効くということはならないのだ。コメディアンのティム・ミンチンが「嵐《ストーム》」という歌で言っているように、「ほんとに効く代替医療はもう『代替』医療じゃない」のだ。人々が幸運のついている石に頼るのと同じように、特定のモノとか儀式とかに頼っていないか自問しよう。だれかのことを思い出したときにその人から電話があっても、それは不思議でもなんでもないという事実を進んで受け入れよう。少しでも愚かさを減らすためには、人間は因果の誤りに陥りやすいことを忘れてはいけない。しかも、その影響力はプラシーボ効果で強化されて、それで目が曇らされているにちがいないのだ。あることのあとでなにが起こっても、それだけではなんの証明にもならない。魔法のお守りなど存在しないし、かりに存在したとしても、それを世界じゅうに販売できるほど作って魔法をかけるとしたら、いったい何人魔法使いを雇《やと》えばいいのか、それにいったいいくらかかるか考えよう。

5

後光効果

ウソ

The Misconception

×

人は他者の個々の属性を客観的に評価している。

ホント

The Truth

○

人は他者のさまざまな属性を、人格や容貌を引っくるめた全体的な評価に基づいて判断している。

ハリウッドの撮影所が二億ドルほども注ぎ込んで一本の映画を作るとき、身長は配役を決める重要な決め手になると思うかもしれない。しかし、たとえ主役の俳優が一般男性より背が低くても、それどころか恋人役に決まった女優よりも背が低いとわかっても、映画業界で働く人々はまるで気にしないものだ。なにしろ何十年も前からこういう問題に対処してきたのだから、監督はよく知られた解決法をよりどり見どりで選ぶことができるのである。

いちばん簡単なのはリンゴ箱を使うことだ。もともと保管用に使われていた小さな木箱だが、対重力装置として抜群に有用だったため、いつしか映画撮影に欠かせない道具のひとつになっていった。内部に支えをつけて補強されているものすらある。カメラがまわっているあいだに高さが必要な場合は、どんなものでもこれを使って持ちあげている。というわけで、映画のセットならどこにでもこれはあるから、箱のどの面を下にするか説明するための略語までできている。「LA」または「フル・アップル」はふつうの置きかた、「ニューヨーク」は縦置きするという意味だ。俳優の身長が足りないときは、こういう箱をふたつ三つ積んだ上に立たせて、足が映らないようにして撮影するのである。そんなわけで、映画業界ではリンゴ箱のことを「男作り《マン・メーカー》」とも呼んだりする。

トム・クルーズ、アル・パチーノ、ハンフリー・ボガート、ジェームズ・キャグニーといった身長の低い俳優を高く見せるため、制作班は特殊な靴を使ったり、カメラアングルを低くしたり、特別に比率を狂わせたドア枠を使ったりする。カメラを移動させつつ主役がだれかと並んで歩く場面を撮る場合は、長い溝を掘ってほかの俳優にはそこを歩かせることもある。しかし、なぜ主役は背が高くなくてはならないのだろうか。この問いに対する答えには、ある心理現象の影響力がよく現われている。人の頭に入ってくる情報のほとんどは、その心理現象に汚染されているのだ。

心理学者エドワード・L・ソーンダイクは、教育心理学や職業心理学の基礎を築いた人のひとりだ。二十世紀初め、米陸軍に協力して、兵士の知能や素質の評価に用いるテストを制作し、その後は教師用の学習ツールを開発している。彼がとくに関心を持っていたのは、質的なものを数値化しようとする（企業や学校で、能率や成績を追求するさいにいまもしじゅうやっていることだ）ときに、なにが起こるかということだった。学期ごとや四半期ごとに少しでも成果をあげようと努力するなか、各組織は以前からレポートや試験や検査や評価をありがたがってきた。人を数字に変換すれば、会社のCEOや教育委員会に表やグラフを見せるのがずっと簡単になる。だからそういう環境で観察すれば、行動や知覚に数値がどんな影響を与えるかよくわかるはず、彼がそう考えたのは当然のことだった。

さまざまなレポートが集まってくるにつれ、ソーンダイクは奇妙な現象に気がつきはじめた。組織に人を評価させると、すべての性質が相関を見せるようだった。つまり一度にひとつずつ属性を評価されると、人は微妙な陰影を大幅に失うようなのだ。ある尺度（信頼性など）で高く評価されると、他の無関係な尺度（知能や特定の技能など）でもすべて高く評価されてしまうわけである。このパターンはどこでも見られたので、ソーンダイクは一九一五年、米軍将校による評価を分析した研究を発表した。高級将校に部下を評価してもらうとき、各項目について別個に、他の項目とは切り離して判定するようにと念を押したにもかかわらず、将校たちにはそれができなかった。兵士の規則正しさや忍耐力や忠誠心を高く評価すると、危機に際して決断を下す能力も高く評価したり、平均以上の管理能力があると言ったりしてしまうのだ。逆に、ある部下についてあまり機転がきかないとか、やや自主性に欠けると判断すると、部隊にやる気を出させる能力とか、命令を出したり実行したりする能力についても低いと判定してしまう。全般的に、各項目はそのとなりの項目と評点が連動するという傾向が見られた。

ソーンダイクがとくに懸念したのは、航空機の操縦能力ですばらしい評価を得たパイロットは、指揮能力についても上官から抜群の評価を得やすいということだった。ほとんどのパイロットがどんなに若いか考えれば、いくら空の英雄だからといっても、指揮官として同様に抜きんでた能力を身につけているとは考えにくい。にもかかわらず、上官に評価してもらうと、飛行技術とは無関係の技能や属性にも高い点数がつきやすく、空のエースはすぐれた士官候補と見なされる傾向が強かった。ソーンダイクはこれを**全般的高評価の後光**と呼んでいる。特定の望ましい側面ですぐれていると見なされると、それがほかの尺度すべてに影響を及ぼす。それが誤りなのが問題だ、とソーンダイクは書いている。ほかの尺度の評価は、のちの心理学で言う**後光効果**によって歪められていたのだ。

後光効果によって、人は自分自身にも他者にも知らず知らずに嘘をついている——とすれば、なぜ人の心にはそんな異常なフィルターがしぶとく残っているのだろうか。

人が毎分毎分出くわすものごとに、脳はとりあえず単純きわまるレッテルを貼ろうとする。そうでないと処理が煩雑になってしまうからだ。何百万年も前から、祖先がこういうレッテルに注意を払ってきたことに人は感謝するべきだ。そのおかげで、人生で頻繁に遭遇しそうなものごとについては、これはよいものだとか悪いものだとか、望ましいものだとかそうでないとか、そういうことがあらかじめ頭のなかに組み込まれているのである。イチゴのチョコレートがけを食べると、これはよいものだと思う。もとカレが見知らぬ女を連れてバーでこっちに近づいてくるのを見ると、これは悪いことだと思う。牙があってひょろ長くてくねくねしたものは望ましくない避けるべきものだし、蜘蛛に似たものが床を走ってくるのを見たら、人は本能的に飛びすさる。どろりとした赤や黄色や緑の液体を見ると、とっさに嫌悪感を覚えるのに、どろりとした青い液体を見てもなんとも思わない。汁けたっぷりのステーキを見るとよだれが出そうになる。それに蛆虫がわいていると吐き気がしてくる。近くに水場のある広々とした野原は、万人を幸福な気持ちにさせる。いっぽう水草のからまる暗い沼地は不安をかき立てる。

身内にわき起こる感覚に基づいてなにかを決めたり考えたりするとき、心理学では**感情ヒューリスティック**を使っていると言う。心理学用語で**感情**とは、それ以上の分析が必要でない気持ちのことだ。言葉や記号をともなう一貫した思考ではなく、なまの心の状態というか、ひるむとかぎょっとするとか、緊張状態や気分を左右するなんとなくの感じとか、そういうもののことである。人は感情のなかをすいすい泳いだり、ゆっくり沈み込んだり、たまにはひたいに魚がぶつかったみたいに感情にぴしゃりとやられたりする。長期にわたって人を生かしつづけるという点では、感情ヒューリスティックは大いに役に立つ。これのおかげで人は、不慣れで危険そうな状況には近寄らないし、変人や不気味なものは避けようとする。しかしこれは道具としてはなまくらで、個々の状況を区別して対応するなど無理な相談だ。人類史を通じて、きらきら輝く目とまぶしい微笑に隠れて多くの害悪がやって来たし、最もそうは見えない人が最も幸いをもたらしてくれることも多い。またこの傾向のせいで、人のリスク評価は大きく狂っている。飛行機に乗ってからよりも、空港に向かう途中の自動車事故で死ぬ人のほうがはるかに多い。サメに食われるのを心配するぐらいなら、死ぬまでにアカデミー賞がとれると期待するほうが現実味がある。愛情や恐怖といった本能的で自動的な気持ちはその影響をもろに受けるから、感情ヒューリスティックの使いかたには注意が必要だ。

それはそうと、主役の男性にとって身長がなぜこんなに重要なのか。なぜ映画制作班は、あれこれ苦労して主役の身長を高く見せようとするのか。人の容姿には、感情ヒューリスティックによる直感を引き起こす性質がある、というのがその理由だ。ひとつは対称性である。二歳児でも、非対称な顔より対称的な顔のほうをずっと長く見つめる。筋肉の張り、声の高さ、歩きぶりなどは、いずれもヒューリスティックによる反応を引き起こすが、そのなかでも感情ヒューリスティックに特別扱いされているのが身長なのだ。ある登場人物に関連して好感を生み出したいときは、その人物の身長を高くすることがほんとうに役に立つのである。

二〇〇四年に『応用心理学雑誌』で発表された研究によれば、身長が六フィート〔約一八三センチ〕から一インチ〔約二・五センチ〕高くなるごとに、平均して年収が七百八十九ドル高くなるという。ティモシー・ジャッジとダニエル・ケーブルは、八千五百人の英国人とアメリカ人を子供のころから成人後まで追跡調査し、社会に出てからの成功と身長とに強い相関関係があることを明らかにした。ジャッジの推測によれば、他者を見おろすという行為じたいが、人に自信をつけさせるのではないかという。同様に、背の高い人を見あげることは、それ以外の理由で（つまり比喩的に）人を見あげるときと同じ気持ちを引き起こすのだ。ジャッジとケーブルが明らかにしたところでは、最も強い相関があったのは、対人交渉が最も多くおこなわれる職業――販売や管理――で、その後に続くのもやはり自信が重要な決め手になる職業だった。とすれば驚くようなことではないが、歴代の大統領選では、およそ八十パーセントの割合で背の低い候補のほうが負けている。これは一九〇四年、歴史学者がその手のことを記録しはじめたころからの統計だ。また二〇〇九年に心理学者ゲイル・ブルーワーがおこなった調査によると、身長の高い男性ほど、恋愛関係において嫉妬を経験しにくい。また同様に、身長の高い男性は恋人を引き止めようとする行動――パートナーがどこにいるかたえず確認したり、ちょっかいをかけてくる男性と喧嘩をしたり――をとりにくいそうだ。だがそれを言うなら、ブルーワーの研究によれば、長身の男性はまた自分の容貌を気にかけたり、情熱的に愛を語ったりする時間が少ない傾向にあるともいう。

映画業界はべつとして、人々にとって身長がこれほど重要なのはなぜだろう。結局のところ、ここで問題になっているのはほんの数インチの話だし、背が高いことでほんとうにすぐれたリーダーとかセールスマンになれるわけではない。収入について調べた研究者らは、これはたんにヒューリスティックが作用しているのだろうと言っている。人には、背は高ければ高いほどよいという**高身長バイアス**がある。理由はよくわからないが、この数百年間にわたってそう考えるほうが適応的だったのだ。確実なことはわからない。身長が高いほうが物理的に力が強いからかもしれないし、ほかの面で有利なところがあったからかもしれない。また、たんに身長が高いほうが、より栄養状態がよくて健康に見えたということもあるだろう。原因はともかく、今日の研究で示されているとおり、身長の高い人のほうがより恐ろしげで高圧的に見えがちであり、また後光効果のおかげで、身長がかならずしも重要でない場面でも、身長の高い人のほうがより好ましいと思われがちなのである。

後光効果のせいで、ある人物のひとつの特質に左右されて、他の特質すべてに対する態度や知覚が色づけされてしまう。第一印象を形成したとき、ある側面が目につけばつくほど、その側面についての態度をあとで変更するのはむずかしくなる。だからたとえば、新しい職場に移って最初の一週間に、同僚に温かく親切にしてもらって感激すると、あとで山ほど醜悪な行動を見せつけられても、へたをすればその後何年間も大目に見てしまったりするのだ。最初の一年間のつきあいが輝かしくて人生が変わるほどだった場合、その後に状況がどんなに悪化してもなかなか気がつかないことがある。ある人の特定の側面を好きになると、後光効果のためにその他の尺度にも肯定的な評価が広がって、悪いところが見えなくなる。美しい人は頭がよく見え、強い人は品位があるように見え、愛想のいい人は信頼できそうに見える。その期待が裏切られても、人は相手を赦《ゆる》し、擁護する。ときには無意識のうちに。

この百年間の調査研究を見るかぎり、美貌は最も確実に後光効果を生み出す特性のようである。「美」は略語というか、代入可能な記号のような言葉だ。それは目に見えない精神現象を引き起こすが、人がよく知っているのはその最終的なアウトプットだけである。「おいしい」とか「気色悪い」などと同じで、感情ヒューリスティックの一種を表す言葉なのだ。人の顔を見て美しいと判断するのは、見る側の属する文化、これまでの経験、進化の途上で受け継いだ古い遺産の影響によって特徴づけられた、嵐のような脳活動を経験するということだ。そのすべてが合計されて、ある人物が美しいかどうかが認識されることになる。そこに至る過程はまだ解明されていないが、理由はともかく、同じ時代や文化に生きる人は美の基準について意見が一致しやすく、その基準は無意識にその他の判断にも影響を及ぼす。この問題について議論するさい、心理学者はよく古代ギリシアの詩人サッポーを引用する。いわく、「美しいものは善いものであり、善い人はすぐに美しい人になる」。研究によれば、人はそれと気づかずにサッポーに同意する傾向があるようだ。脳内の化学反応――この反応は生物学的であると同時に心理学的であり、また社会的な影響も受ける――に左右されているとも知らず、外見には無関係の価値基準においても、人は美しいもののほうがすぐれていると考えがちだ。感情ヒューリスティックは無意識のうちに、その文化や時代において美しいと見なされるものを求めるよう、あるいは避けるよう人に命令する。人はその反応に従ってから、その原因に真に気づいているか否かにかかわらず、なぜそのような気持ちになったのか合理化をおこなうのである。

一九七二年、カレン・ディオンとエレン・バーシェイドとエレイン・ウォルスターは、外見的な美しさのみでどれだけ後光効果を生み出すことができるかを調べた。被験者たちは第一印象の正確さを調査すると伝えられ、それぞれ三枚の封筒を渡される。なかに入っているのはべつべつの人物の写真だが、これは研究者らが魅力度によって選んだものだ。これらの写真――一枚はきわめて魅力的、一枚はふつう、一枚は魅力に乏しい――にはそれぞれ採点表がついていて、被験者はその写真を見て二十七の人格特性をそれぞれ六点満点で採点する。またその三枚の写真を見比べて、三人のうちだれが最もそれぞれの特性を強く持っているかも評価する。その特性は愛他性、安定性、洗練度、性的自由さなど多岐にわたっている。また被験者は、その写真の人々が結婚生活とか子育てなど人生のさまざまな場面において、どのていど幸福だと思うか尋ねられる。そして最後に、一度にひとつずつ職業を提示されて、写真のどの人物がこの職業で食べていそうに見えるか質問された。この実験では、どの部分をとっても結果は同じだった。ほかに判断材料がない場合、最も魅力的な人物ほど最も望ましい特質を備えていると見なされ、またほかの人よりその特質を強く備えていると判断される傾向があった。くりかえすが、被験者はみなその人物の顔しか見ていない。にもかかわらず、魅力的であればあるほど、きっとこの人は幸福にちがいない、結婚でも仕事でも子育てでも、ほかの人よりずっとうまく行っているにちがいないと思ったのである。また、写真の人物が美しければ美しいほど、ステータスの高い職業についていると見なされる傾向も強かった。

後光効果のおかげで、外見的魅力はその他あらゆる面の判断を左右する傾向があるが、この傾向からふたつのシナリオが生じる、とディオン、バーシェイド、ウォルスターは述べている。第一に、美しい人々は美貌という強みを持っているだけでなく、その他さまざまな強みを持っているものとして扱われ、さらにその美貌という強みが強化される。そして第二に、人が望ましいと思う人格特性を持っているかのような扱いを、人生のさまざまな場面で長年受けつづけるうちに、美しい人々はみずからそのような属性を備えているかのように信じ、行動するようになりやすい。きれいな人は、親切だとか賢いとかきちんとしているとか、そういうその他もろもろの美質――後光効果によって、ほかの人がかれらを見てそう思うような――を自分は備えていると信じるようになるわけだ。それが正しいかどうかはこのさい関係ない。

後光効果によって、最も美しい人々が正当とは言いがたい高評価を与えられるという現象は、ほとんどありとあらゆる場面で見られる。一九七四年、心理学者のデイヴィッド・ランディとハロルド・シガールは、被験者にある小論文を評価してもらった。その小論文には、べつべつの女性を写した二枚の写真のどちらかが添付されている。つまりある被験者の受け取った小論文には、実験者らが魅力的だと思う女性の写真がついており、べつの被験者の小論文には魅力的でないと思う女性の写真がついていたわけだ。そのうえで小論文のできを評価するように言われるのだが、そのさい写真についてはなんの言及もされなかった。ところが、写真の女性が魅力的であればあるほど点数は高くなり、小論文の全体的な独創性と発想の深みについて尋ねられたときも、美しい女性の写真がついている小論文のほうがどちらの面でもより高く評価された。言うまでもないが、小論文はどちらも同じものである。添付された写真がちがうだけだ。意図的にへたくそに書かれた小論文を使ったときは、評点の差はさらに大きくなった。ランディとシガールが書いているように、美しい人々は能力も高いと期待されるが、その期待を裏切ったとしてもずっと赦されやすいのである。

マーガレット・クリフォードとエレイン・ウォルスターは一九七三年、小学五年生の教師五百人以上を対象に同様の実験をおこなった。教師らには新しい生徒のファイルが渡されるが、それには生徒の学習能力についての情報、成績表、そして写真が入っている。教師のほうは、学校の記録管理システムに遺漏がないか、使いやすいか判断するために協力していると思っている。ファイルはすべて同じで、成績表の点数は期待される平均点よりかなり高い。唯一違うのは各教師の受け取る写真である。予備調査で二十人の教師に小学五年生の写真を見せ、外見的な魅力という尺度で評価してもらっていたのだ。そしてそのうち十二枚の写真が選ばれた。つまり最も可愛い男児三人、最も可愛い女児三人、それに男女それぞれ最も可愛くない子供三人ずつである。本調査では、べつの教師たちに前述のファイルを渡し、それぞれ生徒のＩＱ、同級生との交友関係、保護者の学校への態度、落ちこぼれる危険性を推定してもらった。念のためくりかえすが、教師に渡された情報はすべて同じで、違うのは写真だけである。先生たちがなんと言ったと思いますか。その結果は、後光効果に基づく心理学者の予測と完全に一致していた。外見的に可愛ければ可愛いほど、教師は生徒のＩＱを高いと推測し、保護者が教育に積極的に参加しそうだと評価し、友だちにも好かれていて、将来落ちこぼれる見込みは低いと予想したのだ。しかし、その評価についてコメントを求めてみると、生徒の容姿に言及した教師はきわめて少なかった。

一九七五年、心理学者ハロルド・シガールとナンシー・オストロヴがおこなった実験では、犯罪者の容姿が魅力的であればあるほど、刑が軽くなるという強力な証拠が示された。模擬裁判において、被験者らは窃盗の報告書を読まされるのだが、その前にかれらは被告人の経歴書を読んでおり、それにはひじょうに美しい女性か、美しくない女性か（容貌にはっきり差が出るように選んである）、どちらかの写真が添付されている。そのうえでこの女性は有罪であると伝えられ、禁固一年から十五年まで、どれぐらいの刑が適当か選ぶように言われるわけだ。きれいな女性は平均して禁固三年だった。いっぽう醜い女性は平均して五年——写真なしで判断した対照群と同じだった。

美しさの後光効果がフィルターになっていかに人の現実認識が歪むか、それを示す研究は山ほどあって、それだけで本が一冊書けるほどだ。美しさは、その人が広く名声を得る以前ですら、地域で一定の知名度をもたらす。それは見る人の性別や性的嗜好には関係ないし、また相手のそれも関係がない。美しい人は他の人々より賢く有能で、どんな仕事をしていても仕事ができると思われやすく、また全般的に幸福でもあると見られやすい。要するに、ランディとシガールが指摘しているように、容姿にすぐれた人々は、他のことはなにもわからないうちから多くの期待をされやすく、その期待に応えられなかったとしても、真価を発揮する機会をさらに与えられやすい。つまり、対称性とか細身とか筋骨隆々とか胸が大きいとか、ともかくなんでも、文化や時代によって人の知覚に組み込まれた美の基準で見て劣る人々よりも、ということである。

心理学では、ある人に対して形成される全体論的見解のことを、**グローバル評価**と呼ぶ。すでに見てきたように、身長や美しさについてのグローバル評価は、他の面についての推測に大きな影響を及ぼすが、その他にも後光効果を生み出すグローバル評価は少なくない。たとえばひいきのバンドとか、監督とか、ブランドとか会社とかの話になると、その悪い点について人はしょっちゅう自分で自分に嘘をついている。例をあげれば、ある特定のミュージシャンやバンドが心底好きだったとすると、かれらがあまり出来のよくない作品を出しても簡単に大目に見てしまう。さほど熱心でないファンにくらべると、その差は歴然である。気がつけば最新のアルバムを擁護していて、ファンでない人に些細な違いを説明し、なぜこのよさがわからないのかと不思議に思ったりしているわけだ。あるいは、特定の映画監督や作家にほれ込んでいると、過ちをおかすことのない天才だと信じてしまう。そこへ来て、最新の映画や本が酷評されたりしたら、人はどうするだろう。狂信者はたいていそうだが、酷評するやつは「ヘータレード〔憎悪（ヘイト）とスポーツドリンクのゲータレードを組み合わせた造語〕でラリったあら探し屋の不満屋なのだと思うにちがいない。後光効果で客観性が消し飛んでいるからだ。愛するモノやそれを作る人々は、歪んだ尺度――以前から抱いていた情緒――によって評価される。かれらがかつて出したものに感動していれば、新しく出したものはそのころの感動によって下駄を履かせてもらえる。いったんある人物を天才だと思うと、その人の作るものはなんでも天才の作品に見える。

一九七七年、心理学者リチャード・ニスベットとティモシー・ウィルソンは、グローバル評価が人の現実観をいかに歪めるか示すため、アメリカの大学生にベルギー訛《なま》りを聞かせるという実験をした。

学生たちは実験前にこう聞かされている――初めて会った直後に教授を評価してもらい、その評価が学期の最後になされる評価と同じかどうか調べたいと。被験者の学生たちは知らないが、実際にはかれらはふたつのグループに分けられている。どちらのグループも、同じ教授が同じ質問に同じベルギー訛りで答えるビデオを見るのだが、ただし教授のとる態度はグループごとに異なっている。

ビデオでは、教授は指導スタイルについて質問に答えている。いっぽうのビデオでは、グループディスカッションはよく用いるかと尋ねられて、大いに奨励していると答える。「それがもたらすギブ・アンド・テイク」を歓迎していると言い、グループディスカッションは課題への関心を生み出すと語る。もういっぽうのビデオでは、教授はやはり同じことを質問されて、学生と教師の役割は厳密に分けるべきだと答え、学生は黙って話を聞いていればよいのだと言う。そしてそれに付け加えて、なんと言っても彼が「教授なのは、学生たちよりものをよく知っているからだ」と言うわけである。いっぽうのグループでは、ベルギー訛りの教授は温かくて親しみやすく、もういっぽうでは冷たくて厳しい。さらに一歩進んで、親切版の教授は試験についても寛容で、自由に考えて調べてよいと言う。そして厳しい教授のほうは、毎週小テストを実施する、そうでないと学生たちはまともに勉強しないからと言うのである。

ビデオを見たあと、ふたつのグループの学生たちは教師評価用紙に記入する（かれらは、これが自分の参加している実験の一環だと思い込まされている）。その評価では、教授の講義をどのていど楽しめると思うか答えるほか、教授の仕草とか外見といったさまざまな側面に点数をつける。ここで最も重要な質問、被験者の脳内の後光効果をチョークで囲むような質問は、教授の訛りがどのていど気に障《さわ》るか、あるいは好ましいと思うかという問いである。

この実験では、温かく親しみやすいほうの教授を見た学生は、この教授を好ましいと思い、仕草は魅力的だし、訛りはまったく気にならないと答えた。約半数は、むしろ訛りに好感が持てると言っている。もういっぽうのグループ、冷たく厳格な教授を見たほうでは、大多数の学生が教授の外見には反感を覚えると言い、仕草もおかしいと答えた。しかし最大の違いは訛りに対する見かただ。意地悪版の教授を見たグループの八十パーセントは、訛りが耳障りだと言っているのである。どちらのグループも、同じ教授が同じ服装で同じベルギー訛りで語るのを聞いているのに、その話しぶりを愉快と思う者もいれば、不快と感じる者もいるわけだ。唯一の違いは、彼がそのベルギー訛りで語る内容である。いっぽうのグループでは、訛りがあることは、その教授——のんびりした態度で、むやみに話が長くて夢見がちな——に好感を抱く理由のひとつになった。ところがもういっぽうでは、訛りは教授の欠点のひとつと見なされ、学期の終わりまで我慢できるかどうかわからないと言われているのだ。変わったのは訛りではなく、後光のほうだ。実験の最後に、教授の態度のせいで、訛りに対する感じかたが影響を受けたと思うかと尋ねられて、大多数の学生はそうは思わないと答えている。後光効果によって現実の見かたが変化しているのに、それにはまったく気づいていなかったのだ。

他人が後光効果にやられていると、とりわけ極端な事例——たとえば親ばかとか狂信的なマニアとか——ではそれと気づくこともある。ふつうは違う気持ちを抱くだろうし、それだけで幻想を破るにはじゅうぶんだ。しかし、ニスベットとウィルソンの研究で示されたように、それはつまり、だれでも見透かされることがあるということなのだ。中立の立場で見れば、どちらのグループも、まったく気づかないままにグローバル評価に惑わされていた。そのせいで、訛りや笑顔といったごく単純な側面すら、合理的で偏りのない分析がおこなえなくなっていたのだ。

ある人物の訛りが気に障るのは、後光効果の影響力で行動が変化するというささやかな実例にすぎない。その影響力は、はるかに広範で重大な結果をもたらすこともある。一九七六年、心理学者グレン・フォスターとジェームズ・イセルダイクは、小学校の教師を集めて実験をおこなった。いずれも十年ほどの経験をもつ教師たちである。実験ではまず、教師たちを無作為に四つのグループに振り分けた。なお、教師たちはみな、これは新しい生徒評価用紙に関する調査だと聞かされている。さて、その用紙でどのような生徒を評価するのか、教師たちはグループごとに異なる説明を聞かされる。あるグループは情緒不安定な生徒だと言われ、またべつのグループは学習障害のある子供と言われ、第三のグループは精神遅滞のある子供だと聞かされる。なお第四は対照群で、前もって生徒についての情報はいっさい与えられない。

どのグループの教師もそのあと、ある小学四年の男児が一連の活動をおこなう同じビデオを見る。この男児は、完璧に平均的な小学四年生としてとくに選ばれた子供だ。知能から容姿まで、ありとあらゆる面についての試験結果でそう評価されているのである。ビデオでは、その男児が数々の知的・身体的な課題を実行したのち、しばらく遊ぶようすが映っている。この子はすべてのテストにおいて、正常な小学四年生に期待される範囲の点数をとっているのだが、教師たちにその情報は与えられていない。ビデオが終わったあと、教師たちは評価用紙に記入していま見た男児を評価する。さらにまた、自分がその男児であるものとして、あの子ならどう答えるか想像して、人格に関するアンケートに記入する。すべて提出されて集計された結果、明らかになったことは――おそらくあなたの想像のとおりだと思う。情緒不安定とか学習障害だとか精神遅滞だと思ってビデオを見た教師は、最初になんの情報も与えられず、したがってなんの予測もしていなかった教師より、はるかに点数がからくなった。成績が悪いだろうと予測された子供は、ほんとうにその予測どおりの成績になるのだ。教師たちはみな、同じ子供が同じことを同じ方法でやるのを見ているにもかかわらずである。見せられたビデオは、観察者によって異なっているわけではまったくない。なんの予断もなくビデオを見た人々にとっては、あくまで正常でなんの問題もない子供が、しかるべき方法で課題をこなしているのが見え、ごくふつうの小学四年生であるように見えていた。ところがほかの三つのグループは、小さな問題や欠陥に足を引っ張られて、理解するのに苦労している子供を見たのである。最も悪い点数をつけたのは、精神遅滞があると聞かされていた教師たちだった。

どうしてこんなことが起こるのか。後光効果の作用だというのが心理学者の一致した見解だ。なんの手がかりもなかった教師たちは、ビデオを見て、おおむね自分の目で見たことに基づいて判断を下した。ほかの教師たちは、初めからその子供について「ある事実」を知っていたので、あとから付け加わった情報はすべて、その知識によって色付けされた。研究者らが指摘するように、教師たちは後光効果に惑わされ、矛盾する証拠を見せられても認められず、最初の認識を守りつづけた。その小学四年生に対する見かたを更新しようとせず、実物を見ても当初の予測は打ち砕かれず、逆に後光効果によって生み出された箱のなかに押し込められてしまったわけだ。ここには危険がはっきり見てとれる。後光効果について知らないと、**自己成就予言**が簡単に発動し、態度が行動を変え、それがまわりまわって、人々にレッテルを貼ったり貼られたりすることになるのだ。

政治家や企業は、後光効果に頼って生きている。現代世界では、選挙運動であれ新製品発表であれ、いかなる活動もその生き死にを決めるのは評判であり、製品の品質とか政策とか活動に時間を使うだけでなく、他者がどう感じるかということに時間を費やさなくてはならない。政治家が好ましいと——善良で裏表がなくて親しみやすいと——思われれば、すでに票は獲得したも同然だ。その最初の高評価はほかの面にも広がり、ほかの評価も高くなる。無作法があっても大目に見られるようになるのだ。

だからこそ、企業にとってはイメージの管理が死活問題というほどに重要なのであり、人々がなんと言っているか、個人的にはもちろん、またインターネットという反響室においても、つねに目を光らせているわけだ。より好感を持たれる会社のほうが、消費者のお金を多く勝ち取るものだ。他の面ではライバル会社のほうがすぐれていたとしてもである。そういうわけだから、ビジネス界では日々数多くのストーリーが現われて、だれが勝っているか、だれがリードしているか、だれが好かれ、だれが嫌われているかが取り沙汰されることになる。愛すべき消費者の味方と見なされる会社に関しては、美しい人や長身の人に関するのとよく似た物語が展開される。きっとすごいことをやってくれると期待はされるが、過ちをおかしても簡単に赦されるということだ。いっぽう、負の後光を背負っている企業の場合は、同じ過ちをおかせばさんざんに叩かれるというわけである。

感情ヒューリスティックは、ある人物や会社や製品やブランドに接したときに生じる、深くて単純で情緒的で無意識的な反応を、ただのマルかバツかに分類してしまう。すると以後はその対象から生じるものはすべて、初めて見る場合よりずっと厳しい、あるいはずっと甘い点数をつけられるようになる。後光効果はきわめて予測可能で信頼できるマーケティングツールだから、数多くの後光がいまではそれじたい制度化されている。ピュリッツァー賞、ノーベル賞、オプラズ・ブッククラブ、『ニューヨークタイムズ』のベストセラーといった栄誉は強力な後光であり、それをもらったコンテンツへの認識を文字どおり変えてしまう。同様に、巧みに書かれた星ふたつのレビューは、出しかけたデビットカードを財布に戻させる力がある。

後光効果が作用すると、ある人物のちょっとした一面――人格とは切り離して簡単に評価できる一面であっても――が、その人の本質を示す雄弁な一例になってしまう。それだけを取り出してよく観察すればはっきり見えるはずなのに、その人物を全体としてどう感じるかによってそれが見えなくなる。恋をしていれば、恋人がカラオケで歌う「愛のかげり〔一九八三年のアメリカのヒット曲〕」がどれだけへたくそでも、愛嬌があって可愛いと思ってしまったりする。ところがその恋愛が破綻すると、その同じ歌に腹が立ってしかたがなくなる。講義がやさしくて面白いと、教授自身はよそよそしくて研究室の運営が滅茶苦茶でも、かえってそこが魅力のように感じられる。ところが、その教授の試験のせいで成績が平均以下になってしまったら、彼の無頓着さが気に障るようになり、近くに来られるとついこぶしを握りしめるようになってしまう。妹が陽気で笑わせてくれると、夕食に遅れてきても、妹の性格のちょっとおばかな側面のせいにして赦すことができる。妹が不機嫌で文句ばかり言っていれば、時間にルーズなところは腹にすえかねるもうひとつの欠点になる。つまり、人生で出会う人々のちょっとした特性に関しては、真の意味で客観的に判断することはほぼ不可能なのだ。他者についてどう考えるかによって、相手の容貌や声やふるまいなど、あらゆることに対する認識が変化する。それがフィルターを生み出し、ありのままの感覚的経験を変化させるのだ。

　人を、あるいはモノでもなんでも同じだが、祭りあげるのはやめよう。それがわが子であってもだ。「天才」とか「オタク」のような抽象的すぎるレッテルを貼るのはやめよう。それに最も近い人々も疑わしきは罰せずで公平に見るべきだし、それは最も美しく輝かしい人々についても同じだ。後光効果のせいで、いい人だと思っていれば怒っていてもたまたまだと思うし、怒りっぽい人だと思っていれば、よいところを見てもいまだけだと思いがちなことに気づこう。ただひとつの美点のせいで、あるいはかつてのよい思い出のせいで、自分に利益より害悪をもたらすような人とつきあいつづけてしまうことがある、それを忘れてはいけない。注意したいのは、明るい楽しい人だと思っていると、その人の口から出る言葉は意味が変化するということだ。その同じ人が暗かったり偉そうにしていたり、その他どんな意味でも感じが悪いと、同じ言葉でもまるで違って聞こえるし、その人のほかの特性もみんな見えかたが変わってくるのである。

人の技量を評価するときは、その人の外見や態度や評判とは切り離して考える努力をしよう。最終評価のあいだはその人がだれなのかわからないようにし、それぞれの属性はべつべつに評価しよう。比較するときは、人物を全体としてくらべるのでなく、属性ごとに一度にひとつずつ判断しよう。そのさいには名前と顔を消して、数量化して比較することだ。業績や技量、能力の点数を、それだけ独立させることができれば、ただひとつの要素の色に全体が染まって見えることが少なくなる。後光効果を防ぐことはできないが、その力を知っていて、その知識をちゃんと使えば、ばかになるのをあるていど食い止められるのだ。

通常は、おしなべて言えば、後光効果に害はない。あくまで冷静かつ客観的に評価するより、むしろ好ましいことすらある。しかし、人間の精神がまだ対処に慣れていない状況では、後光効果は足をすくわれる原因になりやすい。もしも権力をともなう地位とか、権力に影響できる地位にあるなら、教師から将軍まで、あらゆる人の評価や思い込みはしょっちゅうまちがっていて、抽象的で感情に染まった全体的な評価によって曇らされ、汚染されていることを肝に銘じよう。人格を判断するとき、たとえばだれに投票するか選ぶようなときは、経歴とか話術とか身長とか対称性とか、じかに見たときにビールを大量に飲めるようだったとか、そういうことはささいな問題だと思うかもしれないが、じつはそうではない。そういうことが、その人物の他の特性に関する判断に、大きな影響を及ぼしかねないのだ。この世には、美徳に恵まれた人も欠けている人もいる。しかし、前もって作りあげていた後光の明るさや暗さによって色付けされて、人はそれをありのままに見ることはできないのである。

6 自我消耗

ウソ

The Misconception

×

意志力はたんなる比喩だ。

ホント

The Truth

○

意志力は有限の資源である。

二〇〇五年、心理学者たちのせいで、大学生たちが自分はだめなやつだと思わされる破目になった。

学部学生たちは心理学者の研究室に呼ばれ、しばらく時間を与えるから、みんなと知り合いになるようにと言われる。これは、歓迎会とか会社のクリスマスパーティといった、肩のこらない交流会的状況——と言いながら、ほんとうは肩がこってしかたのない場面である——を再現するために作られた設定だった。

学生たちは、男女べつべつの六人ほどの小グループに分けられ、二十分ほど談笑する。会話のきっかけは研究者によって提供されていて、互いに「出身はどこ?」とか「専攻はなに?」とか「世界中どこにでも旅行に行けるとしたらどこへ行きたい?」などと質問しあうことになっていた。学生たちはあらかじめ、この交流時間中に互いの名前を憶える努力をするよう言われている。これは重要なことだ。なぜならこの時間が終わったら、別室にひとりで座って、このパーティもどきで知り合った学生のうち、次の第二段階でペアを組みたい学生ふたりの名を書くことになっているからだ。実験者側はその答えを聞き、学生に呼ばれるまで待つように言う。被験者の学生たちは知らないが、待っているあいだにかれらの選択はほごにされているのだ。

この実験をおこなったロイ・F・バウマイスター、C・ネイサン・デウォール、ナタリー・J・チャロッコ、ジーン・M・トウェンギは、次に被験者の若い男女に実験の次段階に移ると伝えるが、このとき被験者らは、交流時間中にできた新しい知人に自分がどんな印象を与えたか教えられる。話が面白くなるのはここからだ。

このあと学生たちは無作為にふたつのグループに分けられ、いっぽうのグループの学生は、「みんながいっしょにやりたい人としてあなたを選んだ」とひとりひとり個別に伝えられる。実験はひとりでやってもらわなくてはならないので、この「望まれた」グループの学生は、いっしょにやりたい人が多すぎるから、次の段階はひとりでやってもらうと説明される。かくして足どりも軽く、月光と花火で胸をふくらませてかれらは次の作業に進む。さてもういっぽうのグループの学生は、「言いにくいのだが、あなたといっしょにやりたいと言う人がひとりもいなかった」とやはり個別に伝えられる。だれも自分とはつきあいたくないのだと信じさせられたうえで、学生たちは次の作業はひとりでやらなくてはならないと言われる。魂にパンチを食らい、自尊心から真っ黒い泥をしたたらせて、「望まれなかった」グループの学生はメインの課題に進むわけである。

学生たちの知るかぎり、ここまではすべて次の課題のための準備だったわけだが、問題のその課題とは、小さいチョコチップ・クッキーが三十五個入った菓子鉢の前に座り、そのクッキーの味と香りと食感を判定するというものだった。企業の味覚テストでよく使われる用紙に記入しつつ、クッキーは好きなだけ食べてよいと言われる。そして実験者は席をはずし、学生は十分間クッキーを前にひとり部屋に残される。

ほんとうの実験はこうだ――社会的受容に基づくクッキーの消費の測定。つまり、「望まれた」人はいくつクッキーを食べ、その行動は「望まれなかった」人とどのように異なるか、ということだ。まあ、それなりに人間とつきあった経験のある人なら、そして、パーティに呼ばれなかったとか、ドッジボールで最後まで選ばれなかったという身も心も凍る経験をしたことがある人ならとくにそうだが、あなたの予測はたぶん心理学者たちのそれと同じだろう。心理学者らは、拒絶された人々は大食いするだろうと予測し、実際そのとおりになった。平均すると、拒絶組は人気者組の二倍のクッキーを食べたのだ。状況は同じ、作業も同じ、たくさんのクッキーの前にひとり残された学生たちも似たような集団だ。しかし頭のなかでは、かれらはまったくべつの惑星に住んでいた。陽光がさんさんと降り注ぎ、空に二重の虹のかかる惑星の住人にとって、クッキーの誘惑に抵抗するのは簡単だった。しかし、見捨てられた者の行く石ころだらけの不毛の惑星では、クッキーの鉢に手を伸ばしたいという願望が頭をもたげたとき、その手を抑えるのはずっとむずかしかったのである。

拒絶組の学生たちはなぜ、涙目でクッキーを口に詰め込みたくなったのだろうか。この実験をおこなった心理学者らは、社会的排除は自制心を低下させると説明しているが、なぜそういうことになるのだろう。その答えは、心理学の分野でいま**自我消耗**と呼ばれている現象に関係がある。そしてそうと知れば驚くだろうが、この自我消耗を引き起こす原因はたくさんあり、人はしょっちゅうこれを経験しているし、しかも人生の多くの部分がこれに左右されているのである。これらの問題について見る前に、簡単に自我について考えてみよう。

さて、かつてジギスムント・シュローモ・フロイト〔成人してからジークムント・フロイトに改めた〕という名の男がいた。一八五六年生まれで、八人きょうだいのいちばん上の子だった。成長して医者になった。コカインと葉巻を好んだ。自身はナチの魔手を逃《のが》れたが、妹たちを強制収容所で亡くしている。一九三九年、年老いてから口内の癌《がん》で激しく苦しみ、自殺の幇助を受けて、この世のありとあらゆる煩《わずら》いからついに逃れ去った。彼は二十世紀で最も重要な思想家のひとりだ。自我《エゴ》という語が一般的に使われるようになったのは彼のおかげだし、「心理学」という語を聞いたときに真っ先に思い浮かぶのは彼の顔ではないだろうか。

フロイトの名声にもかかわらず、一八〇〇年代後半は心身の治療を必要とする人にとってよい時代ではなかった。医学部で教えていたのは、おおむね解剖学と生理学、それに古典だった。モノの中身を描いて、これはなんの役に立つのかと首をひねる。どこに心臓があるかを学び、脚を切断する方法を学び、プラトンが洞穴についてなんと言ったかを学ぶ。今日の医師が知っていて役に立つようなことは、ほとんどがまだ発見も理解もされていなかったのだ。のどが痛いんですか？　大丈夫、コショウをまぶしたベーコンを首に巻いておきなさい。ヘルニアですか。では横になりなさい、煙草《たばこ》の煙を肛門から吸収させましょう。医学という西部《ワイルド・ウェスト》はようやく開拓の手が入りはじめたところで、多くの場所でいまだに論争が続いていた。たとえば、悪臭ふんぷんの遺体を触ってまだべたべたしている手を、そのまま妊婦の産道に差し入れてもいいか、それとも洗ったほうがいいかとか。

学生時代の終わりごろ、フロイトはウナギを切り裂くというぐちゃぐちゃの仕事に取りかかり、四百匹以上も解剖して精巣を探した。当時はまだウナギの精巣は見つかっていなかったのである。まったくもって不愉快で報われない仕事で、なんの成果もあがらなかった。もしこのとき精巣が見つかっていたら、フロイトの名は今日ではべつの教科書にのっていたかもしれない。その後、医学の学位をとって病院で働きはじめ、そこで何年間も脳の研究をし、ニューロンの絵を描き、ウナギの内臓を調べたのと同じように、今度はそのゼラチン質のぐちゃぐちゃのなかを探求した。しかしたいていの人間と同じく、お金が重大問題となってのしかかってきたので、勘定を支払うために研究所をやめて自分の診療所を開いた。それでも強迫的な研究熱心は変わらず、フロイトは神経疾患の原因を探って、患者の幼少期や生い立ちに深く分け入っていった。そうこうするうちに、精神の地理と構造に関する理論がおおまかな形をとりはじめた。かくして精神《サイキ》のモデルが生み出されるにいたったわけだ。フロイトは、人の心にはそれぞれ独自の機能をもつ構造があって、行動も思考も神経症も身体疾患も、すべてその心的構造どうしの相互作用とコミュニケーションの結果として起こると想像した。そしてその構造を、「ダス・エス」「ダス・イッヒ」「ダス・ユーバーイッヒ」、すなわち「それ」「自我」「超自我」

と呼んだ。英語圏では、イド、自我《エゴ》、超自我《スーパーエゴ》としてよく知られるようになる。フロイトの見かたによれば、**イド**は精神の原始的な部分で、無意識の領域に住んでいて、つねに快楽を求めつつ不愉快な状況を避けようとしている。**エゴ**は精神の現実的な部分で、人の顔を殴ってフライドポテトを盗んだらどうなるかと考える部分である。精神の主導権をめぐる闘いでエゴがイドに負けるとき、**スーパーエゴ**はその全体を見おろしつつ、うんざりして首を（比喩的に）ふっているというわけだ。このため、エゴは主導権を握れないと否認の陰に隠れるか、合理化に走るか、多くの防衛機制のひとつに頼って、スーパーエゴからの厳しい叱責を逃れようとする。道徳や文化的規範はスーパーエゴを通じてその影響を行使するのである。言うまでもなく、この説はどこをとっても正しくない。これはたんに、ペニシリンが発見されていたのと同じころ、教養のある人物がこんなことを考察していましたという話にすぎないのだ。

　フロイトのような医師たちは、なんでも好きな仮説を立てることができ、本人と論文にカリスマ性があれば、科学界の会話を主導することができた。あるときフロイトは、生理痛を訴える女性患者の治療にあたったが、彼はまずこの患者を耳鼻咽喉科の医師にまわした。鼻水と生理には関連があるという説をこの医師が唱えていたからだ。鼻腔の手術が適切に終わり、回復したあとで、患者は副鼻腔の痛みが悪化していると訴えた。そしてある夜、洗面器二杯も膿汁が出て、ヒシの実ほどの大きさの骨片が飛び出してきた。この出血は抑圧された性欲のもたらすヒステリー発作の結果である、というのがフロイトの診断だった。しかし、手術をした医師に再度診せたところ、原因はガーゼの切れ端が残っていたためとわかったが、フロイトは納得せず、女性が治癒したのは精神分析のおかげだと主張している。

ここで重要なのは、心理学は当時から長足の進歩をとげているということだ。文芸批評家ハロルド・ブルームは、人類に対するフロイトの貢献は、彼が比喩の達人であったことから考えて、おそらくはコペルニクスよりシェイクスピアになぞらえるのが一番だろうと言っている。フロイトの研究は、いまも大衆文化や日常の用語――フロイト的失言、抑圧、肛門愛性格など――に大きな影響を与えているが、そのほとんどはでたらめだ。それがわかったのは、この一世紀ほどで心理学がまともな科学になり、厳密な実験と専門誌への発表、論文審査がおこなわれるようになったおかげである。とはいえ、フロイトの比喩のなかに少なくともひとつは、完全に事実無根とは言いがたいものがある。そしてここで、ロイ・F・バウマイスターとクッキー鉢に話は戻ってくるのである。

一九九〇年代、バウマイスターらは長い時間を費やして、**自制心**について研究した。そのために慎重に用いたのがチョコレートである。自制は人間のなんたるかにおいて重要な部分だ。思い出してもらいたいのだが、人は自分の人生というストーリーで中心的なキャラクターであり、自分の過去・現在・未来という叙事詩の当てにならない語り手だ。自分と、自分の周囲のその他すべての原子のあいだには境界がある、と人は感じている。自分は独立した存在であり、五億三〇〇〇万年前に海からあがってきた組織と細胞と分子の入ったただの袋ではないと感じているのだ。その自己という感覚から、自分の肉体や**意志**と呼ばれる心についてのさまざまな概念が生まれる。この意志、すなわち**自由意志**という感覚が、自分の決定や選択は自分が制御しているという信念をもたらすのだ。この意志があるから、人はある行為を起こした前にもあとにも、それについて自分に責任があると感じる。これが実際にはどういう意味なのか、意志なんてものは幻想ではないのか、という議論は数千年前からいやになるほどくりかえされてきたが、バウマイスターのこの十年ほどにわたる研究の結果、自己コントロールという感覚は操作できるということがはっきりしてきた。

一九九八年、バウマイスターと同僚のエレン・ブラツラフスキー、マーク・ムラヴァン、ダイアン・M・タイスは、被験者を集めてある実験をおこなった。被験者たちには、これは味覚に的をしぼった調査なので、実験の前には一食抜いて、空腹の状態で来てくださいと言ってあった。被験者たちは一度にひとりずつある部屋に入れられるが、そこにはオーヴンがあって焼きたてのお菓子が置いてあり、そこでかれらはひとりきりで二種類の食品の前に座らされる。いっぽうは山と積まれたチョコチップ・クッキー、もういっぽうはぽつんと置かれたラディッシュのボウルである。被験者たちは知らないが、かれらは三つのグループに分けられている。あるグループはラディッシュだけ食べるように言われ、翌日の事後アンケートに答えるために、そのときの感覚に気をつけておくようにと指示される。もうひとつのグループはクッキーだけ食べるように言われる。そして三つめのグループは、最初からクッキーとラディッシュのある部屋に入れられることすらない。心理学者らは被験者を部屋に残していったん出ていき、五分後に気分についてのアンケート用紙をもって戻ってくる。バウマイスターがジョン・ティアニーとともに書いた『WILLPOWER 意志力の科学』によると、ラディッシュを食べた被験者はたいてい、真昼の決闘のガンマンのようにクッキーをにらんでいたという。なかにはクッキーを手にとってにおいをかぐ者もいた。食べることはできなくても、深々と息を吸ってにおいをかぐことはできるというわけだ。それでもラディッシュ群は指示を守り、クッキーを食べた者はひとりもいなかったが、そのために少なからずつらい思いをした。次に、クッキーまたはラディッシュを食べたグループも、まったく食べなかったグループとともに第二の実験に進み、座ってパズルを解いた。幾何学的な図形を鉛筆でなぞるというパズルだが、ただし鉛筆を紙から離してはいけないし、一度なぞった線は二度となぞってはいけないという条件がつく(要するに一筆書《ひとふで》き)。好きなだけ時間をかけてよいと言われるものの、ただし被験者らは知らないが、それはもともと解けないパズルである。それから三十分間、心理学者らは参加者の行動を観察・記録し、何分後にあきらめるかを調べた。

平均すると、ラディッシュとクッキーの部屋を免除されたグループは、負けを認める前に二十分ほどがんばった。クッキーを食べたグループは十九分ほど粘った。チョコレートの香りの充満する部屋で、ラディッシュだけで我慢し、おいしいお菓子をむさぼりたいという衝動と闘ったグループは、八分ほどであきらめた。バウマイスターは、「誘惑に抵抗することで精神的費用が生じたのではないか」と述べている。この結果が示しているのは、フロイトの言うイドを抑制すればするほど、なぜかそれを抑制するのはむずかしくなっていくということだ。フロイトなら、イドと闘えば闘うほど、抑えつければ抑えつけるほど、自我《エゴ》は疲れ、消耗して、力が弱まるのだと言うだろう。それに敬意を表しつつ、やや茶目っけも発揮して、バウマイスターはこの現象を自我消耗と呼んだわけだ。

バウマイスターらはその後立て続けに、人の忍耐力を弱める方法をいくつも発見した。ある実験では大学生を三つのグループに分け、第一のグループは大学の授業料値上げに賛成するスピーチをさせた。第二のグループは、値上げに賛成か反対かを選ばせてスピーチをさせる。第三のグループは、なにもせずに第二段階に進む——つまり、ややこしくて解のないパズルに挑戦するのだ。今回は、スピーチをしなかったグループと、おそらく賛成できないと思われるスピーチをさせられたグループは、賛成か反対かを選んでスピーチをしたグループより二倍ほど長くがんばった。この結果が示しているのは、欲求を我慢することだけではなく、選択することじたいも人の自我を消耗させるということだ。選択する必要のなかった被験者は、意志力を行使せずにすんだので自我のエネルギー貯蔵量は減らず、そのまま次のパズルに挑むことができたというわけだ。

またべつの実験では、被験者はスタンダップ・コメディのビデオか、俳優が癌で亡くなる演技をしているビデオかのどちらかを見せられ、そのあいだどんな感情も表わさず、またなるべく感じないように努力させられた。その後、同じビデオを見たものの、好きなように感情を表わすことのできたグループとともに、ワード・パズルを解かされる。このときは、感情を抑制する努力をしたグループは、自由に感情を表出させたグループよりも、解けた問題数が少なくなった。

積極的・受動的選択についての実験もある。被験者は、無意味な文章の書かれた一枚の紙を渡され、出てくる*e*の字をすべて捜すように言われる。またべつのグループは、母音から二文字以上離れた*e*の字をすべて捜すように指示される。適当な英文を見つけて、ちょっとやってみてください。最初のグループのほうが、ずっと簡単で必要な労力も少ないのがわかると思う。さて次に、どちらのグループものっぺらぼうの壁のビデオを見せられる。このときリモコンが渡されるのだが、これにはボタンを押すとビデオが終わるものと、ボタンを押しているあいだはビデオが流れるというものがある。ここで被験者は、あとでこのビデオに関する質問に答えてもらうから、もうじゅうぶん見たと思うまで見てくださいと言われる。ビデオのなかではなにも起こらないのだが、被験者からすれば、いつなにが起こるかわからないわけである。また被験者はみな、ビデオを見るのをやめたらすぐに、『サタデーナイト・ライヴ〔土曜深夜に放映されるお笑いバラエティ番組〕』を見られると言われている。最初に簡単な課題をやった被験者は、ボタンを押すと退屈なビデオが終わるリモコンを持たされると、自我消耗グループよりずっと早くボタンを押した。逆に、ボタンを離すとビデオが終わるリモコンのときは、より長くボタンを押しつづけていた。どちらの場合も、自我消耗のグループは最も受動的な選択肢に流れる傾向が強かった。つまり、ボタンを押すリモコンならなかなか押さず、ボタンを押しつづけるリモコンなら早くあきらめて手を離すということだ。この結果から推測されるのは、集中が必要な作業をしたあとは、積極的な選択肢がとりにくくなるということである。

思考や行動には、自動的で無意識に起こるものがひじょうに多い。たとえば、まばたきや呼吸には意識の助けは必要ない。また行動のかなりの部分、たとえば職場に車を運転していくとかシャワーのあとタオルで身体を拭くとか、そういうことをしているあいだ、意識のほうはよそに流れていき、『ゲーム・オブ・スローンズ〔米国のテレビドラマ・シリーズ〕』のこととか、上司になんと言って昇給交渉をしようかと考えていたりする。熱いストーブに触れれば、考えるまもなく手を引っ込める。暗い細道を避けたい、抱擁するために近づきたいという欲求は、意識のインプットなしに起こる。歌や絵画や子猫に心を動かされるとき、その感情の高まりは意志力とは無関係に引き起こされる。人の精神生活の多くは、意識の制御をまったく受けていない。そしてバウマイスターの研究が示しているように、どんなことであれ意志力をいったん行使すると、次に行使するときにはその力は弱まっているのである。

精神というのは、設計のまずい実験的な宇宙船に似ている。まっすぐ飛んでいるかぎりはほとんど燃料を食わないが、パイロットがちょっと介入して、降下とか旋回とか上昇とかしようとすると、あれよあれよというまに燃料を消費してしまい、次に操縦しようとしたときにはほとんど残っていない。早めに自動操縦に戻して燃料を補充させないと、この想像上の宇宙船はたちまち墜落してしまうのだ。このたとえで行くと、なにかを選択する、誘惑をはねのける、感情や思考を抑えつける、その文化で適切とされる行動をとるといったことが、人の心を「操縦する」ことに含まれるようだ。よからぬ衝動——冷蔵庫をあさることから授業をさぼることまで——にノーと言うには、意志力という燃料が多少必要であり、それをいったん使ってしまうと、その次にまたノーと言うのがだんだんむずかしくなっていく。バウマイスターのすべての研究が示しているとおり、**自己コントロール**は努力の必要な行為なのだ。自我消耗が起こると、自動的な働きのほうが優勢になる。衝動を抑制しようとするたびに、それがだんだんできなくなっていく。しかし、自我消耗はたんなる疲労ではない。眠いとか、酒に酔っているとか、麻薬パーティの最中だとか、そういうときはたしかにパイに抵抗する能力は弱まるだろうが、自我消耗のひじょうに奇妙なところは、研究から見るかぎり、どうもふつうに使っているだけでもすり切れるらしいということである。どんな行動であれ、それを禁止してべつの行動に変えようとすると、その後につらいことや退屈なことに直面したとき、我慢して快楽をあとまわしにするのがむずかしくなるのだ。

ではなぜ、拒絶のバスに轢かれた学生、つまり模擬パーティでおしゃべりしたあと、だれからも選ばれなかったと言われた学生たちは、クッキーを口に詰め込まずにいられなかったのだろうか。自我消耗は両方向に働くように思われる。他者とうまくつきあうのには努力が必要だから、いわゆる向社会的行動〔社会に利益をもたらす行動〕の多くは自我を消耗させることにつながりやすい。いっぽう、社会的疎外の研究結果から推測されるとおり、社会から拒絶されたとき、心の奥深くで人はこう自問するのかもしれない――「行動を律してなんになるのか、自分がなにをしようとどうせだれも気にしないのに」

パソコンを切り、服を脱ぎ捨て、裸で森に入っていきたいという衝動を感じたことがあっても、ふつう人はそうはしない。とはいえ、動機はさまざまだが、ひとりで生きようと社会を捨てた人は少なくない。有名なところでは、セオドア・カジンスキー〔数学の天才と言われながら世捨て人になったが、革命を目指すと称して爆弾事件を起こし、ユナボマーの名で有名になった。一九四二〜〕、ヘンリー・デイヴィッド・ソーロー〔十九世紀の思想家。著書『ウォルデン、森の生活』が有名〕、クリストファー・マッキャンドリス〔大学卒業後放浪の旅に出、最後はアラスカの森林で餓死したとされる。死後、彼に取材したノンフィクションと映画で有名になった。一九六八〜九二〕などがいる。しかし、この三人もそうだが、大半は現代生活の道具や付属物の名残もすべて捨てるところまでは行っていない。いつか物質主義的な世界に背を向けて、大自然に抱かれて暮らそうと決めたとしても、たぶん靴は履いていくだろうし、少なくともポケットナイフぐらいは持っていくだろう。念のためだよ、山猫が出るかもしれないし、というわけだ。とはいえ、たったひとりで社会から消えるというのはそそられるアイデアだ。だから人は『サバイバーマン〔カナダのテレビ番組。二〇〇五〜一五〕』や『マン・ヴァーサス・ワイルド〔ディスカバリーチャンネルのテレビ番組。日本では『サバイバルゲーム MAN vs WILD』のタイトルで放映。二〇〇六〜一一〕』みたいなテレビ番組が好きだし、『キャスト・アウェイ』や『ロビンソン・クルーソー』や『ライフ・オブ・パイ／トラと漂流した二二七日』みたいな映画を何度も見返したりする。すべての仲間から完全に追放されるというのは、だれしも身に憶えがあって、考えるだけで好奇心と恐怖をかきたてられることなのだ。

追放《オストラシズム》は影響力が大きくてつらい経験だ。この語は、アテネなどの古代の都市国家にあった刑罰の一種に由来する。社会の信頼を裏切った者をギリシア人はよく追放しているが、ある人の運命について投票するさい、いわば投票用紙として陶片《オストラコン》が使われたのである。人間などの霊長類が生き残り、子孫を増やしてこられたのは、みんなで寄り集まって集団を作り、社会的地位や同盟、気質や技術、政治的関係や性的嗜好といった厄介な社会的変数をうまく維持して、追放をまぬがれてきたおかげだ。霊長類にとって、追放は死を意味する。人の親戚のチンパンジーのあいだですら追放はまれだ。一匹狼ならぬ一匹チンパンジーはたいてい、敗北して権力を乗っ取られたもとアルファオスのみである。チンパンジーは、追放された仲間とつきあうのをやめ、グルーミングをしなくなるが、ほんとうに群れから追い払うことはめったにない。完全に孤立していると、人間はあまり長く生きられないのがふつうだ。人の祖先が生き延びてきたのは、蜘蛛やヘビやライオンを避けてこられたからだけではなく、村で友だちを作り、あまりもめごとを起こさないように用心してきたからでもあるのだろう。とすれば、社会的に拒絶されたときに、人が強く深い苦痛を感じるのも当然だ。人のなかには、なにをしたら追い出されるか判断するためのシステムが存在する。よく考えてみれば、「これをしたら社会的に許容できないと思われるだろう」と人が知っている行動のほとんどは、利己心を剝き出しにするような行動だ。信頼できない人、協力しない人、あるいは他者の感情に共感や配慮ができない人は、社会のすみに追いやられる。大きく見れば、窃盗、強姦、殺人、詐欺などは、個人あるいは一部集団の利己的な欲望を満たすために他者を傷つける行動だ。バウマイスターらが社会的排除の論文で書いているとおり、社会の一員であるということは、自己と他者との交換条件を受け入れることを意味する。自分を律して利己心を抑えれば追い出されることはなく、仲間がいて社会全体の一員であるという報酬を享受できる。しかし、その交換条件を破れば、社会も約束を破って人を拒絶する。仲間たちからパーティに招待されなくなり、ツイッターのフォローをはずされる。より大きな社会集団においては、利己的にふるまいすぎて拒絶されれば、刑務所に放り込まれたり、もっとまずいことになったりする。

「だれもあなたを選ばなかった」実験の研究者らは、自制には向社会性が必要だから、自分の行動を規制したとき、人はなんらかの報酬を期待するのだろうと唱えている。望まれなかったグループの学生は追放の痛み《オストラシズム》を感じ、そのために自制はむだだと見かたが変わった。いわば「だれも気にしないのに、なぜ規則を守る必要があるのか」と考えたということだ。そのために意志力という燃料のタンクに穴があき、クッキーの前に座ったときは、ほかの人々とちがって衝動を抑制できなかったのである。またほかの実験では、拒絶された、望まれなかったと感じると、人はパズルがあまり解けなくなったり、他者と協力したがらなくなったり、仕事のやる気を失ったり、飲酒や喫煙などの破滅的な行動に走りがちになることがわかっている。拒絶は自己コントロールを弱めることからして、自我消耗という状態にいたる数多くの道筋のひとつであるようだ。

さて、これまでの話をふり返ってみて、改めてフロイトの提唱した変てこな説について考えてみよう。精神的エネルギーとか衝動とか文化的判断とかについての話はみんな、イド、エゴ、スーパーエゴという説を裏書きしているように聞こえないだろうか。そう、だから自我消耗について語る心理学者らは、いったいなにが消耗しているのか正確に突き止めようとせっせと努力しているのだ。そしてある仮説によれば、それはたんに、消化した食物から脳が得られる燃料、つまりブドウ糖にすぎないのかもしれない。

二〇一〇年に発表されたある研究を見てみよう。ジョナサン・レヴァヴ、シャイ・ダンジガー、リーオラ・アヴナイム＝ペッソは、受刑者の仮釈放に関する十か月間の決定百十二件について調べた。すると、仮釈放が認められる割合が最も高いのは、朝食や昼食の直後であることがわかった。平均すると、判事が食事をとった直後には、受刑者の六十パーセントほどが仮釈放を認められている。この割合はその後少しずつ下がっていき、そして昼食の直前に判事の前に現われた受刑者は、約二十パーセントほどしか仮釈放を認められなくなる。体内のブドウ糖が少ないと――言い換えれば、食事をしてから時間が経つほど――判事は積極的な選択肢をとりたがらなくなる。つまり、ある受刑者を釈放して、その結果として生じる責任を引き受けようとしなくなり、どうするかはまた後日考えようという消極的な選択肢をとりやすくなるわけだ。

ブドウ糖との相関関係をさらに強く示しているのが、二〇〇七年のバウマイスターの実験だ。この実験では、被験者はひとりの女性がしゃべっている無音のビデオを見せられる。画面の右下すみにはときどき文字がぱっと表示されるが、その文字をできるだけ無視するようにと被験者は指示されている。さて、このビデオを見る前とあとに被験者の血中ブドウ糖濃度を調べ、同じビデオを見たけれども特別な指示は与えられなかった対照群のそれと比較したところ、やはりと言うべきか、文字を見ないようにした被験者は、ビデオを見たあとのブドウ糖濃度が対照群より低くなっていた。その後の実験では、ビデオを見たあとで砂糖入りのクールエイドか、スプレンダ〔ノーカロリーの甘味料〕入りのクールエイドを飲んでから、自我消耗を起こしやすいことが証明されている作業をした。つまりワードパズルや一筆書き、感情抑制のテスト、偏見的態度抑制のテスト、利他性のテストなどである。エネルギーを充填されたと思っているだけのグループ（つまりスプレンダのグループ）は、実際にブドウ糖を補給されたグループ（砂糖入りグループ）にくらべ、やはり成績が低くなる傾向があった。つまり、事前に飲み食いしておくことで、意志力で衝動を抑制したり、決定を下したり不適切な行為を控えたりする能力が高まるらしいのだ（意志力を使って飲食を我慢したいときはどうしたらいいのだろうか）。

これは自己コントロールの資源モデルと呼ばれる説だが、その研究は始まったばかりで、まだ完全ではない。消耗される資源はブドウ糖だという説には反論もある。意識のある脳は、自己コントロールのためにいかなるときも大量のブドウ糖を蓄えているはずだ。その放出を制御している心理的規制はほかにあり、それは進化のさいに形成されてきた資源割当プログラムのようなものではないか、というのだ。かなりの自己コントロールを要する作業をおこなうと、その後しばらくは報酬を求める内的な力によってモチベーションや集中力が抑えられる。しかし、もっと大きな期待が生じたり、逆に重大な脅威が現われたりすると、抑制されていたモチベーションがまた跳ねあがって、先に進めるようになるというわけだ。たとえば、鹿を一時間追いかけているあいだは、脚の痛みを無視していられる。だが鹿を仕留めてしまうと、休憩してなにか食べたいという欲求が強くなる。しかし、そのときに腹をすかせた肉食獣が現われれば、休憩するのを忘れてまた走りだすだろう。これを自我消耗のプロセスモデルと言うが、この説によると、ブドウ糖はまだ残っているのに、精神的努力のあとでは脳が節約志向になり、モチベーションを低下させる。その状況では報酬を求める合図がより目立つようになって、自己コントロールを要する仕事はあまりやりたくなくなる。しかしその瞬間にモチベーションがあがるようなことが起こると、脳はいそいそとブドウ糖を使いだす――というのが、このプロセスモデル支持者の主張だ。ある実験では、贈り物を受け取ったり、砂糖水で口をゆすいだり、あるいは退屈でない作業がやれるという見込みを提示されたりすると、自我消耗をはねのけられるということがわかっている。これもまた、脳の報酬系が自我消耗に大きな役割を果たしていること、ブドウ糖が唯一の要因でないということを示すさらなる証拠である。研究はいまも続いている。現時点では自我消耗という概念はまだ隠喩でしかなく、いずれもっと複雑で精妙な現象が解明される時が来るかもしれない。

現在わかっているのは、脳が機能するさいにはつねに燃料が必要だが、最も燃料消費が大きいのは高度な管理機能だということだ。あるいは、精神の管理部門は最も運営コストが高いと言い換えてもよい。研究によれば、ブドウ糖濃度が低いとき、または手持ちのブドウ糖についてて脳が節約志向になっているときには、管理機能が低下するという。フロイトとその同時代の人々は、野蛮で原始的な欲望と思索的な自己との闘いの場が精神であると考えたが、こういう精神状態をその見かたにしたがって解釈することもできる。初期の心理学者であれば、エゴが弱まるとイドが暴れると言っただろう。それがいまでは、前部前頭葉がブドウ糖不足に対処しようとしている――というか、脳内の銀行が融資を渋っているだけではないかと言われているわけだ。

思い出してもらいたいのだが、精神修養を説く本がなんと言おうと、研究結果が示しているのは、意志力は技術ではないということである。もし技術なら、ある仕事から次の仕事に移っても一貫性は保たれるはずだ。しかし、人という巨大なシステムをコントロールしようとするたびに、実際にはそのコントロール力は弱まっていく。教会や教室で笑いをかみ殺せば、その後に滑稽《こっけい》なことを思いつくたびにもっとおかしくなっていき、ついには噴き出す危険を冒すことになるのだ。

この精神状態を防ぐには、日常生活においてなにがそれを引き起こす原因になるか予測し、意志力が必要になるとわかっているときは、その原因になることがらを避けるしかない。現代は以前にもまして自己コントロールが必要な時代だ。ネットに接続すればレディット〔ニュースなどの話題を扱うウェブサイトだが、日本の5ちゃんねる的な性格もある〕がブラウザを手招きしているし、iPadが指を待っているし、またスマホはステータス更新の通知ではちきれそうだ。それがわかっているだけで、人間にしか備わっていないほどの衝動抑制能力が必要になる。気まぐれを抑制すれば、そのたびに次の誘引力は強くなる。ここでも思い出してもらいたいのは、人の管理機能はさまざまな要因で弱まるということだ。数日夜更かしが続いているとか、ちょっとアルコールを飲んだとか、家族の集まりで要らぬ口出しを我慢したとか、もう何度めかわからないほど子供のおねだりに抵抗したとか。重要な仕事をしていると決断疲れが起こりやすく、決断疲れは自我消耗につながりやすい。これはひとえに、重大な決断には文字どおり多くのエネルギーが必要で、エネルギーが切れると人は受け身になるからだ。厄介な問題に対処して長い一日を過ごしたあとは、ついだらだらとテレビを見て過ごしてしまう。画面からキム・カーダシアン〔米国のリアリティ番組で人気を博した女性〕の顔を消すためにチャンネルを変える気にすらならなかったり、コマーシャルでぶつ切りのうえに危ない場面のカットされた『グッドフェローズ〔一九九〇年の犯罪伝記映画〕』をつい見つづけてしまったりする——映画のDVDを持っていて、それが一、二メートル先に見えているのに。それぐらいなら大した問題ではないが、しかし航空管制を担当しているとか、心臓のバイパス手術をしているとか、二百ポンド〔約九十キロ〕体重を減らさなくてはならないとかいうときには、あらかじめ計画を立てておくべきだ。自分の心をしっかりコントロールして、外界に対する自分の反応を変えられるようにしたいなら、つまりなにもせずに成り行きに任せてしまっては困るなら、疲れていてはいけない。休憩をとろう。少し眠ろう。そして自我消耗がほんとうはどういう現象なのか解明されるまでは、すきっ腹で大事な決断を下すのはやめておこう。

7

興奮の誤帰属

ウソ

The Misconception

×

なぜいまこんなふうに感じているのか、人はいつでもわかっている。

ホント

The Truth

○

原因ははっきりしていると思う場合でも、その感情のほんとうの原因はわかっていないことがある。

その橋はブリティッシュ・コロンビア〔カナダ西部の州〕にあり、長くて恐ろしく、いまもキャピラノ渓谷にかかっていて、さあ渡ってみろと迫ってくる。

自由の女神像をその基壇ごと橋の下に置いたとしても、たるんだ橋面が女神の銅の肩に触れることはないだろう。この吊り橋は全体に、幅はせいぜい公園のベンチほどしかなく、渡ろうとすれば風に吹かれて上下左右に揺れ、きしんだり曲がったりするのが聞こえ、七十メートル下の岩と急流から目が離せなくなる——落ちたらぐしゃぐしゃになって一巻の終わりだということが、腹の底から実感される距離だ。だから、なかには渡り切れない人も出てくるわけである。

一九七四年、心理学者アート・アロンとドナルド・ダットンは、女性を雇ってこの吊り橋の中央に立ってもらった。橋を渡ろうとする男性がすれちがうとき、この女性はアンケートに回答してもらえないかと頼む。質問の最後に、彼女は顔を覆った女性のイラストを見せて、その理由を説明する話を作ってもらいたいと頼む。そしてその後、この調査についてもっとくわしく話をうかがいたいので、よかったら今夜電話してくださいと言って、紙の端を破りとって自分の電話番号を書いて渡す。

男性はとうてい無視できない恐怖を腹の底から感じているはずなので、不安にどっぷりつかった脳がいま起こったことをどう解釈するか調べる、というのがこの実験の目的だった。したがって、対照群としてべつの橋、つまり恐怖を生み出さないような橋が必要になる。そこで、川からの距離が二、三メートルしかなく、橋脚でしっかり支えられた幅広の頑丈な木橋で、同じ女性に同じことをしてもらった。

両方の橋で実験をしたあと、その結果を比較してみたところ、危険な吊り橋で電話番号を渡された男性は、五十パーセントが峡谷の女性と再会するために電話をかけた。ところが安全な橋で質問された男性では、この割合が十二・五パーセントに落ちた。しかし、これだけが重要な違いではなかった。イラストについて被験者が作った話を比較してみると、こわい橋で質問された男性は、性的な色合いのある物語を作る割合がほぼ二倍に達したのだ。

これはどういうことだろうか。いっぽうの橋では、男性はエロティックな気分になり、女性インタビュアーとまた会いたいと思うのに、べつの橋ではそうではない。これを理解するには、心理学者の言う**興奮**――先に認知的不協和の形で触れた――について理解し、またその原因を人は簡単に取り違えるということを知らなくてはならない。感情の原因を取り違えることによって、人間関係が改善したり、恋愛の錯覚が生じたり、高尚でもあり偽善的でもある行動や態度が生じたりすることもある。

心理学的には、興奮というのは性的な意味にかぎらない。それは人にさまざまな形で作用する。興奮すると心拍が上昇し、注意力が高まり、手のひらが汗ばみ、口がからからになり、呼吸が深くなる。風が起こって大雨が降りだすときに感じる、目が見開かれ、血管を電流が走るような気分である。完全な覚醒状態で、ふだんより注意力が研《と》ぎ澄まされ、意識はいまという瞬間に完全に集中している。ぐっすり眠っていたときに火災報知機が鳴りだして、ベッドから転げ落ちるような気分とはちがう。興奮はもっと長続きする全体的な気分だ。それはしだいに高まり、全身に満ち満ちていく。興奮を引き起こすのは脳の奥深く、自律神経系を支配する原始的な領域である。ここでは出入りする信号が監視され、大きな「闘争・逃避」ボタンを覆うガラスが叩き割られるのを待っている。それは、兵士が次こそ自分の最期かと迫撃砲弾を待ち構えているときの気分であり、ミュージシャンが満員のスタジアムのステージに歩いていくときの気分であり、感動的な演説に歓呼の声をあげる群衆の気分であり、ゴスペルとともに身体を揺らし両手をあげる信徒たちの気分であり、人でいっぱいのダンスフロアのまんなかで踊る男女の気分である。簡単に目に涙が浮かぶ。泣きたくもあり、笑いだしたくもある。胸がいっぱいではちきれそうだ。

橋の男性たちが経験していたのは、この高揚状態、つまり恐怖と不安に神経の研ぎ澄まされた状態だった。魅力的な女性に会ったときに、そういう気持ちが心臓と頭に流れ込みつづけていたため、その原因がごっちゃになってしまった。橋のせいか、それともこの女性のせいだろうか。彼女はたんに愛想よくふるまっているだけか、それともおれに気があるのかな？　どうして彼女はおれを選んだんだろう。心臓がどきどきしているが、これは彼女のせいだろうか。

アロンとダットンが男性インタビュアー（と男性被験者）でこの実験をおこなったときは、偏った結果は生じなかった。インタビュアーを興奮の原因と取り違える可能性がなかったから——あるいはあったとしても、それを抑えたからである。**興奮の誤帰属**はまた、安全な橋で実験をおこなったときも消失した。高揚状態が起こらないから、説明する必要も生じないわけだ。直感に従い、アロンとダットンはこの実験を、コントロール不能な変数だらけの現実世界から切り離すことにした。実験室で、べつの方向からこの謎に取り組もうということだ。

実験室での実験では、いかにも科学的っぽい電気機器の並ぶ部屋に男子大学生を入らせる。なかでは実験者が待っていて、そのへんでもうひとり学生を見なかったかと尋ねる。学生が見なかったと答えると、実験者はもうひとりの被験者を捜しに行くふりをして部屋を出て、残された学生はそのあいだに学習と電気ショックに関する論文を読まされる。ころあいよしと見ると、同じくボランティアで実験に参加する女子学生を連れて実験者は戻ってくるが、この女子学生はじつは女優である。一度にひとりずつ、男子学生はこの女優の横に座り、ふたりのうちどちらかが、まもなく電気ショックを与えられると説明される。失禁しそうに強烈な電気ショックと言われる場合もあれば、「ちょっとピリッとする」程度だと言われる場合もある。そのあと、実験者はコイン投げをして、どちらがどの強度のショックを受けるかを決める。だが実際には、どちらにせよ電気ショックを与えられるわけではない。これはたんに、男子学生を心底震えあがらせるのが目的だ。実験者はその後、橋の実験のときと同様のアンケート用紙(例のイラストの説明も含む)を渡し、電気ショックの機械の準備をするので、それまでのあいだに記入をすませるようにと言う。

　このアンケートでは、男子学生は自分の不安の程度と、女性被験者にどの程度魅力を感じるかを評価する。心理学者らが推測したとおり、その結果は橋の実験のそれと一致していた。強烈で苦痛の大きいショックを予測していた学生は、軽い「ピリッ」を予測していた学生よりも、不安の程度も女性に魅力を感じる程度も有意に高かった。またイラストを説明する物語に関して言うと、やはり不安が高ければ高いほど、性的な幻想を生み出しやすくなった。その後、被験者たちには実験の目的が明かされ、電気ショックの話は嘘であることが説明されている。

　アロンとダットンが示したとおり、人は興奮を覚えると、ごく当然のようにその背景を求め、自分がこんなにどきどきしているのはなぜなのか説明しようとする。意味を知ろうとするこの探索は、自動的かつ無意識的に始まり、それで得られた答えが疑問視されることはまずない。なぜなら、自分が質問したことに人は気づいていないからだ。橋の男性と同じく、自分がこんなふうに感じている理由を人はでっちあげ、自分の作った物語を信じて生きていくのである。バーニング・マン〔年に一度ネヴァダ州の砂漠でおこなわれる大規模イベント〕でペヨーテ〔幻覚作用のあるサボテン〕を食べて、トカゲ顔のファゴット四重奏の脈動するビートに合わせてグロースティック〔蛍光色に光る棒〕を振りまわしていれば、自分が顔を歪めてにやにやしている理由は簡単かつ正確にわかる。レッドブルを飲んですぐ、暗い劇場に突入してアクション映画を観たとしたら、血がたぎる理由はちょっとあいまいになるかもしれない。映画の爆発のせいか、カフェイン入り飲料のせいなのかよくわからないが、ともかくこの映画、やたらぞくぞくするじゃないか。多くの場面で、なぜ自分が心理的にラリっているのか人はわからないか、あるいは気づいていないし、その原因を誤って身のまわりの環境に求めてしまう。このとき説明として好まれるのが周囲の人々だ。実験が示しているように、そういう選択肢が与えられていれば、自分が興奮しているのはほかの人のせいだと人は考えたがるものなのだ。電気ショックを与えられると思っている男性は、心拍が高まっているのはひとつにはとなりの女性のせいだと誤解してしまう。アロンとダットンは恐怖や不安に的をしぼったが、それ以後におこなわれたさまざまな研究で、どんな感情の状態も誤帰属を引き起こすことがわかっている。そしてここから、結婚を長続きさせる方法について重要な発見がなされているのである。

二〇〇八年、心理学者のジェームズ・グレアムは、どのような活動がパートナーの絆を保つのに役立つかを調査した。ともに暮らしている二十組のカップルにデジタル機器を装着してもらい、そのうえでふだんどおりに日常的な活動に従事してもらったのだ。その機器が鳴るたびに、それを使って実験者にテキストを返送し、いまなにをしているか報告する。そこでいまの気分について質問に回答し、パートナーに対してどう感じているか答える。このブザー・応答・内省・送信を一千回以上もくりかえし、その後データを分析したところ、日常的に共に困難な作業をパートナーとしてこなしているカップルほど、互いに好きあっていることがわかった。この実験の期間を通じて、ふたりの能力が日常的に試されているとき、カップルは互いにより親しみと魅力を感じ、愛情がより強くなっていたのである。焦燥感に駆られつつ難局を乗り切ると、そのたびに興奮を感じ、成功はじかに結束強化につながるのだろう、とグレアムは述べている。そのときどんな活動をするかが肝心なのだ。成長し、世界を広げ、能力や知識を増やしたいという衝動が人にはある。自分の技術や人生観や自己に、恋人や友人という側面を組み込み、それによって自己拡大へのモチベーションを満たすことができれば、どんな愛情深い行為よりもそれは絆を強固にするのだ。これによって開けるのは、感情の誤帰属にまつわる最良の面のひとつである。この実験に参加した人々のように、難関——キッチンを自分で改造することであれ、ドギー〔ヒップホップ・ダンスの一種〕の踊りかたをマスターすることであれ——を乗り切り、賢くなったという輝かしい気持ち、自己拡大という高揚感を得られると、その原因の一部はそこにいる人にあると誤認される——つまり感情の誤帰属が起こる。それがくりかえされるうちに、その関係じたいがそういう感情の源泉であると考えるように条件づけされ、その人との絆を断ち切りたいとは思わなくなっていく。最初のうちは、その人とのつきあいを学び、彼または彼女の非言語的なシグナルの解釈や、気分の浮き沈み、食物の変わった好みを知ることは、それだけで自己拡大の課題になる。しかしその関係が長くなり、お定まりの日常に落ち着いていくにつれ、新しさを感じる頻度は低下していくだろう。すると絆が弱まったように感じられるかもしれない。それに活を入れなおすには、たんなるシミュレーションでもいいから試練が必要だ。舞踏会のダンス・レッスンを受講するとか、友人たち相手にミニゴルフの試合に挑むほうが、ワインやマーヴィン・ゲイ〔米国のミュージシャン。一九三九～八四〕の甘い歌声よりも、炎を輝かしつづけるのには有効なのである。

　自分の内側から生じる興奮でも、誤帰属が起こりやすいという場合もある。自分の倫理的な基盤が脅かされたと感じるときはとくにそうだ。一九七八年、マーク・ザンナとジョエル・クーパーは、被験者のグループに偽薬の錠剤を服《の》ませた。そして被験者の半数には、これは気持ちを落ち着かせる薬だと言い、あとの半数には精神を興奮させる薬だと言った。被験者はその後、言論の自由は禁じるべきだと主張する小論文を書かされる。たいていの被験者は、自分の真の思想とは正反対の意見を述べることに抵抗を感じ、後ろめたい気分になる。実験の最後に、もし書きなおしたければ小論文を書きなおすこともできると機会を与えると、気分の落ち込む薬を服んだと思っている被験者は、その申し出に飛びつく傾向がはるかに高かった。自分は興奮薬を服んだと思っている被験者は、気分がいらいらするのは薬のせいであって、認知的不協和のせいだとは思わなかったから、立場を変えて論文を書きなおす必要を感じなかった。

もういっぽうのグループは、いまの気持ちの責任を押しつけるスケープゴートが存在しないため、書きなおしたいと望んだのだ。そうすれば気持ちが楽になって、いらいらが収まるだろうと考えたからである。ここでもやはり、認知的不協和、つまり自分の信念に反する行動や思考が、不愉快な興奮状態を引き起こすことがわかる。ザンナとクーパーの実験の被験者は、その興奮を緩和したいとは望んでいた。しかし、その不快感の原因を正しく特定できたのは、リラックスする薬を服んだと思っているグループだけだった。もういっぽうのグループは、原因は自分のネガティブな感情ではなく、にせの興奮薬のせいだと納得してしまったというわけだ。

興奮の誤帰属は、ベンジャミン・フランクリン効果と同じく、自己認識理論で扱う現象のひとつだ。念のためくりかえすと、この理論によれば、人の態度は自分自身の行動を観察し、それを理解しようとすることによって形作られる。心理学の創始者のひとりウィリアム・ジェームズの考えでは、人はしばしばある状況を観客席にいるかのように見返し、自分自身の動機を理解しようとする。たとえば、腕にコオロギが止まっているのに気づいたとき、わけのわからないことを叫びながら腕をふりまわし、身体をかきむしったとしたら、あとでふり返って自分はあのときこわかったのだと思い、自分はコオロギがこわいのだと信じるようになるだろう、というわけだ。人はときに、事実に反して結論に飛びつくことがある。自分の行為の観察者として、思考の証人としてふるまい、その観察に基づいて自分自身についての認識を形成するのだ。このことを検証するため、心理学者フリッツ・ストラックは一九八八年、単純な実験を考案した。被験者に前歯でペンをくわえてもらい、歯を剝きだしたかっこうで漫画を読んでもらったのだ。すると被験者は、ペンを唇でくわえたときより、その漫画をずっと面白いと感じやすかった。ペンを前歯ではさんでいるときは、笑顔を作るときに使う筋肉が収縮する。対して唇ではさんでいるときは、顔をしかめるときに使う筋肉が収縮する。ストラックの結論では、被験者は自分が笑っていると感じたため、自分は漫画を面白がっているにちがいないと心の奥深くで判断したのである。逆に顔をしかめていると感じたときは、その漫画がつまらなかったからだと判断したわけだ。一九九〇年にゲイリー・ウェルズとリチャード・ペティも同様の実験をおこなっているが、このときは被験者にヘッドホンをつけてもらい、うなずきながら、あるいは首を横にふりながら、専門家の論説を聞いてもらった。はたせるかな、あとで質問してみると、うなずきながら聞いた人たちのほうが、首をふりながら聞いた人たちより、話者の説に賛成する傾向が強かった。二〇〇三年、イェンス・フェルスターは、大画面に食品の名前を表示させて、ボランティアにその食品を評価してもらうという実験をおこなった。食品の名前は画面上で上下に動いたり、左右に動いたりして、こうして無意識に被験者はうなずいたり首を横にふったりすることになった。論説の実験のときと同じく、うなずきながら名前を見た食品は、よほどまずくないかぎり好きだと答える傾向が強くなった。このフェスターやその他同様の実験では、肯定的・否定的な意見が強化されるという現象は見られたが、ただしその人がたとえばブロッコリーが嫌いであれば、どんなに首を縦にふらされてもその意見は変わらなかった。

興奮は、思いもよらないときに脳の隙間を埋めてくることがある。その原因は刺激的な映画の予告編だったり、〈ユーチューブ〉を通じて遠くの人が求めてくる慈悲の訴えだったりする。生きた潜望鏡のように立ちあがって警戒するプレーリードッグの群れと同じく、人の祖先はこぞというときは注意を払うように進化してきたが、認知とともにパターン認識が、そして入力に対してさまざまに誤解する癖もいっしょについてきた。感情の源泉は、突き止めるのがむずかしかったり不可能だったりすることが多い。注意を払うべき時は過ぎ去り、あるいは細かいことは意識の下の場所に突っ込まれたりする。そうなると、感情は起こっているのにその理由がわからない。こういう状態に陥った人は、適当な対象に目をつけがちだ。他者──それも、自分のつむごうとしている物語に合致する他者──がその場にいれば、とくにそうなりやすい。幸福感、疎外感、怒り、恋わずらい、そういう感情を引き起こした原因がわかったと思うと安心できる。これで先に進める。疑問を抱くことはないじゃないか。

興奮に関する研究によれば、人は自分のことを自分に説明するのがへただ。しかし、デートでジェットコースターに乗り、ホラー映画を観、コーヒーを飲みながら会話するとうまく行くことが多い理由もこれでわかってくる。ふざけてレスリングごっこをすると情熱的なキスに発展しやすいのにも、とてもいい友だちなら大泣きを大笑いに変えられるのにも理由がある。大喧嘩のあと、友だちや家族や恋人とより親しくなるのには理由がある。ライス・クリスピー〔お米を使ったシリアル〕のコマーシャルで、母親がわが子にクリスプのおいしい食べかたを教えるとき、画面が白黒で、背後にイズラエル・カマカヴィヴォオレ〔米国のハワイアン歌手〕の歌う「虹の彼方に」が流れるのには理由があるのだ。なぜこんなふうに感じるのか知りたいが、正しい答えがわからないとき、人はわからないままではすまさない。なにか答えを探す——それは近くにいる人だったり、目の前の商品だったり、脳内の薬だったりする。つねに正しい答えがわかるとはかぎらないが、ラテを飲みながら口説いているときは、そのことを指摘してはいけない。

8

外的作用因の錯覚

ウソ

The Misconception

×

人は、自分が不利な状況を耐え忍んでいればそれに気がつく。

ホント

The Truth

◯

人はありもしない外部の作用に原因を求めて、将来は明るいと思い込む。

幸福を感じているとき、人はめったに自分の精神活動をふりかえってみたりしない。だから、その幸福感の原因が自分の脳だということに気がつかない。

いま幸福なのは、キーライム〔通常のライムより苦みの強いライム〕カップケーキを食べたからだと人は考える。しかし、いま幸福なのは、キーライムカップケーキを食べたから幸福を感じろと脳に命令されているからだ、とは考えない。こういうふうに言葉を解析すると頭がこんがらがってくる。自分という人間について考えるとき、人が考えるのは自分の脳と身体の全部だろうか、それともその一部だろうか。おそらくだれもが、脳も身体も全部ひっくるめた全体だと答えるだろう。しかし、人の意識する「自己」は、脳によって生み出されている精神活動のごく一部にすぎない──神経科学の分野では、それを示す研究結果が年々増えつづけているのだが、これはなかなか受け入れにくい話だ。

いま椅子に腰掛けてこの本を読みながら、あなたは自分が自分の想像する自己であるかのように感じているだろう。その「自己」が肉体をコントロールし、あらゆる外界からのインプット──実体のあるものもないものも、触れられるものも感情的なものも──を経験しているのだと。それを考えているのは自分であり、感じているのは自分だ。しかし状況によっては、そのような所有と自由意志の感覚は、簡単に操作されて大きくねじ曲げられることがある。それどころか、自分の感情の原因を架空の存在に求めてしまう瞬間が、人生には何度となく訪れる。すぐにはピンと来ないかもしれない。首をかしげたくなるのはわかる。しかし、これは実験で証明できるのだが、自分の考えや感情を引き起こした原因が自分にあるのかどうか、人はときどきわからなくなる。それだけではなく、その感情を抱いたのが自分以外のだれか、あるいはなにかだと思い込んでしまうことすらあるのだ。

ある出来事の裏に何者かの意志が働いていると考えるとき、心理学ではその何者かを**作用因**と呼ぶ。そして人は、「作用因検出システム」を生まれつき脳にインストールされている。よくある例だが、自分がジャングルにいると想像してみよう。そのとき葉ずれの音が聞こえてくる。あれは風か、それともトラだろうか。こういう場合は、どっちかなと考えてぐずぐずしているより、とりあえずトラだということにしておくのが一番だ。そしてただちに闘争・逃避態勢に入るか、「息をひそめてよそへ行くのを待つ」反応をとるわけである。つまり、よくわからないことがあったとき、意志とすきっ腹を抱えた何者かがその原因だと考えるのが人のデフォルトであり、そのデフォルトの感覚が「作用因の感覚」なのである。夜中に物音が聞こえたとき、無視するのがむずかしいのもそのためだ。音をたてた作用因があるかもしれないから、念のため調べに行けと自分の一部がべつの一部をせっつく。数々の不気味で神秘的で奇妙で意外な現象を、人は調べに行かずにはいられない。証拠があろうがなかろうが、よくわけのわからないことがあると、その陰に作用因があるにちがいないと人間は本能的に考えるのだ。

人が作用因を想定するのは外的な現象だけではない。自分自身の行動の陰にも作用因、つまり「自己」があると考える。自分の腕を動かそうと決めた作用因は自分に決まっているし、自分の口から出た言葉を出した作用因も自分に決まっている。あまりに当然のことに思えるが、しかしこのシステムは完璧ではない。それどころか、この思い込みが原因で、人は認知の誤りを起こす。それも最も陥りやすく、最も気づきにくい誤りである。人はつねに、自分自身の作用因を認識しているとはかぎらないし、ちょっとした操作でこのシステムを滅茶苦茶にすることもできる。説明のため、ここで人の自己欺瞞を構成する要素について考えてみよう。

感情という言葉は前にも出てきたが、これは専門用語としては、「主観的に経験する自分の精神状態」のことである。心理学では、未来の自分の気持ちを予想することを**感情予測**という。いまあの角の向こうからだれかが現われて、チェリーパイを一切れくれて、顔の造作をほめてくれ、あなたの今週はこうなるという予言の詩を朗読し、ハグしてくれて、一週間ぶんの汚れものを洗濯しに行ってくれたとしたら、あなたはどう感じるだろうか。……と訊《き》かれていまやっていること、それが感情予測である。はるかな昔——スパンコールつきのジャンプスーツを着てディスコに出かけても、変な目で見られることがなかったころ——から何百回も調査研究がおこなわれて、それで火を見るより明らかになってきたことがひとつある。人は、感情予測がまるでへたくそだということだ。よいことでも悪いことでも、それがのちの自分の気持ちに与える影響を、人はかならず途方もなく過大に推測してしまう。宝くじに当たるなどの「よいこと」や、交通事故にあうといった「悪いこと」を想像するとき、そのあとに自分がどう感じるかという予測はたいてい大きくはずれる。これを、心理学者は**インパクト・バイアス**

と呼ぶ。未来の出来事が自分の気持ちにどんな影響を与えるか、それをあまりに過大に評価するというバイアスが人にはかかっているのだ。ちょっと雨が降っただけで大洪水が来ると警告する天気予報官のようなもので、人のなかの気分予報官も、未来の心の状態についてつねに突拍子もなく大げさな予報をしてくる。つまりそういうインパクト・バイアスのせいで感情予測は狂わされ、なかなか当たらなくなってしまうわけだ。

一九七八年、心理学者フィリップ・ブリックマンらは、宝くじの高額当選者と事故で身体がマヒした被害者を対象に、全般的な幸福感についてアンケートをおこなったが、その結果にはほとんど差がなかった。ふたつのグループ間で差がなかっただけでなく、その他一般の人々への調査とくらべても、どちらも差がなかったのだ。幸福感のホメオスタシスとでも言うべきものがあって、事故の被害者が抑鬱に陥るのを防ぐと同時に、宝くじの当選者が幸福のあまり舞いあがるのをも防いでいる。時がたつにつれて、人の心のなかでは中庸への回帰が起こる。釣り糸の浮きと同じように、気分がどんなに深く沈んでも、あるいはどんなに高く浮きあがっても、しまいにはもとの状態、つまり真ん中よりちょっと上に戻ってくるのだ。強烈な感情が薄れるのにかかる時間はさまざまだが、ほとんどの人はせいぜい二、三か月しかかかっていなかった。ブリックマンの研究のおかげもあって、この現象を表わす新語が作られた。それが**快楽の踏み車**だ。

さて、これで必要な前提はそろった。感情予測と快楽の踏み車は、より大きな現象——無味乾燥にも**心理的免疫システム**と呼ばれる——の一部である。拒絶や喪失、屈辱、無力感など、心理学で言う**ネガティブな感情**に襲われたとき、人の心は信じられないほど大きな心理的治癒力を発揮する。べつの州に引っ越して新しい職についたはいいが、子供たちが転校したその直後にレイオフをくらったとしても、人は立ち直る。それもごく短期間で。わが家が焼け落ちて、もう製造されていない飛行機のエチケット袋のコレクションがすべて灰になっても、コレクションのこともわが家のこともすぐにあきらめがつく。全国ネットのテレビで、ナスカの陶器の複製でお手玉をしようとしてうっかり失禁してしまっても、恥ずかしさはすぐに薄れていく。そう言われてもとても信じられないだろう。その恐ろしい事態の渦中にあるときはもちろん、未来を予測するときであっても——なぜなら、人は感情予測がまるでへたくそだからだ。

心理的免疫システムを構成する要素のひとつで、自己欺瞞を最も引き起こしやすいのは、**主観的最適化**である。ほんとうに多少でも賢くなりたければ、これを理解しなくてはならない。主観的最適化のせいで、人は真の原因を原因と認めることができなくなるのだ。

看護学校へ通うつもりだったのに、たった一度のセックスで妊娠してしまい、その相手と結婚して遠くへ引っ越していった友人がいたとしよう。彼女はふたりめを産んだのちに離婚し、再婚した相手は手作りドッグフードの会社をやっていて、おかげで家のなかはいつも焦げたレバーのにおいがしている。学校へ行かずに引っ越したのが正しい選択だったかどうかはわからないと思うのだが、本人はあれでよかったと思っているらしい。これが一番よい道だったと友人は言うが、どうしてそう言い切れるのだろうか。そう、これが心理学で言う主観的最適化だ。人生をふりかえって、これが一番よかったのだと思うことである。ヘルベチカ体〔広く使用されているフォント〕のようなもので、主観的最適化について知ったとたん、どこにでもそれが見つかるようになる——もちろん、自分自身については例外だが。簡単には逃げられない困難な状況に陥ったとき、不幸を幸運に変える能力が人にはある。心理的免疫システムのなかで起こることはすべてそうだが、しかしそれはまったく人の意識にはのぼらないのである。

　主観的最適化と表裏一体の関係にあるのが「すっぱいぶどう」である。これは、手に入らないものは最初から欲しくなかったと考える傾向だ。いっぽう主観的最適化では、人はどんな状況に陥ったとしても、もう手に入らないものよりいま持っているもののほうがよいと考える。比喩的に言えば、すっぱいレモンから甘いレモネードを作るようなものだ。無意識のうちに自動システムが働いて、悪い結果の明るい面に目を向けさせる。人は精神的な「レモネード」を受け取って喜ぶが、その原料になった「すっぱいレモン」には目が行かないのだ。

　主観的最適化が救援に駆けつける例をひとつあげよう。一九九九年、心理学者ダニエル・ギルバートとジェイン・ジェンキンスは、喪失状態に関する実験をおこなうため、ハーヴァード大学に写真術の講座を設けた。しかし学生たちはそうとは知らず、カメラの使いかたやフィルムの現像方法を教えるふつうの講座だと思って受講している。さてこの講義で出された課題で、学生たちは教室の外へ出ていって、大学生活の忘れたくないひとこまの写真を撮ってくることになった。学生たちは十二枚の写真を撮ってくるが、そのうち二枚のネガを選んで八×一〇インチ〔約二〇×二五センチ〕の写真に引き伸ばすよう指示される。かくして二枚の写真が完成する。どちらも大きく美しく、大切な意味のある写真だ。ところが講師は、そのうち一枚だけを選んで手もとにとっておいてよいと言う。しかしもう一枚は、課題をたしかに終えた証拠に提出しなくてはならず、こちらは二度と返却されないというのだ。第一のグループはいますぐ選ぶように言われるが、第二のグループは考える時間を与えられたうえに、どちらの写真を選ぶか何度でも考えを変えてよいと言われる。かなりあとになって調査してみると、すぐに選ばされて変更を許されなかったグループは、自分の選択に満足していると答えた。あきらめさせられた写真のことはとっくに忘れていたというのだ。いっぽう、数日かけて決心を固めたグループのほうは、失敗したような気がすると答えている。かれらはおそらく死ぬまで、手放した写真のほうが大切な写真だったのではないかとくよくよしつづけるだろう。あのときに戻って選びなおしたいと思いつづけるのだ。心理学者ふたりは、変更のきかない状況にあるほうが主観的最適化は起こりやすい、つまりレモンからレモネードが作られやすいと結論している。選択の余地がなかった人はのちに満足する。選択できた人はのちに後悔する。逃れるすべのない状況に落ち込むと、主観的最適化のスイッチが入るからだ。

現代の工業化された豊かな世界には、選択肢がひとつふたつしかないという状況はもはや存在しない。そのため、自分で自分を幸福にするこの能力が阻害されているという人もいる。アマゾンのサイトでペーパークリップを検索すれば、二千以上もの種類のなかから選ぶことができる。ピーナッツバターはどうか。ざっと検索しただけで、五千種類近い商品が引っかかってくる。なめらかなものから粒の残るもの、個包装の高級な商品までさまざまだ。気が遠くなるほどの選択肢があるわけだが、これはお金をどう使うかという場面だけでなく、人生をどう使うか選択するありとあらゆる場面について言えることだ。心理学者バリー・シュワルツが著書『なぜ選ぶたびに後悔するのか』で指摘しているように、いまからわずか百年前には、仕事でも配偶者でも住む場所でも選択肢はきわめて少なく、今日にくらべればないに等しかった。魚のような生物だった先祖のころからずっと、選択肢などないのが当たり前だったのだ。「知恵ある生物《サピエンス》」と言いながら、つい最近までずっと、人類はなんのチャンスもない一生に閉じ込められ、なんの選択肢もない状況を生き抜いていくしかなかった。それができない者は遺伝子プールからはじき出されてきたのだ。そのうえ、脳は山のような不幸や不運がいつか現実になると予測するわけだから、それに対処するためのよくできたメカニズムが発達してきても不思議はないだろう。

　このメカニズムがうまく働くのは、ひとつにはそれが無意識のうちに作用するからだ。しかしこれには欠点もある。無意識のメカニズムは予測するのがむずかしいということだ。ギルバートとジェンキンスは、写真術講座の最初にアンケートをとって、選択できるグループとできないグループのどちらがよいか尋ねているが、ほとんどの被験者は選択できるほうがよいと答えている。心理学用語でいう**結果の変更可能性**を、人はつねに好ましいと思う。選択の機会が多く、さまざまな結果があり、選択肢が多いほうがよいと思うのだ。しかし、この調査結果を見るかぎり、そのような状況に置かれると心理的免疫システムは力が弱まるようだ。このシステムは意識下でこっそり働くので、これを予測に折り込むのはひじょうにむずかしい。そのため人は心理的免疫システムを計算に入れず、ある出来事が起こったときにそれを自分がどう解釈しそうかということを考えずに、その出来事だけを考えて予測を立てる傾向がある。これを**免疫無視**と言う。

　拉致されて地下牢に閉じ込められ、牢のなかにはバケツ一個と蝶ネクタイについての本一冊しかなく、食事は毎日砂まじりのオートミールでも、主観的最適化のおかげで人はなんとか明るい面を見いだすものだ（少なくとも本はある）。結婚生活が崩壊しても、会社が倒産しても、意識からは見えない秘密の働きのおかげで、あれはわが身にふりかかったうちで最もよい出来事だった、と言う道を人は見いだすものである。それがなかなか信じられないのは免疫無視のせいだ。小さな証拠の切れっ端も見逃さず、すべて編集されてしまうからである。人は幸福でいるため、正気を保つために、つねにみずから現実を書き換えているが、書き換えているという証拠はなにひとつ残らないのだ。

これが、人の心の生み出す最も強力な自己欺瞞のひとつである。ここで話はふりだしに戻ってくる。以上をふまえれば、これからの話はすんなり理解できるはずだ。

二〇〇〇年におこなわれた一連の調査で、心理学者ダニエル・ギルバート、ライアン・ブラウン、エリザベス・ピネル、ティモシー・ウィルスンは、人が見えない力を信じ、その力が自分の幸福と運命を左右していると信じるのは、主観的最適化のためだということを証明した。しかしそのためにはまず、主観的最適化を起こすために被験者をコントロールされた環境に置くことが必要だった。

ふたをあけてみれば、被験者に主観的最適化を起こさせるのは意外なほど簡単だった。必要だったのは、考えられる結果——この実験のある時点で、起こるかもしれないし起こらないかもしれない——をいくつか提示すること、そしてそのうちのひとつを「ひどい結果」にしておいて、うまく操作して被験者がその「ひどい結果」に見舞われるようにすることだ。あとはただ見ているだけでいい。まるで魔法のように、被験者はそのひどい結果に対する見かたを本能的に変化させていく。実験者がうまく操作しさえすれば、ほんとうなら望ましくないと評価したはずのものごとに、被験者はポジティブな見かたをするようになるのである。心ある実験者なら、実験の最後に操作していたことを被験者に説明するだろうが、そうでなければ、被験者は免疫無視のおかげで、自分で自分の心を変化させたことをずっと知らないままでいるだろう。

ギルバート、ブラウン、ピネル、ウィルスンの四人が、実験を計画したときに当てにしていたのはこの最後の部分だった。人は日々を明るくするために、つねに自分で太陽を作り出しているが、それでいてそのことに気がつかない。だから、自分の人生をふりかえって、どうしていつも明るいのかと不思議に思っても、めったに自分の脳がその原因だとは思わない。そして、自分の考えに適合するような「見えない力」が作用していると考えるのだ。自分の世界観に合致する、目に見えない慈悲深い存在が幸運をもたらしてくれていると見なすわけである。

たとえばある実験では、女性に小さな個室に入ってもらった。外見的魅力の影響を小さくするため、この実験の被験者は女性のみとした。女性たちは、近くでほかに四名の女性がそれぞれ個室に入っていて、その四人といっしょに実験に参加してもらうと説明される。ところがこれは嘘で、被験者は実際にはひとりきりである。その後被験者は、簡単な経歴調査とアンケート調査に基づいて、四名の女性のうちひとりをパートナーに選ばなくてはならないと言われる。そのため、被験者はそれぞれ経歴書とアンケートに記入することになるが、ほかの四人の女性も、やはりパートナーを選ぶために同じことをしている、と信じているわけだ。この時点で女性たちはふたつのグループに分けられる。Aグループは、架空の四人のパートナー候補の履歴書を受け取り、どれぐらい好ましいと思うかそれぞれに得点をつける。Bグループはなにもせずに次の部に移る。

次の部では、被験者はパズル動画を見せられる。画面のあちこちに文字が飛び出してくるという動画で、これは被験者の能力の判定に役立つと説明され、母音が出るたびに書き留めておくように指示される。そしてまた、ときどき画面に閃光が走って動画が途切れるが、これはたんなる技術的な問題だから気にしないようにとも注意される。

その後、AB両グループともにフォルダーを四つ渡される――フォルダーの外側にはべつべつの記号が印刷されている。そして、公平を保つために、被験者に好きな相手を選ばせるのでなく、無作為に選んでもらうことにしたと伝えられる。四つのフォルダーには、他の四人の女性の経歴書がそれぞれ入っているというのだが、じつはどのフォルダーにも同じ女性の経歴書が入っている。それも、大多数の人がいちばんパートナーに選びたくないと点数をつけた女性の経歴書である。その後、被験者はでたらめにフォルダーをひとつ選び、たまたま一番のはずれを引いてしまったと信じるわけだ。

次に、Aグループの女性たちはふたたび、最初に（自分で選べると思っていたときに）見せられたのと同じ四人の経歴書に点数をつける。Bグループもまた四人全員に点をつけるが、こちらは初めてである。その後、被験者はこれで実験は終わりですと言われるが、じつは終わっていない。心理学実験史上最高のトリックのひとつが待っている――にせの事後説明会だ。

このにせの事後説明会では、動画に現われた閃光はじつはサブリミナル・メッセージであり、被験者の心に記号を植えつけることで、フォルダーの選択に影響を与えていたのだと説明がなされる。最初に記入した調査資料に基づき、四人のパートナー候補から被験者にとって最高の相手を決定し、それをサブリミナルのメッセージにして選ぶように仕向けたというのだ。被験者は知らないが、この実験のキモはここからだ。こうして「真実」を知ったいま、四人のパートナー候補のうちどの人が真に最高のパートナーだと思うか点数をつけてください、また、サブリミナル・メッセージはどのていど正しかったか、それも点数で評価してください、と女性たちは指示される。念のため断わっておくが、閃光の話はでたらめで、サブリミナル・メッセージなど存在しない。どのフォルダーにも同じ経歴書が入っていて、それは最も好ましくないと判定された相手だった。

AB両グループとも、自分の選んだ相手は四人のうちで最高の相手だった、と過半数の被験者が答えている。みな主観的最適化をおこなっていたのだ――実験者たちのねらいどおりである。しかし、サブリミナル・メッセージを評価する段になると、ふたつのグループで違いが現われた。Bグループ、つまり最初にパートナー候補に点数をつけなかったほうの女性たちは、サブリミナル・メッセージの有効性を有意に高く評価したのだ。実験者たちが論文で指摘しているとおり、第一印象を受けたあとでは、その人物についての気持ちはなかなか変わらないというのは心理学ではよく知られた現象だ。したがってAグループの被験者は、Bグループよりも主観的最適化に苦労したはずで、そのことがこの結果に表われていると考えられる。なぜなら、Aグループはすでに四人のうちひとりを選んでいたからだ。しまいには無作為に選んだパートナーがいちばんよかったと答えてはいるものの、Bグループの人々にくらべると、そのパートナーを好ましいと思う程度は低くなっているわけである。論文にあるとおり、「あとづけより、先づけのほうが主観的最適化は容易」なのだ。被験者はみな、避けられない結果に合わせて個人的な現実を操作し、自分にとって最悪の選択が最善だったといまでは信じている。あとから考えて、自分は運がよかったと思い込んでいるわけだが、Bグループのほうが、Aグループより簡単かつ抵抗なくそう思い込んでいる。できあいの物語——善意の専門家が人の心を深く読みとって、本人にとってよいように結果を左右したという——を提示されたとき、Bグループのほうがその説明をより簡単に受け入れ、より満足しているのだ。このことは、自分の主観的な幸福を自分以外のだれか、あるいはなにかのおかげと考えるという人間の奇妙な習性をよく示している。現実をどう見るか、自分の運命にどのていど満足するか、それを左右しているのは自分自身以外にはいないのに、その原因が外部にあるという可能性を示されると、この実験の被験者はあっさりその話に乗ってしまっているのだ。心理学では、これを**外的作用因の錯覚**と言う。

またべつの実験では、被験者は新しいミュージック・プログラムをふたつ試聴してもらいたいと言われる。それは〈パンドラ〉〈ラスト・ドット・FM〉〈スポティファイ〉と同様のプログラムで、本人に代わって本人好みの曲を選ぶサービスだという。実験前におこなわれたアンケートの答えに基づき、それに合わせて選んだ曲を何曲か試聴してもらうというのだ。Aグループは、よい曲とひどい曲（被験者が嫌うだろうと予測された曲）の短い抜粋《クリップ》を聞かされたのち、ひどい曲のほうを被験者は好むとコンピュータ・プログラムが判定したと言われ、その後そのひどい曲を三回続けて聞かされる。Bグループでは、この手順の順序が入れ代わる。まずひどい曲を三回続けて聞かされたのち、あなたの趣味に基づいてプログラムがその曲を選んだと言われ、そしてその後に、よい曲とひどい曲両方の短いクリップを聞くのである。つまり、どのグループでも脳に入力される情報は同じだが、提示される順序が異なるわけだ。この試聴のあと、どちらのグループもいま聞いた音楽を評価したのち、いま使ったプログラムの選んだ音楽をもっと聞きたいか、それとも第二のプログラムに変更するかと尋ねられる。Aグループでは八十一パーセントが変更したが、Bグループでは変更したいと答えたのは五十七パーセントにとどまった。もとのプログラムか新しいプログラムか、どちらを選んだ場合でもその選択のあと聞かされるのは同じ曲である。最後に、被験者はこのプログラムが発売されたらお金を払って使いたいかと質問される。

その結果わかったのは、最初によい曲と悪い曲のクリップを聞いて、その二曲を妥当に評価したグループは、三度続けて悪い曲を聞かされたときには、その曲のどこが嫌いかに注意を向けているということだった。このためAグループは、このミュージック・プログラムが自分の好みをよく把握しているとは思わなかったのである。いっぽうBグループは、ひどい曲を最初に聞いてから、あなたの好みに基づいて選ばれた曲ですと言われ、それからよい曲のクリップを聞いたわけだが、この人々は最後に、どちらの曲も同じぐらい好きだと評価している。予想はつくと思うが、Aグループはこのサービスにはお金は払わないと思うと答えたが、Bグループの人々はお金を払って利用したいと答えている。

つまりAグループの人々は、この二曲のいっぽうはあんまりいい曲じゃないなと最初に思ったので、次にその曲を続けて三度聞かされたときには、プライミング（呼び水）効果によって第一印象を裏付ける部分にばかり注意が向かったわけだ。プログラムがその印象に異を唱えているとと知ったとき、かれらは「自分の感情に基づいて考えると、このプログラムはカスだと思う。絶対買わない」と考えた。いっぽうBグループのほうは、「このプログラムが選んだ私の好きそうな曲をこれから聞くのだ」とまず思ったので、それを三回続けて聞いたときには、疑わしきは罰せずで、嫌いなところより好きなところに注意を向けることになった。次に明らかに好ましいべつの曲を聞いたときは、「最初のも好きだったし、たぶんどちらの曲も私は同じぐらい好きなのだろう」と考えた。そんなこんなで、「自分の感情に基づいて考えると、このプログラムはそんなに悪くないと思う。買おうかな」と考えたというわけだ。Bグループの人々は、自分では気づかないうちに主観的最適化を発動させ、本来なら嫌いなはずの曲を好きだと自分に言い聞かせ、目に見えない自己欺瞞に基づいて選択をおこなった。あてにならない外的作用者を信用することにしたのだ。この実験でさらに奇妙なのは、プログラムなど最初から存在しないということである。人々は実験者らにだまされて、自分自身で生み出した感情を、存在しない機械のせいにするよう仕組まれていたのだ。

どちらのグループでも、ひどい曲が好きだと言えば言うほど、その曲を選んだプログラムにお金を払いたいとその人は言いやすくなる。状況が違えばおそらく聞こうとも思わなかった曲を、自分はこれが好きだと自分に思い込ませているのだが、免疫無視のおかげでそのことに気がつかないのだ。ほかに原因が思いつかないから、自分がこの曲を喜んで聞いているのは、自分の好みを判断する洞察力を外部のなにかが持っていたからにちがいないと思い込む。ほかの実験と同じく、その洞察力を持っていそうな合理的な候補が提供されたために、被験者は（ほんとうは主観的最適化をおこなっただけなのに）それを受け入れてしまったのである。

避けようのない不幸な状況を主観的に最適化するとき、人はよい面だけに目を向けて、そのよい面を実際以上に好ましくすばらしいものだと考える——はたから見ていたら、とうていそうは思わないだろうというほどに。人はあらゆる結果を操作して、それが自分にとって最高の結果であったかのように思い込む。こういうことを四六時中やっているから、すべてが自分にとって有利に運んでいる（実際はそうでもないのに）と思う瞬間が人生のうちに何度か訪れる。するとやがて、どうして毎日毎日自分はこんなに運がよいのかと不思議に思うようになる。ほんとうの原因は自分の内側にあるのだが、それがわからないものだから、外側に原因があるにちがいないと思い、そこで作用因を探す。そして最悪な状況を最善と思い込む自分の能力を否認して、それらしい対象があれば、自分以外の何者かの手にその能力を認めてしまうのだ。

これはまちがいであり、正しくない考えを生み出す錯覚にすぎないが、それでも人はそれを信じる。死ぬまで信じつづけることも少なくない。突き詰めていえば、これはたんなる狂ったパターン認識にすぎない。人は混沌を秩序に変えようとし、人生のさまざまな出来事に原因を見つけようとする。そして原因が自分の心にあることに気づかずに、誤って外に原因を求めてしまう。ものごとを実際よりよいものと思い込んでいるのだが、自分ではそうとは思わず、原因をよそに探すのだ。これは必ずしも悪いことではない。そうしないことを選んだとしたら、厳しく冷たいこの世の現実をそのまま認めなくてはならない。現実を主観的に最適化することもなく、最適化というレンズを通して、人生を実際より美しく、豊かで、意義深いものと考えることもできないのだ。とはいえ、少し賢くなるためには、存在しない力を信じることの危険性を認識することが必要だ。自力でなんとかするべきときに、存在しない力に頼って努力を放棄してはいけない。ひどい曲を好きだと思い込んだ人たちのことを思い出そう。たんに情報を適当な順序で提示されただけで、かれらは自分の認識をねじ曲げてしまったのだ。これが現実の状況だったら、好みの曲を選ぶ能力のまったくない、だめなプログラムにお金を払うことになったかもしれない。この直近の文章が実験のことではなく、今後の人生で遭遇するあらゆる瞬間のたとえだと思ってみよう。なにかのシステムに所属する前に、外的作用因——現実のものでも目に見えないものでも——に信を置く前に、いま感じているポジティブな気持ちが自分の内から来たのか、外から来たのかと自問してみよう。

人生にはやりなおしのきかないことが多い。状況を変えようとすれば、大切な人を傷つけてしまったりする。だから人は、世界の見かたを変えることを学ぶ。そのほうが実際に世界を変えるより簡単だからだ。専門家が言うとおり、不完全な人生の辛苦のうちに、「満足を見いだす健康的な能力」を人はみんな持っている。世界の歴史について考えるとき、こちらまたはあちらの道を選ぶべきだったと論じるのは結構だが、ほんとうにそのほうがよかったかどうかはわからない。歴史にやりなおしはきかない。ほとんど無限に近い選択肢があり、どれを選べばどうなったか、それがわかるときは永久に来ないのである。同様に、友人や家族や知り合いがあれやこれやの道を選んでしまったとき、外から見ている人は失望したり腹を立てたりするかもしれないが、本人はそうではない。ものごとがなるようになったことに対して、本人はいつも満足しているように、というより喜んでいるようにすら見える。それは、現実の見かたを変える能力を持っているからだ——そう、あなたと同じように。脳のなかの自分史記録者は、たいていこれまでの人生に満足しきっている。たしかにべつの道をとることもできただろうが、もしそっちに行っていたら、このすばらしい状況、ありがたい、棄《す》てたくないといま思っているあれこれは手に入らなかっただろう。その幸福を、だれのおかげと考えるかはともかく。

9 バックファイア効果

ウソ

The Misconception

×

自分の信じていたことと異なる事実が出てくれば、人は意見を変えて その新情報を自分の考えに取り入れる。

ホント

The Truth

○

強く信じていることに反する証拠が出てくると、逆に信念が強化される。

『ワイアード』誌、『ニューヨーク・タイムズ』紙、『バックヤード・ポウルトリー』誌〔自宅で家禽を飼育する人向けの雑誌。二〇〇六年創刊〕――みんなやってる。ときにへまをして事実を誤って伝えてしまうのだ。インクを通じて、あるいは光子によって、評判のいいニュースソースはわざわざ「私がまちがってました」と表明する。

報道の仕事をしていて、正確だという評判を守りたいなら、訂正記事を出そう。たいていの話題でこれはうまく行くものだが、たいていの報道機関が気づいていないのは、その問題が読者にとって重要なものであれば、訂正記事は読者をいっそう事実から遠ざけるということだ。それどころか、あらゆる新聞の奥の面に隠された、この簡潔にして重要な「自薦」の文章は、人の考えかた、感じかた、決断のしかたを決めるきわめて強大な力——つねに人を真実から遠ざけつづける習慣的行動を浮き彫りにする。

二〇〇六年、ブレンダン・ナイハンとジェイソン・レイフラーは、研究の一環として、世論を二分する政治問題について虚偽の新聞記事をでっちあげた。アメリカのある政治的問題に関して、広く信じられている誤解を強化するように書かれた記事だった。この虚偽の記事を被験者に読ませたあと、研究者らはすぐにそれを訂正する正しい記事を渡す。たとえばある記事には、合衆国がイラクで大量破壊兵器を発見したらしいと書かれているが、次の記事ではそれが訂正され、そんな兵器は見つかっていないと書かれている（こちらが正しい）。戦争に反対する人、あるいはリベラルの傾向が強い人は、最初の記事に同意せず、二番めの訂正記事を信じる傾向があった。戦争を支持する人や、保守的な傾向の強い人は、最初の記事を信じて二番めの訂正記事を認めないという傾向が見られた。こういう反応に驚く人はいないだろう。しかしここで考えたいのは、保守派の人々が訂正記事についてどう感じたかということだ。大量破壊兵器はなかったと読んだあと、ほんとうはあったのだと、最初に思っていたとおりだったのだと、かれらは以前よりずっと強く感じるようになったと言っているのだ。

研究者らは、意見の分かれるその他の問題――幹細胞研究とか税制改革とか――についても実験をくりかえしたが、やはり結果は同じだった。訂正記事は、それがその人の信念に反する場合、誤った考えをいっそう強化する傾向がある。政治的スペクトルの対極にある人々は、同じ記事を読み、同じ訂正記事を読んでも、その新しい証拠に自分の信念が脅かされると思うと、逆のほうに倍賭けしてくる。訂正記事はバックファイアを起こす――つまり逆効果になるのだ。

研究者のケリー・ギャレットとブライアン・ウィークスは二〇一三年、この実験をさらに発展させた。もともと電子的な医療記録に疑念を抱いている人に、その疑念を裏付けるような技術的な記事を読んでもらったのだが、その記事には事実として誤った部分が含まれている。その誤った情報はあらかじめ特定されており、その部分は目立つように赤文字のイタリック体で書かれ、おまけにカッコで囲んであった。その記事を読んだあと、最初から電子的な医療記録に反対だった人々は、自分の意見にはなんの変化もなく、むしろ以前よりも強くそう思うようになったと言っている。訂正は、人々のバイアスを弱めるどころか逆に強めていたのだ。

自分の信条に新たな信条が加わると、人はそれを守ろうとする。自分の態度にそぐわない情報に直面すると、本能的かつ無意識にそうしてしまうのだ。こちらから積極的に情報を探すときに確証バイアスが人を守るように、情報のほうから追いかけてきたとき、それが人の弱点を突いてきたときに、人を守るのがこの**バックファイア効果**だ。こちらから行くにしろ向こうから来るにしろ、人は自分の信ずるところに固執し、それに疑問を抱こうとしない。だれかがそれを訂正しようとし、誤解を解こうとすると、それはバックファイアを起こして誤解は逆に強化される。時が経つにつれ、このバックファイア効果の影響はいよいよ強まる。自分の信念や態度は正しく適切だと思いつづけられるように、人はその根拠になるものごとをますます疑わなくなっていくのだ。

一九七六年の合衆国大統領選に出馬したとき、ロナルド・レーガンはしょっちゅうあるシカゴの女性の話をしていた。この女性は、福祉制度をごまかして収入を得ているというのだ。八十の氏名と三十の住所、十二枚の社会保障カードを使ってフードスタンプを受け取り、本来の権利以上にメディケイドなどの福祉制度からお金を受け取っていると。レーガンによれば、この女性はキャデラックを乗りまわし、仕事はせず、税金も払っていない。小さな都市を訪れるたびに、彼は実名はあげずにこの女性の話を持ち出し、そして聴衆はたいてい立腹した。この話は、アメリカの政治的言語に「福祉の女王」という語彙を根づかせ、その後三十年にわたって国民の話題に影響を与えたばかりか、政策にも影響を及ぼした。しかし、この話は事実ではなかったのだ。

政府をごまかす人間はいつの時代にもいるものだが、歴史学者に言わせると、レーガンのあげた特徴に合致する人間はかつて存在したためしがない。ほとんどの歴史学者の信ずるところによれば、レーガンの話のもとになった女性は、四つの偽名を使い、変装して住居を転々としていた女詐欺師であって、ぐずる幼児たちに囲まれた専業主婦ではなかったのだ。

すでに事実でないと暴露され、こんなに時間が経っているのに、この話はいまも流布している。人が汗水垂らして働いているときに、昼寝をしつつフードスタンプをため込んでいる架空の女性の話は、いまも毎日のようにインターネットに流されているのだ。こういう物語のミーム的生命力には驚かされるが、こういう話はバックファイア効果の重要な基盤になることが多い。そういう話のことを、心理学では**スクリプト**と呼ぶ。これはつまり、人が聞きたいと思うことを語るストーリー、人の考えの正しさを裏付け、いままでと同じように感じていてよいと保証してくれるストーリーだ。福祉の女王の存在を信じることでイデオロギーが守られるなら、人はそれを受け入れていままでどおりやっていく。このレーガンの話を不愉快で滑稽だと思う人が、製薬会社が研究成果の発表を抑えているとか、令状なしに警察が捜索しているとか、チョコレートは健康によいといった似たような話を、なんの疑問も抱かずに信じていたりする。自分の嫌いなものの害悪を描いたドキュメンタリーを見れば、人はそれを面白いと思うものだ。しかし、真実として流布しているマイケル・ムーア的ドキュメンタリーには、それぞれに反マイケル・ムーア的ドキュメンタリーが存在し、そっちのバージョンの真実を擁護する人々は、自分たちのほうが正しいと言って人を説得しようとするものだ。

選択的懐疑主義のすばらしい実例が、いみじくもunbelievable.orgと名づけられたウェブサイトにある。このサイトでは、滑稽な風刺新聞『オニオン』の記事を事実だと思い込んだ人々による〈フェイスブック〉のコメントが収集されている。オプラ・ウィンフリーが、彼女といっしょに豪華な墓に埋葬される権利を少数の人々に提供しているとか、数十億ドルかけて人工中絶のスーパーセンターが建設されているとか、人間嫌いの発言をしたドライバーに、NASCARが賞金を与えたとか――こういう記事には、同種の「やっぱり、だろうと思った」という怒りに燃えるコメントがつくものだ。心理学者トーマス・ギロヴィッチが言うように、「自分の信じていることについて、それに関わる証拠を調べるとき、人は自分が見たいものを見、結論したいように結論する傾向がある。……望ましい結論については『これを信じてよいか』と自問し、不愉快な結論については『これを信じなくてはならないのか』と自問する」のである。

だからこそ、バラク・オバマは合衆国内の生まれではないと主張してやまない人々は、それに反する証拠を大量に出されてもぜったいに納得しないのだ。オバマ政権が二〇一一年四月、大統領の出生証明書の原本を公表したとき、いわゆるバーサー〔オバマは米国生まれでないので大統領の資格がないと信じる人々のこと〕の反応は、バックファイア効果で予測されたとおりだった。かれらは、証明書の日付やデザインや形式を鵜《う》の目鷹《たか》の目で調べ、オンラインで集まってそれをあげつらった。そしてやはり自分たちは正しかったと、以前より強く信じるようになったのだ。いかなる陰謀論や過激な主張でもこれはそうだったし、これからもずっとそうだろう。陰謀論の誤りを暴いてきたことで知られる神経学者スティーヴン・ノヴェラが言うように、矛盾する証拠は信者の信念を強化する。信念に反する証拠は陰謀の一部と解釈され、合致する証拠がないのは隠蔽工作の一部と片づけられるのだ。

　このことから、奇妙で古くていかれた俗信が、科学や理性や報道に抵抗力をもつ理由も説明がつく。インターネットの検索が簡単になり、広くアクセスできるようになるにつれ、証拠軽視という避難所に逃げ込むことも容易になる。たぶんそのせいだろう——世論調査の示すところでは、アメリカでは進化論を信じる人の割合は、一九八〇年代以降ずっと約三十九パーセントのままである。オンラインでいくらでも証拠は見られるうえに、毎日のように新たな証拠が出てきているというのに。地球温暖化についても同じことが言える。アメリカでは、二〇〇六年には地球温暖化を信じる人の割合は七十七パーセントだったのに、二〇一二年には六十七パーセントと大きく落ち込んでいるのだ。また、ワクチンの安全性を証明するために何百万ドルもかけて研究がおこなわれているのに、根強い反ワクチン運動の火を消すことがむずかしいのも、ひとつにはバックファイア効果のせいなのはまちがいないだろう。ワクチンの有効性を示す証拠に直面しても、反ワクチン運動家はめげずに活動を続け、おかげで二〇一二年には七十年ぶりに百日咳《ひゃくにちぜき》が大流行した、と『フォーブズ』は報じている。

こういう問題に関して、自分は理性派だと思う人は多いだろう。自分はそんなことを信じる変人ではないと思うかもしれない。雷は不可能を可能にする神のわざだとは思わないし、自分の信じていることは合理的で論理的で事実に基づいていると思っているかもしれない。それなら、体罰のような問題について考えてみよう。体罰は是か非か。無害か有害か。親としての怠慢か、それとも愛のムチか。科学的には答えは出ているが、それはあとで見ることにしよう。いまのところ、この問題に対する自分の感情的な反応を味わい、多くのものごとについて自分は喜んで意見を変え、教化されることをいとわないが、特定の問題に関してはそのかぎりではないと気づいてもらいたい。オンラインで最後に議論に巻き込まれた（あるいは傍観していた）ときのことを考えてみよう。議論の相手は、医療改革や銃規制、同性婚、気候変動、性教育、麻薬戦争、ジョス・ウェドン〔アメリカの映画監督、プロデューサー、著述家〕について、あるいは〇・九九九を無限にくりかえせば一に等しくなるかどうかについて、知るべきことはすべて知っていると思っている。議論はどうなったかな？

相手に貴重な教訓を与えることができただろうか。相手はこれまでの自分の無知を嘆き、複雑な問題について教えてくれてありがとうと礼を言い、別れの挨拶に仮想の帽子をちょっとあげ、よりよい人間になってキーボードの前を離れただろうか。

いや、たぶんそんなことはないだろう。オンラインでの議論はたいてい似たようなパターンをとる。どちらの側も攻撃を開始し、ウェブの底から証拠を引っ張り出してきて自分の主張を補強し、しまいにはどちらかが苛立って、全面人身攻撃という核兵器を持ち出すことになる。運がよければ、ひどく体面を傷つけられる前にスレッドの話題が脇道に逸《そ》れたり、こちらに助太刀が現われて、悪口雑言攻撃を掩護してくれたりするかもしれない。

バックファイア効果の研究から明らかなのは、オンラインでの議論には勝てないということだ。事実や数字、リンクやソースをこちらが持ち出しはじめると、じつは相手の確信は議論を始める前より強まるだけだ。負けず劣らず熱心に相手が証拠を出してくれれば、こちらの頭のなかでも同じことが起こる。バックファイア効果によって、両者とも最初の主張にいっそう深くはまり込んでいくのだ。

気候科学者ジョン・クックと心理学者ステファン・ルウァンドウスキーは、*The De-bunking Handbook*（誤りを暴露するための手引き）という小冊子にこう書いている。「複雑すぎる訂正文より、単純な神話のほうが認知されやすい」。分厚い研究の戦列がこの助言を支持している。いろいろ言われて理解するのがむずかしくなるほど、主張の全体的な信頼性は低下していく。自分の考えていることを考えるという**メタ認知**のさいに、ある問題を考えるのにこっちの見かたのほうがあっちの見かたよりずっと簡単だ、と客観的に見て気がついたとすると、人はその簡単な見かたのほうが情報処理の方法として好ましいと思いがちであり、さらにはそちらの見かたのほうが正しいという結論に飛びつきがちになる。ふたつの事実を並べて提示するという実験では、すっきりした読みやすい文字で印刷されている文章のほうが、変に凝った色つきの文字で印刷されている文章より、真実らしいと評価されやすかった。同様に、数々の反論をまる一ページに書きつらねてあるより、ただひとつの単純で力強い言明のほうが、否定論者を説得する力が大きくなるようだ。

気づいたことはないだろうか――褒められたときはすぐに忘れてしまうが、けなされるとひどく傷つくという奇妙な傾向が人にはある。好意的なことは一千回言われてもろくに気に留めないのに、一度「むかつく」と言われると、それが何日も頭から離れなかったりする。どうしてこんなことやバックファイア効果のようなことが起こるのかといえば、それは同意できる情報よりも、同意できない情報について、人は考えている時間がずっと長いからではないかという説がある。自分がすでに信じていることと合致する情報は、蒸気のように心を通り抜けていくが、自分の信念を脅かすことや、この世はこういうものという先入観に矛盾することに出くわすと、人はそれから目を離せなくなって身動きできなくなる。心理学者のなかには、進化論的に説明がつくのではないかと考える者もいる。人の祖先は、よい刺激より悪い刺激に注目し、じっくり考えてきた。なぜなら悪いものには反応しなくてはならないからだ。悪い刺激に対処できない者は、息の根を止められることになりがちだったわけである。

一九九二年、ピーター・ディットーとデイヴィッド・ロペスはある実験をおこなった。被験者は唾液を入れた容器に小さな紙片をひたす。種もしかけもないただの紙切れなのだが、半数の被験者は酵素欠損があると紙が緑色に変わると説明され、この欠損がある人は将来膵臓《すいぞう》疾患にかかりやすいと聞かされている。残りの半数は逆に、欠損がなければ緑色に変わると説明される。どちらのグループも、反応には約二十秒かかると言われるが、実際には紙が緑色に変わることはない。緑色に変われば酵素に異常はないと聞かされた被験者は、二十秒と言われているのに、それよりずっと長く待つ傾向があった。それでも色が変わらないとなったとき、念のためもういちど試験した人は全体の五十二パーセントにのぼった。もういっぽうの、緑色に変わると異常があると聞かされたグループは、二十秒しか待たずにそこでやめる傾向が強かった。再試験した人はわずか十八パーセントだった。

批判的なコメントを読んだとき、自分の好きなものをけなされたとき、自分の考えがまちがっている危険に直面したとき、人はそのデータをほじくり返してあら捜しをする。その情報と折り合いがつかないうちは、認知的不協和のせいで精神の歯車が固まってしまうのだ。そうするうちにニューロンの接続が増え、新しい記憶が積み重なり、努力が注がれ――しまいに片がついて気が済んだときには、もともとの確信は以前より強化されているというわけだ。

バックファイア効果は、絶えず人の信念や記憶を形作り、人をあちらまたはこちらに一貫して傾かせている。この現象を心理学では**バイアスのかかった同化**と呼んでいる。さまざまな認知バイアスについて何十年も研究がおこなわれてきたが、その結果わかったのは、人は牛乳壜の底のような分厚いレンズを通して世界を見ているということだ。このレンズは信念によって鍛えられ、態度やイデオロギーで曇らされる。一九九六年、当時の大統領候補ボブ・ドールとビル・クリントンの論戦を見た人々を調べたところ、人は自分の支持する候補者が勝ったと考える傾向があった。また二〇〇〇年、モニカ・ルインスキーのスキャンダルのさいには、クリントン支持者はルインスキーのことを信用のおけない家庭破壊者と見る傾向にあり、クリントンが宣誓したうえで嘘をついたとは信じにくいと考えていたが、反クリントン派はもちろんその正反対だった。さて時を二〇一一年まで進めると、保守系の〈フォックス・ニュース〉とリベラル色の強い〈MSNBC〉がケーブルニュース分野で勢力争いを始めたが、そのさい裏書きされたのは、どちらも一定の視聴者の考えかたを変えることはできないということだった。

バイアスのかかった同化はお墨付きを得たわけだ。

ジェフリー・マンローとピーター・ディットーは、一九九七年に一連のにせ科学論文をでっちあげた。同性愛は精神疾患の可能性があるとする一群の論文と、逆に同性愛は正常で自然な現象であるとする一群の論文である。そのうえで、被験者をふたつのグループ——同性愛は精神疾患だと思うグループと、そうでないと思うグループ——に分け、その見かたが誤っていることを示す「事実」や「数字」を満載したでっちあげの研究論文を読んでもらった。自分の見解に反する論文を読まされたのち、「いままで自分はずっとまちがったことを信じていたと気づいた」と言った被験者は、どちらのグループにもほとんどいなかった。こういう問題は科学では解明できないのだ、と考えたのだ。その後、この被験者たちに体罰とか占星術など他のテーマについても質問したところ、科学研究で真実を判定できるとは思わなくなったと答えている。自分の意見を捨てて事実に直面しようとせず、科学じたいを完全に否定するほうを選んだわけだ。

SFがかつて想像した未来を、いま人は生きている。いにしえの本や映画や漫画では、データ・ストリームをサーフィンするというサイバーパンクの世界や、人を取り巻くピーピーリンリンのコーラスに個人用通信機が加わるさまが描かれていたものだ。短編小説や深夜のオタクたちの長談義が予告していた時代——人類全体の集合知や芸術作品が、欲しいときにすぐ手に入る時代、要求次第ですぐに手に入る時代、何十億という人々の生が結びつき、望めばだれでも見られるという時代が来ているのだ。

つまり人はいまそんな「未来」を生きていて、周囲のコンピュータを使えば、すでに知られている事実ならほとんどなんでも手に入れることができ、どんな仕事も命令すれば実行させることができ、あらゆる技術について手ほどきしてもらえるし、人類がこれまで考え出したあらゆるものごとを説明してもらえる。そんなかつての夢物語が、いまや現代人の日常なのである。

しかし、かつて約束された未来がいまここにあるのなら、なぜ科学と理性は究極の勝利を収めていないのだろうか。なぜ、いまここは政治的・社会的なテクノロジー天国ではなく、経験主義的涅槃《ねはん》でもなく、真実が全人類に明らかな論理的思考のアスガルド〔北欧神話の神々の宮居〕にもなっていないのだろうか。

いまのわたしたちと、かつてのSFに描かれたマイクロプロセッサ満載ぴちぴちジーンズの理想郷《アルカディア》とのあいだには、数々のバイアスや虚妄が立ちはだかっている。そういう障害物のひとつ、巨大な心理学的怪物の名をバックファイア効果という。こいつは昔からずっと存在していて、人や人の祖先が現実を理解しようとするたびにちょっかいを出していたが、インターネットによってその潜在能力を解き放たれ、その表出の幅も拡大され、おかげで人は昔のまま、ちっとも賢くなれずにいる。

ソーシャルメディアや広告が進歩するにつれ、確証バイアスとバックファイア効果はいよいよ克服がむずかしくなってくるだろう。人は頭に入ってくる情報の種類を選択する機会が増え、それと同時に、ここからの情報なら頭に入れてもいいと出所《アウトレット》の種類を選択する機会もさらに増えるだろう。〈フェイスブック〉などのサービスではすでに、人の目に触れる投稿《ポスト》の内容を編集するアルゴリズムを採用し、各人の狭い世界のなかに時々刻々流れる情報が、ほぼまちがいなくその人にとって賛成できる内容になるようにしている。さらに広告する側も適応を続け、その人に関する情報に基づいて広告を生成するだけでなく、これまでその人に対してなにが効果があったかなかったかに基づいて、その場その場で有効な戦略を立てるようにもなっていくだろう。将来は、その人その人の好みのみならず、その人がどのように投票し、どこで育ったか、またそのときの気分、その日の時刻や季節などなど、数量化できるありとあらゆる要素に基づいて、広告が提供されるようになるかもしれない。求めればなんでもすぐに手に入る世界で、人は自分の見解に反する情報を目にすることもなくなる。そしてそんな情報に直面したときには、以前よりずっと簡単に、確証と否認の閉じた世界に引きこもってしまえるのだ。

バラク・オバマ大統領が演壇にあがり、オサマ・ビン・ラディンの死を全世界に向けて発表するより何時間も前から、〈ツイッター〉では一秒に三千件ものネタバレがさざ波を起こしていた。この事件に関しては、〈フェイスブック〉の新着記事のページや、下世話なウェブサイト、何百万何千万という電子メールやテキストやインスタントメッセージのほうが公式発表より早く出ていたのだ。情報は急増、コメントは雪崩《なだれ》を起こし、検索エンジンはフル回転。初日の午後七時半から八時半までの一時間に、〈グーグル〉でのビン・ラディンの検索件数は前日の百万パーセント増を記録した。

それは、二〇〇一年九月から情報交換の世界がいかに変化したかを示す、目もくらむほど輝かしい実例ではあったが、ただし一点だけ例外があった。やっぱりというか、たぶんこの一点だけは変化することはないのだろう。海軍特殊部隊《シール》チーム6について情報が出て、その顔写真が世界中でツィートされ、ビン・ラディンの遺体がただちに水葬されてから数分と経たないうちに、インターネットという泥の海には陰謀論が泡を吹きはじめていたのだ。数日後、証拠写真が出てこないことがわかると、この陰謀論には足が生え、インターネットの海を出て、陸でも生きていける生命体へと進化して、もはやどんな反論も歯が立たなくなっていた。

現実の見かたが変わるような新しい情報に接したとき、それを受け入れるには脳の生理が実際に変化することが必要になる。これを実証したのが神経学者のケヴィン・ダンバーだ。彼は、学生たちを機能的MRIにかけたうえで、その学生の見解に反する情報を与える、という実験をおこなった。その学生が抗鬱剤の効果についてどう思っているか調べてから、その学生の信じるところに合致する、あるいは反するデータを示して、MRIで脳活動を観察したのだ。自分の意見に合致するデータを見せられた場合、学習に関連する脳の領域が明るくなり、血流が増加する現象が観察された。ところが、それまでの見解が誤っていたことを示す情報を見せられると、脳の学習領域にスイッチが入ることはなく、知的努力や思考の抑制に関わる領域の活動が増大したのである。ダンバーによれば、その人がまちがっていることを示す事実を提示したところで、それだけで相手が考えを改めると期待してはならない。ただし悪いことばかりではなく、ダンバーの研究によれば、これは逆方向にも働くことがわかっている。学位取得まぎわの物理学専攻の学生の場合、重力や運動についての広く流布している誤解に基づくビデオを見せられると、同じように思考の抑制や知的努力に関わる領域が活動しはじめるのだ。つまり、ほかの学生たちが新しい概念の受け入れを拒否したように、以前の素朴な直感的理解を捨て去っているわけだ。物理学専攻以外の学生では、同様の反応は見られなかった。このことからわかるように、人は真理に到達することができないわけではないが、それには長い時間がかかる。一度の議論や会話だけで、そんな影響を及ぼせると期待してはいけないのである。

情報技術が進歩するいっぽうで、思想や教義や政治やイデオロギーのこととなると、人のとりがちな行動はまったく変化しないままのようだ。新しい知識が花開き、この世のありとあらゆることが科学的に解明されていくこの世界にあって、ほとんどの人々はあいかわらず、なにを信じるかをそれぞれ勝手に選んでいる。科学者がなんと言おうが、たとえ百年間の研究に基づいていようがおかまいなしだ。

それで、体罰についてはどうだろうか。ここまで読んできたところで、この問題について科学がなんと言っているか知る覚悟はできたかな。簡単に言ってしまうと、この問題について心理学はまだ最終的な答えを出していない。ただ現在のところ、七歳未満の子供の場合、体罰によって決まりを守らせる効果はあるとされている——体罰があまり頻繁でなく、人前で恥をかかせるような方法はとらず、また手のみを使っておこなうなら、という条件はつくが。ただし、ここでささやかな訂正を入れさせてもらおう。その他の行動修正法——たとえば正の強化、ご褒美、お預けなどでも同じ効果はあるし、しかも暴力を用いる必要はないのだ。

いまあなたは、強烈な感情的反応を経験したかもしれない。さて、こうして真実を知ったいま、それで意見は変わりましたか？

10

多数の無知

ウソ

The Misconception

×

自分がひそかに信じていることは、たいていの人々から賛同を得られない。

ホント

The Truth

○

特定の問題に関して言えば、ある集団内の多数派の意見だと大多数の人々が思っていることは、実際には少数派の意見でしかなかったりする。

教室や職場での会議や話し合いの場などで、まごついたことはないだろうか。そんなとき、教師なり主催者なりが「わからないことがある人は手をあげてください」と声をかけてくれたらどうします？　疑問を解消するせっかくの機会を、みすみす逃してしまったりしないだろうか。どうしてそんなことをしてしまうのだろう。

こんなふうに質問するとき（たとえば代数の教授とか）、その人は気づかないうちにある心理学的現象を呼び起こしているのだ。それは、何百万何千万という人々――原初の人類までさかのぼる――の人生行路を分岐させてきた現象である。「わからない人は手をあげて」と講師が声をかけてくるとき、その後になにが待っているか、心当たりのある人は少なくないだろう。たいてい三秒ほど固まったあと、人はおどおどと室内に目を走らせる。そして、なにがなんだかわからないのは自分ひとりにちがいないと判断し、手はおろしたままにしておこうと決めてしまう。するとさらに数秒後、講師は言うのだ――「大丈夫みたいですね、それじゃ次に行きましょう……」

もしも級友たちの心中をのぞくことができたら、ちんぷんかんぷんなのはほかのみんなも同様だとわかっていただろう。みんなが同じように周囲をうかがい、わかっていないのは自分だけなのかと思い、それでなにもしないことを選んでいたのだ。こういう状況では、クラス全体が不安と迷いの波に洗われ、自分だけがばかなのかと疑う。だが、だれも行動を起こそうとはしない。みんなから軽蔑の眼差しを向けられるのではないかと恐ろしいからだ。その結果、大まちがいの現実認識が生じてしまう。大多数の人がどう思っているかわかっていると全員が思い込み、自分は愚かな少数派だと思い込むのである。しまいに、まるでテレパシーのように教師までこの「無知」に感化され、このクラスはとてもできがよいと思い、自分の教えかたも大したものだと思い込んで、授業を先に進めてしまうというわけだ。このいわゆる**多数の無知**という意地悪な妖怪がいなかったら、その日の授業内容がよくわかって、おかげで成績もあがっていたかもしれない。この妖怪はじつは、人生のさまざまな側面に顔を出して猛威をふるっているのだが、そのあたりを理解するために、ここでまず社会学の基礎知識を少しかじってみることにしよう。

哲学者テレンス・マッケナがよく言っていたように、文化は脳のオペレーティング・システムである。この比喩をさらに進めると、社会に広く認められた信条や価値や規範は、人の脳内のハードウェア上で動くソフトウェアのようなものだ。脳内のハードウェアと言っても、もちろん実際には「ハード」ではない。生焼けでどろどろのプリンのような神経と支持細胞のかたまりではあるが、言いたいことはわかってもらえると思う。ありとあらゆる状況に対応できるように、人はあらかじめがっちりプログラムされているが、生まれついた文化的環境に応じて、そのハードウェアは修正・強化・抑制・変更されていくのだ。信条とは、たいていの人が正しいと信じているものごとのことだ。価値とは、なにが正しくてなにがまちがっているのか、なにが重要でなにがくだらないのか、なにが倫理的でなにが非倫理的なのかという解釈である。しかし、人の行動や考えを最も大きく左右するのが規範だ。規範とは、ある文化のなかで決まっている行動規則のことで、あれやこれやの状況において、なにが適切でなにが適切でないかを定めているものだ。ときには文書化されていることもあるし、法制化されていることすらある。また、ある社会にどっぷりつかって成長するうちに、知らず知らず人の感性に浸透していくものもある。興味深いことに、信条や価値や規範は時間とともに変化していく。生物学者リチャード・ドーキンスが、自然選択に関する名著『利己的な遺伝子』で書いているように、文化単位（ドーキンスの言う「ミーム」）は遺伝子と同じように変異し競争し、環境によりよく適合するように時とともに進化し、奉仕対象である生物の繁殖や繁栄を助けている。五千万年前、馬はオオカミぐらいの大きさで、森に住む動物だった。それがいまではあの大きさで草原を疾駆している。形も大きさも劇的に変化しているのだ。これは規範も同じである。売春とか同性愛とか、所有権、食事の作法などなど、もともとはサルの社会的行動だったのを、人間が解釈して複雑怪奇なものにしてしまった、そのさまざまな曖昧模糊《あいまいもこ》とした側面を縛っているのが規範で、それも馬と同じように大きく変化してきているわけだ。脳と同じく文化も、人の生存を助けるために高度に進化したシステムなのである。

これは脳を持つことの大きな利点のひとつだが、人はしばしば常識から離脱して、つかのま奇妙にも客観的な目で自分の文化を見直すことがある。たとえば子供はみな、いつかきっとお金はただの紙切れだと気がつく。それじたいにはなんの価値もないと悟って、なぜなのと声に出して質問してくるのだ。同様に、子供たちはおとなに問いかけてくる。握手をしてなんにになるのか、皿の横にフォークを並べてなんになるのか、くしゃみのあとで「お大事に」と言うことになんの意味があるのかと。靴下は左右そろっていなくてはならないとか、時間は守らなくてはいけないとか、人前で鼻くそをほじるのはみっともないとか子供に教えるとき、両親は接着剤を塗布して文化がばらばらになるのを防いでいるのである。お人形遊びは男の子のすることではないと男の子に教え、学年末のダンスパーティには男の子から誘われるのを待つものだと女の子に教えるとき、両親は子供たちに規範を押しつけている。子供が「なんで？」と尋ねるのは当然のことで、それはおとなたちの世界に注意をうながしているのだ――こういうことはみんなただのでっちあげであり、ずっと前に忘れられた理由でかたくなに守られているだけで、ほとんどなんの意味もないのだということに。ほんの一瞬、文化の紐帯から解き放たれたとき、オペレーティング・システムがクラッシュしてなかなか再起動しないとき、そんなときに生じる感情は、何千年も前から文学や演劇のテーマになってきた。これを中心テーマにしてみごとに描いているのが、シャーリイ・ジャクスンが一九四八年に発表した短編「くじ」である。こんな破廉恥なものを掲載したという理由で、多くの読者が『ニューヨーカー』誌の講読をキャンセルしたというういわくつきの作品だ。作品の舞台はある小さな町。この町の住人は毎年集まって、同じ町に住む人の名前が書かれたくじを引く。そして、この無作為のくじで選ばれた人物に石を投げて殺す。なぜこんなことをするのかだれも知らず、いつから始まった習慣なのか憶えている者もいない。しかしだれもがこの行事を楽しみにしているようだし、みんなが熱心に伝統を守っているので老人たちは喜んでいるのである。

新たな状況に出くわすたびに、こぼれた水が低きに流れるように、人は生得的に規範を探してそれに従う。それが、サルの脳に組み込まれた適応的な反応だからだ。全宇宙にたったひとりで立ち向かっても、たいていの人は長くはもたない。恥をかくこと、仲間はずれにされることへの恐怖と、集団に所属して受け入れられる喜びは、人の行動を律する常に変わらぬアメとムチだ。これが深く身にしみついているから、人は本能的に集団に気に入られようと努力するし、集団は規範に従うのだ。規範や集団の期待に従うことで、人間のような社会的動物は生きていける。この戦略の唯一の問題は、人は他者を理解するのが絶望的に苦手であり、しかも集団力学の複雑な相関関係はさらに理解不能だということである。

それでも何年も生きていればたいていい気がつくように、内心賛同していない行動規範に従っている人は少なくない。とくに信心深くなくても、お祖母さんが七面鳥にナイフを入れる前には感謝の祈りを唱えるだろうし、とくに信心深い人なら、いまでもときどきはカジノを批判したりするだろう。しばらく同じ職場に勤めているなら、同僚みんなが変えたほうがいいと思っていながら、上司の前では口が裂けても言わないようなことが山ほどあること——それこそ、上司に説明しはじめたら午後いっぱいかけても説明しきれないほど——に気がついているだろう。文化をひとつにまとめている規範は、慣習の同心円を描いて大きくなっていく。つまり、家族には家族の規範があり、その外側には友人の規範、雇用主の規範があり、さらにその外側には学校や共同体や、民族的なサブカルチャー、社会経済的な同属集団、町、州、国家などどの規範があるというわけだ。規範は状況に応じて人の行動を変えるから、規範のうえに規範が積み重なり、それが投票とか政策立案とか政治とか、巨大な社会運動を左右することにもなる。とは言うものの、人が見ているときだけ規範に従う、という状況も少なくない。たとえばミシシッピ州では、信仰をひじょうに大切にする文化の影響で、州内ではカジノの営業を認めないという法律が作られた。ところが、海岸から離れて海底に係留されていれば、カジノの営業は認められているのだ。陸から離れているように見えればいいということである。とはいえ、州境に接する海は州内だと言うことができるだろうか。こういう仕組みを考案したとき、宗教的・政治的な集団意識はこんなふうに考えたのかもしれない——「まあその、そもそも陸ってなんだ? 沖合に出ていくとき、ここはミシシッピ州かどうかなんて、だれが気にするっていうんだよ」。こういう営業法をカジノに許可したことで、面白い副作用が生じている。熱心なバプテスト信者として、ミシシッピ州の人々は日曜には教会で賭博の害悪を非難しているのに、土曜日には同じ信者仲間にスロットマシンの向こうから手を振られて、気まずさを笑ってごまかしている自分に気がつくというわけなのだ。

表向きは多数派の態度に一致する態度をとっているが、内心ではその態度の意味するところに納得できずにいるとき、人は心理学で言う多数の無知という状態にあるのかもしれない。そういうとき、人は定義上ほかの多数の人々とその状態を共有していることになる。この状態は、大多数の人は内心の考えと一致した行動をとっている、と思い込むことから始まる。その行動に内心では賛成できないとき、自分は大多数とはちがう意見を持つ少数派だと人は思うわけだが、実際には大多数の人も胸のうちではその人と同じ意見を持っていたりする。それをおおっぴらに認めたり、認めるも同然の行動をとるのを恐れているだけなのだ。こういうとき、その状態を多数の無知と呼ぶのである。意見と行動がごちゃごちゃになって、まるで糸巻にからまった猫のようだ。人は安全第一だと思って規範に従うのだが、じつはその規範じたいもたんなる考えかたにすぎない。ここに問題があるわけだ。みんなが規範と呼んでいることも、じつは大多数の人が規範だと思っているこどでしかないという、論理の悪循環にはまり込んでいるのである。頭がこんがらがってくる……少しは賢くなれるように、ここでいくつか実例を見ていこう。

一九九〇年代前半、社会学および心理学の分野では規範に関する疑問が持ちあがってきており、デボラ・プレンティスとデイル・ミラーはその問題に解答を与えようと試みた。人はたいてい、自分の所属する文化の規範に表向きは従うものである。これは広く認められていることだが、ではそもそも、なにが規範なのかということを人はどうやって認識するのだろうか。これが規範だと自分は正しく認識している、これに従えば社会に受け入れられる、人はどうしてそんなふうに感じるのだろう。

一九九三年に発表された論文によると、プレンティスとミラーはプリンストン大学の学生を集め、アルコール消費に関するアンケート調査を実施した。一気飲みとか酒盛りのどんちゃん騒ぎといった全般的な大学生の文化については、当時アメリカじゅうで広く議論されていたし、プリンストン大学はとくに酒びたりで知られた大学のひとつだった。ふたりの論文によれば、プリンストンの同窓会は当時、インディアナポリス五百マイルレース〔毎年五月にインディアナポリスで開かれるフォーミュラカーレース。歴史が長いだけに、お祭り騒ぎの伝統も根強い〕に次いで、アメリカで最もアルコール消費量の多い行事という記録を保持していたという。そんなわけで、これこそ規範の研究にぴったりの分野とふたりは考えた。毎年毎年入ってくる大勢の新入生は、ここで初めて大酒飲みという文化の洗礼を受けるわけだから。

大学での最初の調査では、プリンストンのアルコール消費文化になじめるかどうかを尋ねた。それに続く質問では、一般の学生は大学の飲酒習慣にどれぐらいなじんでいると思うか、と被験者は尋ねられる。やはりというべきか、この最初の調査結果が強く示していたのは、アルコールという規範に関して、プリンストンの学生の頭は多数の無知というベールで曇らされている、ということだった。自分は内心では大学の飲酒習慣に違和感を覚えているが、ふつうの学生は自分にくらべるとずっとなじんでいると思う、とほとんどの学生が回答しているのだ。たいていの学生がじつは内心では同じように違和感を抱き、そう思っているのは自分だけだと思い込んでいた。そしてそれだけではなく、現状を考えるときは個々人の違和感の程度の差は関係なくなっていた。言い換えれば、自分の内心の態度について考えるときは学生たちの違和感の程度はさまざまだったのに、みんなどう思っているかを想像するときはその差はなくなって、大学のみんなが過度の飲酒という文化を同じように喜んでいるというのが共通認識になっていたわけだ。プレンティスとミラーの推測によれば、友人たちが社交の集まりで酒をがぶ飲みするのを学生たちは目撃し、したがって仲間たちはそれを楽しんでいるのだと思い込み、そしてそれゆえに、友人たちは明らかに大多数の意見を支持していると思い込んだのだ。しかし実際に学生たちが目撃していたのは、内心では規範に納得できないと思いながら、人前ではなじんでいるようにふるまう友人たちの姿だった。そんなわけで、少人数のグループでも、また大学全体でも、たいていの学生は賛成していないにもかかわらず、規範は強化されていたのである。

一九九一年、この現象の解明を続けていたプレンティスとミラーに、大学側から金山のようなデータがもたらされた。学生に対して樽ビール禁止令が出されたのだ。プリンストンの学長はこれを大々的に公表したし、地元のメディアも、行きすぎた飲酒に関する報道で、この禁止令のことをくりかえし取りあげた。こういう派手な象徴的措置はたいていそうだが、この禁止令は集団内に分裂をもたらした。インタビューや社説などで、学生も卒業生も禁令への怒りを表明し、抗議活動が始まった。卒業して久しい同窓生たちまで、この禁止令で同窓会が台無しになると考えて抗議活動を組織したほどだ。

プレンティスとミラーにとって、このビール禁止令は多数の無知の影響を研究する願ってもないチャンス到来であり、ふたりはこれに飛びついた。それまでの調査でわかっているとおり、大多数の学生は、表向き装っているほどアルコールが好きではない。それに加えて、ほとんどの学生は表向き、カクテルゼリーと樽ビールの屋台が大好きなふりをしている。つまり大多数の学生は、このアルコール関連の文化的規範には内心なじめないと感じていたのだ。というわけで、樽ビールを完全に禁止するという大学の決定に対して、実際に集まって反対を叫び、プラカードを掲げて不満を訴える学生は少ないだろう、というのが心理学者ふたりの事前予測だった。とはいえ、抗議する少数派が騒ぎ立て、それが新聞に大きく取りあげられ、夜のニュースで報道されるのを目の当たりにして、抗議しない学生たちは以前にも増して孤立感を深め、自分は異分子だと思い込むようになった。そこでプレンティスとミラーは新しい調査に取りかかった。今回は、ビール禁止令に対する自分の内心の見解と、他の大半の学生たちの考え（だと被験者の学生が思っている）とを比較してどう思うかと尋ねたのだ。このときもやはり、多数の無知が回答には現われていた。大多数の学生が個人的にはこの禁止令に対して悪感情を抱いておらず、その感情はほかの大半の学生よりずっと小さいと答えているのだ。しかし、次の質問に対する回答にはいささか驚かされる。将来同窓会に出席すると思うかと尋ねたところ、いわゆる多数派の「規範」から外れていると感じる学生ほど、同窓会に対して魅力を感じなくなっていたのである。この調査によって、多数の無知の最も常軌を逸した副作用のひとつがはっきり記録されたわけだ。これにはあらゆる科学者が考えさせられ、次には頭をかきながらも喜ばずにいられなかった――認知を歪める特異な現象が明らかになったのだから。疎外されたと感じていた学生は実際には多数派だったが、そのことを知らなかった。なぜなら多数の無知によって認識を狂わされ、実際には存在しない多数派の存在を信じ込んでいたからだ。かれらが反感を抱いていた熱狂は幻想にすぎなかったのに、学生たちは大学の文化から疎外されていると感じていたわけだ――実際には、仲間の学生たちの大多数がかれらと同意見だったにもかかわらず。

プレンティスとミラーの結論によると、この調査によって厖大な証拠が得られたように、自分の文化や下位文化《サブカルチャー》や時代の規範、あるいは友人たちの集団内の規範が、ほんとうに存在するのか、それとも想像の産物なのか、人はまったくわかっていない。社会的状況の様相はきわめて入り組んでいるため、ふたりの言葉を借りれば「規範に対する評価はしばしば重大な誤りに陥っている」。プリンストンにおける調査でわかったように、学生たちはほんとうは支持していない規範を支持しているふりをしていただけでなく、ほかのみんなも同じことをしていると気づけずにいた。プレンティスとミラーによれば、その最終的な結果として、実際にはだれも支持していない規範がいつまでも幅をきかすことになっていたわけだ。

　集団内の現実認識がさかさまになるというこの傾向は、その副作用として、歴史の流れに重大きわまる影響をもたらすことがある。大学の文化を歪め、使い捨てカップの売上を増やすぐらいならいいが、多数の無知は国民全体を抑圧し、社会の変化を何世代にもわたって停滞させる恐れすらあるのだ。

　社会学者ヒューバート・J・オゴーマンによる一九七五年の研究——のちに同じ社会学者のスティーヴン・L・ギャリーと共同で追試がおこなわれている——では、アメリカの人種隔離政策末期に実施された、アメリカの白人に対する調査が細かく分析されている。二十世紀前半を通じて、公共交通機関、学校、軍の部隊、トイレ、映画館、それどころか墓地ですら、肌色の薄い人と濃い人とでべつべつに分けることが社会的に適切と認められていた。

　とくに最南部地方《ディープサウス》〔サウスカロライナ、ジョージア、アラバマ、ミシシッピ、ルイジアナの保守的とされる五州をさす〕では、思想や価値観や社会規範のひとつとされ、法律などの行動規則の一部にもなっていたのだ。一九六〇年代が始まるころ、ほとんどのアメリカ人は、白人と黒人をほとんどべつべつの生物種と見なしていて、この二種を混ぜてはいけないと大多数の人は考えていた、というか、大多数の人がそう考えていると大多数の人は考えていたわけだ。

オゴーマンとギャリーは、当時の白人に対する調査をもとに、その回答をまとめて巨大な図を制作したが、その結果あっと驚くことがわかった。なんと、当時の白人のうち、人種隔離をほんとうに支持していたのはごく少数だったのである。ほとんどの人は統合を望んでいたが、ほかのほとんどの人はそれを望んでいないとほとんどの人が思っていた――典型的な多数の無知現象だ。分析の結果、多数の無知の程度は地域ごとに異なっていたことがわかった。たとえば、国の北東端では人種隔離に賛成している人は七パーセントほどしかいなかったが、大多数の人は反対していると思っている人も十九パーセントしかいなかった。いっぽうディープサウスでは、人種隔離に賛成の人は三十二パーセントだったが、大多数のアメリカ人は隔離政策の継続に賛成していると思っている人は六十一パーセントだった。全体として見ると、全アメリカ国民の半数近くが、国民の大多数は人種隔離継続に賛成していると思っていたが、実際には支持していたのはわずか五分の一だった。多数の無知の程度がこれほどはなはだしかったため、言ってみれば「あなたがここで食事をしても私はいっこうにかまわないんだけど、ほかの人たちがねえ」とみんなが思っていたということだろう、とオゴーマンとギャリーは推測している。

大多数が支持しているという誤った思い込みのために、人種隔離政策の廃止は遅々として進まず、政策立案者や雇用主、広告主など、社会のあらゆる層が影響を受けて、実際とは大きく乖離《かいり》した世界に生きているような行動をとってしまった。オゴーマンとギャリーの研究が示しているように、この問題について態度を決めかねていた白人たちは、しかし同時に大多数の人が賛成していると誤解していたせいで、多数派と思い込んでいるほうになびきがちだった。

「白人の居住区域には、空家に黒人が入居するのを拒否する権利があるか」と尋ねられたとき、もともと確固たる意見を持っている人は、その意見を固守していた。つまり隔離主義者なら、肌の色に基づいて同じ地区にだれが住むか決める権利があると主張するし、差別反対派なら、それに強く反対するというわけだ。しかしどちらでもない人々は、多数派が望んでいると思うほうを支持したのである。かれらが知らなかったのは、ほとんどの人は実際にはそんなことは望んでいなくて、いわゆる「多数派」は想像の産物でしかなかったということだ。このような状況では、多くの人が存続を望まない規範がいつまでもしぶとく残ることになる――これは今日でも同じだ――とオゴーマンとギャリーは述べている。多数の無知のせいで、周辺の人々――つまり進歩によってしだいにいなくなるはずの人々――が、本来よりずっと長期にわたって、時代後れの思想にしがみつくことになる。それに反対する人々は、実際よりも自分たちへの支持は少ないと思いつづけるし、いっぽう中間派の人々は現状のままでよいと思いつづける。しまいには、見せかけの現状が人々の行動や考えかたを変化させてしまう。ふたりの社会学者が指摘するように、人はしばしば「知らず知らずのうちに、認知の誤りの文化的担体として機能」しているのである。

心理学者リーフ・ヴァン・ボーヴェンが二〇〇〇年に発表した論文で指摘しているように、多数の無知はつねに変化を遅らせるわけではない。逆に、より政治的に正しい立場をとらせることもある。大学では、人は仲間から寛容な人間と見られたいがために、本心を隠す傾向がある。先のアルコールに関する研究と同じように、彼はコーネル大学の学生を対象に、アファーマティブ・アクション〔マイノリティに対する優遇制度〕についてどう思うか質問した。結果、四分の一ほどの学生は賛成、半数ほどは賛成でなかった。次に、この調査ではどんな結果が出ると思うか、とその同じ学生たちに質問した。すると、おそらく四十パーセントが賛成で、四十パーセントぐらいは反対だと思う、と学生たちは答えた。つまり、コーネル大学におけるアファーマティブ・アクション支持率を、実際以上に高く推測していたわけだ。ボーヴェンの調査が示しているのは、どんな集団であるかに関わりなく、多数の無知は世論に影響を及ぼすということだ。リベラルの風潮が強い大学では、たいていの人は人種差別主義者とか進歩的でないと見られるのを嫌うので、たとえばアファーマティブ・アクションなどの措置に内心では疑問を抱いていても、人前ではそのような意見を口に出さないよう注意する。どんな方針や方策でも、それに従うべきという一定以上の圧力があれば、人はまずみんなが表向きどれぐらい従っているかを見て、それを基に自分の公的な態度を決めるだろう。これがくりかえされるうちに、その方針はいよいよ深く文化に根をおろしていくというわけだ。

心理学者ジェームズ・キッツは、肉食を慎むという規範のもとで寝食を共にしている、ベジタリアン学生の協同アパートに潜入して調査をおこなった。彼の一九九五年の調査によれば、ほとんどの学生がほかのメンバーがいないときはたまに牛肉や鶏肉を口にしているが、協同アパート内ではけっしてそんなことはしない、ほかのメンバーを怒らせたり、気分を悪くさせたりするといけないから、と話していた。キッツは、同様の協同アパートのいくつかで調査を実施し、その回答をまとめている。それによれば、菜食を守って牛肉をいっさい食べないのは全体の七十五パーセントぐらいだろう、と学生たちは見積もっていた。しかし、実際には六十二パーセントほどだった。魚について質問すると、四十パーセントぐらいはたまに口にすることもあるのではないか、という回答だったが、実際には外でこっそり魚を食べている人の割合は六十パーセントに近かった。キッツの調査からもわかるように、どんな集団であっても、多数の無知のために、メンバーが望んでいるのとはべつの方向に進みつづけてしまうことがある。

ほとんどの人は、ときどきは肉を食べたい、とくに魚はかまわないと考えているのに、それをおおっぴらに口に出そうとはせず、そのため自分は規則破りの少数派だと考えていたのである。

それにしても、なぜこんなことになるのだろう。自分がどう考えるか、口から出せずにいるのはなぜだろう。ひとつには、なにか社会的な罰を受けるかもしれないからだ。多くの学者が例にあげるのは、ハンス・クリスチャン・アンデルセンの童話「皇帝の新しい衣装」〔日本では「裸の王様」のタイトルが有名〕である。この童話では、見栄っ張りの皇帝がふたりの仕立屋を雇う。仕立屋たちが言うには、かれらの作る服はたいそう高級なため、自分の仕事にふさわしくない者や大ばか者の目には見えないのである。言うまでもなく、仕立屋たちはなにも作っていないというのがミソだ。皇帝の従者や臣下たちは、大ばか者とか仕事に不適と思われるのを恐れて、その服がじつに美しくみごとであるかのようにふるまう。しかし最後に、ひとりの子供が皇帝は裸で歩いていると指摘する。ここに来てだれもがほっと安堵の息をつき、それまでずっと思っていたことを口にしても大丈夫と感じるというわけである。似たような筋の物語はもっと昔からあるから、こういう概念は人間にとって古なじみだったことがわかる。だれでも経験したことがあるだろう。たとえば教室やオフィスの外の廊下で、大勢の人が長い列を作っていると、自分もついそこに並んでしまう。そして、ドアに鍵がかかっているのか、べつのクラスの講義がまだ終わっていないのかと思いながら、黙ってじっと待っているわけだ。実際のところ、たぶん最初はひとりの人が立って待っていたのだろう。そこへ二番めの人がやって来て、なにか理由があってなかに入れないのだろうと思い、恥をかきたくないからとその人の後ろに並ぶ。やがて三番めの人も、四番めの人も同じことをし、そうこうするうちに多数の無知にやられた大勢の人たちが、ばかをさらすのではないかという共通の不安から、なにもわからないまままただ待っているということになるのだ。だれかひとりがドアをあけてなかに入ってしまえば、そんな不安はあっさり消えてしまうのに。またこれも研究の結果わかっているのだが、困っている人がいるのにみんなが見て見ぬふりをしてしまうのも、ほかの人はみんな自分の知らないことを知っていて、だから助けないのだろうとみんなが思い込むせいなのである。ここでもやはり、ひとり親切な人が出てくれば、みんな安心して手助けに加わることができる。恥をかくことへの恐怖はそれほど強力なのだ。あなどってはいけない。ベトナムで戦闘に直面した兵士を描いた『本当の戦争の話をしよう』のなかで、ティム・オブライエンは「死ぬのは怖いが、それをみんなに知られるのはもっと怖い」と書き、あとのほうでこう付け加えている――「かれらが抱えていたのは兵士にとって最大の恐怖、つまり赤面することへの恐怖だった。兵士たちが殺し殺されるのは、殺さず殺されないのが恥ずかしいからなのだ」

社会学者デイモン・セントラ、ロブ・ウィラー、マイクル・メイシーは、この現象にゲーム理論を応用し、データをコンピュータ・モデル化することによって、報復の恐怖が目に見えて大きい場合、ほとんどどんな状況の人間社会でも不人気な規範が生まれがちであることを示した。それによれば、恐怖から行動すること、あるいは行動しないことが社会の成員にとって利益となる場合には、**強制の勃発**《アウトブレーク》が連鎖反応的に社会運動を生み出す。初期のアメリカの入植地における文字どおりの魔女狩りも、またマッカーシー時代の比喩的な意味での魔女狩りも、隠れ同性愛者の奇妙な皮肉——同性愛恐怖《ホモフォビア》を動機とする法制を積極的に支持するという——と共通する点がある、とかれらは指摘している。反同性愛的な立法を推進したことで知られる政治家たちが、同性愛的なセックス・スキャンダルに巻き込まれ、選挙民たちをぼうぜんとさせるというのはままあることだ。首をかしげる人もいるかもしれない。自分も同性愛者なのに、なぜ同性愛者を生きにくくすることに積極的に加担するのだろう。しかしセントラ、ウィラー、メイシーによれば、その理由はきわめて単純である。規範に反して恥をかいたり、罰せられたりするのを免れるために、その規範を積極的に推進するというのはよくある戦略のひとつなのだ。忠誠を証明して疑いがかかるのを防ぐため、人はしばしば規範の熱心な推進者になる。規範に違反することで重大な不利益を招く——たとえば地獄で永遠の業火《ごうか》に焼かれるとか、友人や家族や教会の兄弟姉妹を社会的に完全に喪失することになるとか——と想像される場合、人はたんに規範を守るだけでなく、その規範を押しつける側にまわろうとしがちだ。

「規範を押しつけることは、清廉潔白を装い、自分は従っている——承認を求める日和見《ひよりみ》主義者としてでなく、真の信奉者として——というシグナルを送るための効率のよい手法」なのである。

規範があるところ、かならずその推進者がいる。大学での飲酒が内々では嫌われていても、表向き規範ということになっていれば、その文化に受け入れられたいと望む新参者ほど、最も強力な推進者になりやすい。そのため、上級生より新入生のほうが大酒飲みに走る結果になるのだ。おおっぴらに同性愛を認めるのが危険な場合、同性愛的な性向をもつ人々は、同性愛者であることを公言する人を攻撃したり、同性愛者の権利を抑圧する法を通そうとしたりするかもしれない。自分は無神論者なのに、熱心なキリスト教徒である家族とともに教会のクリスマス・ディナーに出席することになったら、無神論者であることを隠すために、感謝の祈りをあげてほしいとこっちから頼んだりするかもしれない。セントラ、ウィラー、メイシーによれば、規範から逸脱しているせいで危機感を覚えている人は、大多数の人々が規範を守っているのを見て、それと同じ程度に人々が規範の強制を望んでいると、多数の無知現象によって思い込んでしまいやすい。そこで安全第一というわけで、ほかの人たちといっしょに自分も規範を推進することになる——そのほかの人たちも、同じ誤解をして同じことをしているのかもしれないのに。こういう恐怖感を抱く人が気づいていないのは、人々が規範を守っている程度を自分が過大に評価しているということだ。だから、たとえ内心の逸脱が暴露されたとしても、それによって怒りを買う程度は想像していたよりずっと小さいはずである。このパターンはたびたびくりかえされる。鍵のかかっていないドアの前でみんなが待っているのは無知のため、人々が規範を遵守または強制していると思っている人々の場合は恐怖のためだが、いずれにしてもその結果として、規範がそれじたいを強化することになるのだ。

みんなが自分と同じ理由で口をつぐんでいるのに、それと気づくのはなぜこんなにむずかしいのだろうか。こういう状況に出くわすたびに、なぜ人は自分で確かめたり訊いてまわったりしないのだろう。一九八七年、心理学者のデイル・ミラーとキャシー・マクファーランドは、そろそろこういう問いに答えるべきだと考えた。そこで、ある変数を変えることで、多数の無知を生み出したり消したりできるような実験を考案した。ミラーとマクファーランドは、大学生を集めて自己像についての調査に参加してもらうと伝えた。調査に参加しにやってきた学生はみな、一対一で研究者に会い、今回の調査はすでに始まってしまったから、次の回が始まるまで待っていてほしいと言われる。そしてその「調査」が始まるのを待つあいだに、学生たちは予習用の文献を渡され、調査が始まる前にみんながこの文献を読むことになっていると説明される。その文献には、人間が自己像をどのように構築するかという論理モデルについての論文が入っているが、この論文はわざと「ほぼ理解不能」であるように書かれたものだ。ここで研究者はしばらく席をはずすと伝え、ただし文献を読んで理解できないところがあれば、オフィスに質問しに来てくれてかまわないと伝える。その後に戻ってくるたびに、研究者は学生に質問用紙を渡し、完全に匿名が保証されているから、ありのまま正直に答えて大丈夫だと説明する。その質問項目のなかで、研究者たちが最も注目していた真の質問はふたつ。ひとつは、わからないところを質問しに来た学生は何人いたと思いますか。そしてもうひとつは、あなたは論文をどのていど理解できましたか、である。論文をどのていど理解できたかを一から十一までの十一段階で評価してもらったところ、ほとんどの学生は自分の理解度を五ぐらいと評価したが、実験に参加した全学生のうち、部屋を出て廊下を歩いていき、研究者に質問した学生はどれぐらいいたと思うかという質問については、答えの平均は三十七パーセントだった。実際の人数はというと――ゼロである。例によって例のごとく多数の無知のせいだ。教室で先生に「わからない人はいませんか」と尋ねられたときや、助けようと思えば助けられるのに受け身の傍観者になってしまうときと同じである。この対照実験では、学生ひとりひとりは論文がよく理解できなかったと認めているのに、心理的抑制を打破してわからないから説明してもらおうと思った被験者仲間の数については、全体として見ると大幅に過大評価している。いかなる状況でも、どれぐらい他人が心理的抑制を受けているか、人は判断するのが大の苦手なのである。

他者の心理的抑制を過小評価するというのは予測どおりだったので、ミラーとマクファーランドはそこで実験の次の段階に進むことにした。実験の第二弾では、被験者をふたつの条件に分け、どちらの条件の被験者もだいたい八人ぐらいのグループに分けて参加してもらった。条件Aのグループは、最初の実験と同じ扱いを受けた。つまり、論文が理解できなかったら、準備区画を出てひとりひとり質問に来てよいことになっていたわけだ。いっぽう条件Bのグループでは、その選択肢は与えられなかった。むずかしくて理解できなくても、質問することはできないと言われたのだ。以前と同じように、条件Aのグループでも立ちあがって質問しに行った学生はひとりもいなかった。また条件Bのグループでは、そもそも許可されていないのでだれも質問に行かなかった。読解不能な論文にしばらく取り組んだあと、どちらの条件の被験者も質問用紙を受け取る。それによって、同じグループのほかの学生とくらべてこのテーマについていまどの程度知識があると思うか、また仲間たちとくらべてどれぐらい論文じたいを理解できたか、論文を読んだあとこのテーマについて小論文を書かされたら、同じグループの被験者とくらべて自分はどの程度よい論文が書けると思うか、と全員が質問される。どちらの条件の被験者も、同じグループの仲間たちと同じぐらい論文を理解したと思うと答えていたが、互いに比較すると、疑問点を質問することもできた条件Aの被験者は、同じグループのほかの学生とくらべて自分の知識は有意に低いと評価しており、小論文を書いたらその出来は仲間たちより有意に悪いだろうと予測していた。研究者らによれば、唯一の変数は恥をかくことへの恐怖である。条件Bの学生たちも論文には同じように頭を抱えたが、条件Aの学生とは個人的な解釈が異なっていた。仲間たちとくらべて自分の理解度や能力はどれぐらいかと考えたとき、その根拠になったのは論文それじたいのみだった。ほかに比較の材料がないので、これはたいていの人間がたいていのことについてそう評価するのだが、学生たちは自分は平均より少し上と評価したのだ。条件Aの学生たちは、自分がどの程度理解しているかを考えるさいに、自分の不安を計算に入れることになった。つまり、だれも質問しに行かないのを見て、自分はほかの学生より出来が悪いと思い込んだのだ。同じグループのほかの学生は自分より心理的抑制が低いと思い込み、したがって論文が理解できなければ質問しに行くはずだと考えたわけだ。条件Bの学生たちは、そういう思い込みをする余地がなかったので、よけいな否認の層が判断に入り込まなかったのである。

このように、他者の心理的抑制を予測する能力は多数の無知によって大きく損なわれる。さらにそこへ、承認という名の報酬を求めたい、社会的規範への違反に対する罰を受けたくないという根深い内的衝動が重なってくる。それに加えて、不安が最も大きい人ほど、自分が賛成していない規範の推進者になりやすいという問題もある。この結果が、人類学者ウォレン・ブリードとトーマス・クトゥサニスの言う**保守的バイアス**である。この「保守的」というのは語の本来の意味で、現代の政治で使われているのとは意味が異なる。このバイアスを通して考えるせいで、たいていの人は自分の文化は進歩的でないと誤って思い込み、そのためその文化の制度やマスコミは必要以上に保守的な態度をとることになる。しかもそのマスコミの作る番組は、実際に消費する視聴者より、はるかにお上品な層に合わせた内容になるのである。

この心理学的な怪物のあらゆる側面を考え合わせたところで、この知識をどう利用すればこいつを打ち負かすことができるだろうか。幸いなことに、どうすれば少しは賢くなれるか、科学がいくつか提案をしてくれている。

こんなふうに感じるのは、この世で自分ひとりかもしれない——そう思うと絶望に襲われて身がすくむ。はたから見ればすばらしい職についているし、この世には苦しんでいる人が大勢いるのに、自分は〈フェイスブック〉でのらくら遊んでいるということは重々わかっている。それでも、通勤のために家を出るたびに、溶けた蠟《ろう》が胃に詰まっているように感じてしまう。恥ずかしくて友人たちに打ち明けられないと、その感覚はいっそう悪化する。声に出すのを恐れていると、いっそう恐ろしくなってくる。多数の無知の研究から得られる重要な教訓のひとつは、いま自分がなにを考えたり感じたりしているとしても、いまこの瞬間に、それを共有している人はほかに何百万何千万といるのはほぼ確実だ、ということである。いまどんな不安や屈辱感や疑念を抱いているとしても、人類という拡大家族のなかには、いままさにこの瞬間に同じことを感じている人はいくらでもいる。それこそこの国のあらゆるスタジアムやコンサートホールをいっぱいにできるぐらいに。コメディアンのルイ・C・Kが、ときどき自分の子供がろくでなしに見えるし、おとなに対していらいらを感じるのとそれはぜんぜんちがわない、と言ってのけるとき、彼は毎晩毎晩、天恵のような安堵のため息を大量生産しているのだ。多数の無知に苦しんでいる観客は、そのあとで周囲の人々と会話して、自分がわが子に対して内心感じていたことは、大多数の人々が感じていたことだったと気がつく。ただ、それを声に出して言うのはタブーなのだ。二十一世紀前半のアメリカ文化において、多くの親がまちがって信じていたこと――つまり、大多数の人々が表向き感じているふりをしているだけのことを、みんながほんとうにそう感じているのだと思っていた、そのまちがった考えを彼は粉砕してくれた。それがすぐれたコメディアンというものだ。かれらは都市から都市へと飛んで、タブーになっている話題を次から次に取りあげて、多数の無知を吹っ飛ばしてまわる。規範をくつがえし、みんながひそかに考えていること、隣人たちに知られたら引かれると思っていることが、じつはふつうのことなのだと気づかせてくれる。

郷に入って郷に従おうとするのはよいが、忘れてはいけない――郷の人々も郷に従おうと思っているが、その郷の人々すら自分たちがほんとうはなにを信じているのか知らないこともあるのだ。表立って対話することが、多少とも賢くなる道だ。悪循環から抜け出す唯一の道は声をあげ、質問し、みんながほんとうはどう思っているのか対話を続けることなのである。ただ、プレンティスとミラー――プリンストンでアルコールの規範について調べた学者たち――によれば、社会の変化を促進するために、広くネットで啓発キャンペーンを展開するのはまちがった方法だという。啓発的な公的機関の呼びかけとか、認識を広めるための活動は、個人の態度を変えるにはすぐれた方法かもしれないが、こういうメッセージ性が高いというか、トップ・オブ・マインドというか、メディア・ジャミングというか、ともかくそういうプロジェクトは、多数の無知の前には無力で、大多数の人々が問題の規範をいまも支持しているという認識を変えることはできないのだ。ではどうすればよいというのだろう。ふたりが勧めるのは、声を出して自分の本心を語るよう、ひとりひとりを励ますことだ。これはミラーとマクファーランドも同じだが、かれらが推奨するのは支援グループその他の打ち解けた集まりである。そんな集まりで、みんなが正直に本心を語るよう励まし合い、順ぐりに素直に気持ちを打ち明ければ、自分だけの逸脱した考えとか行動とか思いだと感じていたことが、じつはごくふつうであるどころか、真の大多数の総意だと知られていくのだ。キッツによるベジタリアンの調査では、変わった友人や家族がいる人ほど、そして内輪のサークルにはみ出し者が多ければ多いほど、その人の認識に対する多数の無知の影響は小さくなることがわかっている。ということは、支援グループはもう古くなっているのかもしれない。ありとあらゆる人間の思考の宮殿、信念体系、強迫観念、変態だののフェチだののサイケなごった煮であるインターネットこそ、いまの新しい方法なのかもしれない。いい歳をしたおとなの男なのに、〈マイリトルポニー〉〔女児向けのアニメ番組およびそこから派生したキャラクター商品〕が大好きというそこのきみ。恥ずかしがっていないで、ちょっと〈グーグル〉で検索してみよう。すぐに同類が何百万人と見つかるだろう。自分がどんなふうにヘンだと内心思い込んでいるにしても、ネットで探せばすぐに仲間を見つけることができる。その仲間たちはたぶん、月に一度集まって朝食会かなんか開いているにちがいないのだ。

11 真のスコットランド人の詭弁

ウソ

The Misconception

×

人は大事だと思っているものごとを正直に定義している。

ホント

The Truth

○

人は自分のイデオロギーを守るために定義をどんどん変えていく。

ある集団――たとえば〈ロングアイランド・トランペット&クランペット愛好会〉に属していたとして、そのメンバーのひとりが人間のクズみたいな行為に走ったとしよう。たとえば六十四か所もの保育園に銃を持って押し入り、トランペットをやかましく吹き鳴らしながら、クランペット〔小型のパンケーキのようなもの〕を子供たちの口に突っ込んでまわったとか。〈愛好会〉のPRに関わるこの由々しき事態に、マスコミがハゲタカのように襲いかかってきたら、人はなんと言うだろうか。

典型的なニュース番組で、典型的な広報担当者がとる典型的な対応は、容疑者との関連を否認することだ。広報担当者は、「いや、こんなことはわが〈トランペット&クランペット〉のメンバーならするはずがありません」みたいなことを言ってまわるだろう。「容疑者のダンフォース・ミングルスナウトが、〈ロングアイランド・トランペット&クランペット愛好会〉のメンバーだと言っているんですって。そんなばかな。すてきな金管楽器と焼き菓子を称える愛好会の真のメンバーなら、こんな悪逆非道な犯罪に手を染めたりしませんよ」とかなんとか。こんなふうに考えることで、人はすばやく心中の模様替えをすませる。そして、容疑者は自分たちの仲間ではないと安心することができる。あんな男が仲間だなんてありえない。たとえ裁判の過程で、ミングルスナウトがサフォーク郡支部の創立メンバーだとわかったとしても。また防犯カメラの映像で、〈愛好会〉伝統の中折れ帽とマントをまとっていて、〈愛好会〉公式の開会の歌を演奏していたとしても。さらにまた、法廷に現われたミングルスナウトの首筋に、巨大なトランペットから熱々のクランペットが滝のようにこぼれ出す図柄の刺青《いれずみ》が入っていて、それが全国ネットのニュースで流れたとしても、そんなことは問題ではないのだ。真の〈トランペット&クランペット〉メンバーなら、保育園に押し入ったりしない。そんなことはありえない。

しかし、〈ロングアイランド・トランペット&クランペット愛好会〉の会則にはなんと書いてあるのだろう。悪逆非道を働く瞬間までは愛好会のメンバーだったはずなのに、どうしていまになってもうメンバーではないなどということになるのか。トランペットをバスーンに取り替え、そこにクランペットでなくスコーンを詰めたわけではない。もしそうなら明らかに会則違反だから除名の根拠になるだろうが、〈トランペット&クランペット愛好会憲章〉には、「強盗を働いたメンバーは除名」などとはどこにも書いてないではないか。

組織とかグループとかサブカルチャーとか人口統計的集団とか、ともかく人を詰め込んだわかりやすいカテゴリーみたいなものに属していると、そこに属しているだれかが、集団全体の名折れになりそうなことをしでかすことがある。同じグループのメンバーとか、信奉するイデオロギーのヒーローみたいな人が、とうてい受け入れがたい行動をしでかしたとわかると、人はたちどころに、あの人は自分の仲間ではなかったということにしてしまう。もちろん公式にではなく、心理的・原則的にという話だ。そうすることで、関係者としての罪悪感を避けようとするわけだ。自分と同じ宗教を信じている人が、ありえないほど凶悪な事件を起こしたって？　ということは、そいつは本物の信者ではなかったにちがいない。同じ宗教を信じる真の仲間ではなかったのだ。こういう弁解法を**真のスコットランド人の詭弁**という。

こんなふうに呼ばれているのは、哲学者アントニー・フリューのせいだ。一九七五年にフリューの書いた *Thinking About Thinking*（考えることについて考える）に、スコットランド出身の男の話が出てくる。イングランドで恐ろしい性犯罪が起こったという記事を読み、このスコットランド人は「スコットランド人ならこんなことはしない」と言い放つ。ところがその翌日、もっと残虐な性犯罪がスコットランドで起こったという記事を読んで、「真のスコットランド人ならこんなことはしない」と言うのである。このスコットランド人は、同じスコットランドの兄弟姉妹にそんな下劣で残酷なことができるとは信じたくなかったので、悪人は自分の同類ではないとする架空の定義をでっちあげたわけだ。これで安心して、善人の集団に所属しつづけられる。さあ、これのどこに問題があるかわかりますか。

ニュース解説者は毎日こういう詭弁を弄《ろう》している。二〇一一年、アンネシュ・ベーリング・ブレイヴィクという男が、ノルウェーのオスロで一連の建物を爆破したのち、警察官に扮してウトヤ島に渡り、青年集会に集まった若者たちに銃を乱射した。ようやく警察がボートで島に渡ってきたときには、すでに七十七名が殺害されていた。ブレイヴィクは保守的なキリスト教徒を自称し、ヨーロッパへの「イスラム教徒の植民」を防ぐために活動していると主張した。彼はまた〈テンプル騎士団〉の団員を名乗ってもいたが、にもかかわらず精神異常ではないと判定され、ノルウェーの法廷で二十一年の判決を受けた。当然のことながら、彼と同じ宗教を信じているると思われてうれしい人はいないだろう。この事件を報道するさい、『ニューヨーク・タイムズ』はずっと、ブレイヴィクをキリスト教原理主義者と呼んでいた。いっぽう、ブレイヴィク本人は声明文を発表し、またソーシャルメディアのプロフィールでも自分の意見を述べており、自分は昔の十字軍のように、キリスト教徒のためにキリスト教の名において行動している、とくりかえし主張していた。

キリスト教の名において人殺しをした、と全世界に公言しているわけだから、同じキリスト教を信じる人なら身の縮む思いがするだろう。だからこそ、事件直後のテレビ番組で、アメリカの右翼政治解説者ビル・オライリーは「ブレイヴィクはキリスト教徒ではない」と何百万もの視聴者に向けて言ったわけだ。「そんなことはありえません。イエスを信じる者が大量殺人など犯すはずがない。ネットでキリスト教徒を自称していようと、この男がキリスト教を信仰していたはずはないのです」と。これはキリスト教徒を邪悪に見せようという左翼の陰謀だ、とオライリーは主張している。だが実際のところ、彼がこんなふうに主張したのは、自分が個人的に攻撃されたように感じたからだろう。自分と同じ（そして大半の視聴者と同じ）宗教を信じる者が、これほど恐ろしい犯罪を実行したばかりか、その宗教の教義が直接の動機になったと主張しているという、その事実を認めたくなかったのだ。ブレイヴィクが何度キリスト教徒を自称しようが、そんなことは問題ではない。そんなことを自分の世界観として受け入れるわけにはいかないから、オライリーは真のスコットランド人の詭弁に走った。そして、「キリスト教徒」の意味を独自に定義しなおしたのだ。その新しい独自の定義のおかげで、世界はずっと単純で扱いやすくなり、おかげで枕を高くして眠れるというわけである。だが現実の世界には、自分の信じる宗教の規則につねに従い、その教えをつねに守って生きられる人間などひとりもいない。ブレイヴィクほど途方もない例はめったにないが、自分の属する集団の定義から人はしょっちゅうはみ出している。ある宗教の定める規範を破ったら、その宗教を信じているという主張はすべて、破ったあとには嘘になってしまうのか。それとも、あとから考えると嘘に見えるというだけなのか。オライリーの世界では、そんなことはしてほしくないと思うことをした人間は、その瞬間に魔法のように彼の信仰から姿を消してしまうのだろう。

オライリーが真のスコットランド人の詭弁に陥った動機は理解できる。ニュース番組で、同郷出身者にマイクが突きつけられるのを見るたびに、人は同じことをしたい衝動に駆られるものだ。なぜかかならず、同類のなかでいちばん恥ずかしい人が選ばれている気がする。そうでしょう、そう思いませんか。私は最南部地方《ディープサウス》の出身だから、同郷のだれかがテレビに出てきて、覚醒剤でラリったゴーマー・パイル〔一九六〇～七〇年代に放映されたコメディ番組の登場人物。善良な好人物だが単純で間が抜けている〕みたいにふるまうのを見るたびに、「どうして医者とか弁護士とか大学教授とかを選んでくれないんだ。あんなの、ほんとの南部人じゃないよ」とつい言ってしまうからわかる。これが真のスコットランド人の詭弁だ。同じ訛り、同じ肌色、同じ政治信条を持つとは言っても、あれと同類とは思われたくないという人が有名になってしまって気まずい、というのはよくあることだ。サラ・ペイリン〔もとアラスカ州知事。同州で最年少にして初の女性知事となった〕や配管工のジョー《ジョー・ザ・プラマー》〔大統領候補として遊説中のオバマに質問して時の人になった〕を誇らしいと思う人がひとりいれば、このふたりが本を出したときには恥ずかしくて顔があげられなかった人が何百万といるものだ。『ビッグバン★セオリー／ギークなぼくらの恋愛法則〔二〇〇七～一九年に放映されたアメリカのコメディドラマ〕』のファンがひとりいれば、あの番組を消し去りたいと思うオタク《ギーク》が百万人はいるのである。

これはひとつには定義の問題だ。リベラルとはなにか。保守とはなにか。なにが活動家とかジャーナリストとか芸術家で、またなにがそうでないのか。ダブステップとはなにで、ブロステップはどうちがうのか〔どちらもエレクトロニック・ダンス・ミュージックのジャンル〕。ジャズとはなにで、ジャズ・ファンクとかグラインドコア〔ジャズから派生したジャンル〕とかはどうちがうのか。真のヒーローとはなんなのか。ほんとうの愛国者とは？　道徳や正義とは？　巨大なカップケーキを作ったら、どれだけ大きかろうがやはり「カップケーキ」なのか、それとももう「ケーキケーキ」と呼ぶべきなのか。

共和党の議員が民主党の法案を支持したら、あるいは犬が猫と結婚したら、その行為によってその行為者はそのクラブから自動的に脱退したことになる、そう主張するのが一般的な防衛機制だ。フェミニストが専業主婦になりたいと言ったら、それでも彼女はフェミニストだろうか。ノーと言う人も、イエスと言う人もいるだろう。主流派と意見を異にするメンバーが増えれば、新たな党派ができる。ベジタリアンは、オストリッチ革のブーツを持っていてもいいのか——分裂の時が来たようだ。聖書はダンスを禁じているのか——新しい宗派を作る時だ。コンピュータの作った音楽は真の音楽と言えるのか——新しいジャンルを作る時だ。グループや定義が問題なのは、ある種の均一性が存在するという幻想が生まれてしまうからだ。ある集団の教義や信条を体現する、完璧な実例が存在すると人に思わせるからである。だが実際には、メンバーひとりひとり、あるいは事例のひとつひとつを選び出してみれば、規則に対する例外などぞろぞろ出てくるものだ。真のスコットランド人の詭弁によって、集団は絶えず下位集団に分かれていく。幅広い定義を受け入れられる、ふところの深い人ばかりではないからだ。

映画の終わりかたや続編が気に入らないとき、それをなかったことにする簡単な方法がある。あれは真の正典の一部ではないと言ってしまえばいい。『スターウォーズ』のファンは前日譚についてそれをやっているし、『マトリックス』のファンは後日譚についてやっている。人はこれを現実でもやっているのだ。自分の好きなものの一部をなかったことにしたいときは、真のスコットランド人の詭弁によって削除してしまえばいい。自分と同じ宗教を信じる人が自爆テロを起こしたとか、未成年者への性的いたずらで有罪になったと知ると、人はテレビから遠ざかる。あんなむかつく不快な人物と同類だとは思いたくない。そこで人は条件を定義しなおす。応援しているスポーツチームがスキャンダルを起こしたり、憧れていた人が悪事を働いたりすると、当然のことながら人はそのニュースに耳をふさごうとし、愛するものの記録についた汚点を消す方法を探そうとする。「真の○○なら絶対に……」とか「ちゃんとした××ならけっして……」とかで始まる言葉を口にする人は、自分が個人的に作りなおした定義に、世界中が賛成してくれることを求めているのだ。

定義は役に立つが、だれもが賛成するただひとつの分類法など、この世にはまず存在しないし、たとえ存在したとしても、そんなものやそのラベルはあっというまに変質していく。自分の属する集団であろうと、自分の思想とは相いれないと思う集団であろうと、それに関して人が事実だと思っていることは、たいていただの想像にすぎない。ただの想像だから、それに反する事実が出てくることもある。だが、そんなときは目をそらして想像のほうを書き換えてしまえばいい。真のスコットランド人の詭弁によって定義を編集しなおすのだ。

辞書になんと書いてあろうと、たいていのものごとには明確な定義など存在しない。人は定義するのが好きで、分類したりカテゴリーを立てたり体系づけたりするのが好きだ。そのほうが世界がぐちゃぐちゃにならずにすむからだが、しかしものごとはそうすっきり分けられるものではない。たいていの事物は、程度問題というグラデーションのどこかに存在しているものだ。だから、自分で作っただけの定義を広く認められた正式な定義と思い込んでいると、そこに真のスコットランド人の詭弁が割り込んでくる。蜂蜜ときらきら《グリッター》まみれになってプライド・パレード〔性的少数者のための野外イベント〕でダンスを踊るなんて、そんなことをするのは真のアメリカ人ではないと思うなら、それはたんにあなたの定義にすぎない。真の科学者なら雪男の存在など信じないと思うとしても、それはあなただけの分類法だ。だが気にすることはない。だれかが反例をあげて、そんな定義はでたらめで不正確だと言ってきたら、定義をしなおせばいいのだ。それで分類を変えて、批判を退けることができる。

　こういう定義論争を見れば、真のスコットランド人の詭弁が**論点先取**（begging the question）と密接に関係していることがわかる。この言葉は日常的に、「問題を提起する（raise the question）」の意味で使われることが多いが、もともとはそういう意味ではない。論点先取〔証明されてもいないことを正しいと決めつけ、それを根拠に論を進めること〕は誤謬の一種で、自分の意見をへたくそに擁護しているとき、ふらふらあとじさろうとしてこれにけつまずく。論点先取に陥る人は、自分がすでに真実を知っていると思い込んでいる。市長がこんなふうに演説するのを聞いて――「わが市においては、今後ともマヨネーズ酒の製造販売が禁止されることはありません。なぜなら、サンドイッチ材料を用いる地産醸造所は地元の発展に欠かせないからです。市民のみなさんが油漬け卵黄を発酵させてアルコールを作れること、作ってよいとわかっていることが、市の繁栄につながるのです」――人はにっこりするかもしれない。しかし、こういう美辞麗句は聞こえはいいが、ただの循環論法だ。ケーキはおいしいからよい味がする、と言っているのと変わらない。こういう場合の反論は、「ケーキがおいしいなんてだれが言ってるんだ。まずいと言う人もいるぞ」である。論点先取に対する疑問はかならずこういう形をとる――「その前提が正しいという証拠はあるのか。例外はないのか」。論点先取は事実を確認しようとする議論に見えるが、実際にはつねに「自分はこう信じている」という宣言にすぎない。ほんとうの議論なら、まずある主張があって、その主張を擁護する結論が来るものだ。いっぽう論点先取は、その主張がすでに証明ずみであることが前提で、あとはそれを声高に言い立てるだけである。くさび型争点〔反対党の支持者を分断させるような論点〕は、この誤謬を磁石のように惹《ひ》きつける。「妊娠中絶は不道徳であり、法律で禁じるべきだ――牛の中絶ですら」とか、「この国はキリスト教徒が建国したのだから、公立学校の机にはかならず十戒を掲げるべきだ」とかいうのは議論ではない。あることが正しいと決めつける宣言であり、反論の機会も与えずにべつの前提に結びつけるという論法だ。

　自分たちには望ましくないことは起こらないと信じるのは、きわめてよくある月並みな一般論だ。好ましいと思う集団を擁護するために、望ましくないメンバーはその集団の真の道から外れた連中だと人は言う。しかし真の道とはなんなのか、いったいだれが決めるのか。ものごとの周囲に境界を作り、分類し、分類名を作りあげてそれをありがたがり、城砦を築いて跳ね橋をあげるのは、組織的・部族的な本能のひとつである。

忘れてならないのは、定義はあいまいでまちがっていることも多いし、しかもそれが定義している内容は絶えず変化しているということだ。ある概念を区切る境界は鉄壁ではなく、つねに揺れ動いているから、かつて排除されたものが時とともに当然のように容認されることもあるし、その逆もありうる。真のスコットランド人の詭弁に陥るとき、人は世界にいまのまま動くなと求めているのだ。そうすれば、自分の定義がこれからずっと正しいままであり続けられるからである。だがそれだけではなく、自分の属する集団、執着する概念や、忠義だてする組織の純粋さを保つためにも、人は真のスコットランド人の詭弁を用いる。そうすれば、どんな不完全な実例が現われようとも、その集団とか概念とか組織はつねに自分の期待どおりのままであり続ける。都合の悪い実例など無視してしまえ、というわけだ。不完全さを認められなければ、愛するものをよりよくしていくことはできない。しかしそんなふうに考えて、どんな欠陥も見逃すまいと目を皿にして観察すれば、自分の期待に添うものなどなにひとつないとすぐに気がついてしまうだろう。定義に値するものなどない。どんなすばらしい集団に属し、どんな立派なカテゴリーに入ると思っていても、よくよく観察すれば結局はなんの価値もないということになるだけだ。

12

非対称な洞察の錯覚

ウソ

The Misconception

×

人は多様性を重んじ、他者の視点を尊重する。

ホント

The Truth

○

人は集団を作らずにはいられず、他者は他者であるがゆえにまちがっていると信じる。

一九五四年、オクラホマ州東部で、子供たちの作ったふたつの部族が殺しあいを始めそうになった。このふたつの部族は、となりあって暮らしていながら互いの存在に気づいていなかった。べつべつに自然のなかで暮らし、ゲームを楽しみ、小屋を建て、食事を用意していた。平和に暮らしていたのだ。どちらもそれぞれに文化を生み出し、規範や行動規則を作りあげていた。生存を脅かす問題に対してそれぞれ新しい解決策を生み出し、それぞれ川や岩や危険な場所に名前をつけ、その名をみんなが知っていた。互いに助けあい、同じ部族仲間が困っていないか気をつけあっていた。

研究者たちは手を出さずに見守り、観察し、メモを残し、ささやき交わしていた。人がいかに集団をまとめて維持するか、いかに階層構造が生まれて保存されるか、ふたつの部族は人類学と心理学に多大なデータを提供し、研究者は大いにうなずいたり驚いたりしていた。やがて研究者らは、このふたつの集団を遭遇させたらどうなるかと考えるようになった。

このふたつの部族のメンバーは、十一歳と十二歳の少年たち二十二人だった。心理学者ムザファー・シェリフが、オクラホマ州のロバーズ・ケーヴ州立公園に連れてきた子供たちだ。シェリフらは、ふたつのグループをべつべつのバスに乗せ、公園内のボーイスカウト・キャンプに連れてきた。山小屋と洞窟と鬱蒼《うっそう》たる原生林だらけみたいな場所だ。ふたつのグループは、キャンプをはさんで反対側、だいたい八百メートルほど離れた場所に連れていかれ、どちらのグループも、もうひとつのグループがどこにいるのかはもちろん、その存在すら知らされていなかった。少年たちはみな初対面どうしであり、シェリフはかれらをなじみの文化から切り離し、新たな環境に置くことによって、新しい文化が一から生み出されるだろうと考えたのである。
シェリフの予想は当たったが、そのような文化が形成されるにつれ、不吉な現象が生じてきた。また、少年たちの意識のうえで抑えがたく優先された行動のなかには、知った瞬間に拒否反応が起こりそうな、必要以上に生きるのをむずかしくするようなものもある。それについてはもう少しあとで見ていく。まずは、心理学の歴史上、最も示唆に富む恐ろしい実験のひとつに話を戻そう。

シェリフらは、キャンプ・カウンセラーのようなキャンプの管理スタッフのふりをした。それによって、少年たちが自然な衝動に従って部族を形成していくのを、要らぬ介入をすることなく記録できるというわけだ。すぐに社会的階層ができはじめ、率いる側と従う側が決まり、階層に属する全員に担当する役割が決まっていった。たとえば、ある少年が足をけがしたものの、就寝時刻までだれにも言わず我慢していたことがあり、それがきっかけで、泣きごとを言わないのが〈ガラガラヘビ《ラトラーズ》〉のメンバーのあるべき態度ということになった。それ以来このグループのメンバーは、けがをしても一日の仕事が終わるまでは黙っているようになった。だれかが泣きだすと、ほかの少年たちはそれを無視して、その子が気をとりなおすのを待つわけだ。また規則や儀式も、同じように短期間で生まれてきた。たとえば、みんなから一目置かれるメンバー、つまりどちらのグループでも自然にリーダーになった者が、食事のさいに感謝の祈りを唱えるためのガイドラインや、儀式をおこなう正しい順序を決めている。数日のうちに、最初はその場の思いつきで始めたことが、それをするための決まった方法ということになり、だれもせっつかれたり非難されたりしなくなった。またゲームも考案され、ルールが決められた。特定の区域を清掃するというプロジェクトにとりかかり、命令系統が確立された。なまけると罰を与えられ、がんばれば称賛される。旗が作られ、標識が立てられた。

ほどなくふたつのグループは、ここにいるのは自分たちだけではないのではないかと疑いはじめた。他者の存在を示す証拠が見つかるからだ。来た憶えのない場所に、カップなどの文明の痕跡が見つかったりする。このことはかれらの結束を強化し、どちらのグループもともに、新しい規範や価値観や儀式など、共有する文化の要素をいっそう堅持しようとするようになった。第一週の終わり、〈ラトラーズ〉はキャンプの野球場でべつのグループと遭遇することになる。このとき以降、ふたつのグループは四六時中、新たに見つかった敵にどう対処するか考えるようになった。まだ名前をつけていなかったグループは、この見知らぬ連中についてキャンプのスタッフに質問した。向こうが〈ラトラーズ〉と名乗っていると知ると、名無しのグループは野球チームのキャプテンを決め、野球の試合で対決してもいいかとキャンプのスタッフに尋ねてきた。そして、自分たちの野球チームに〈イーグルズ〉と名づけた。ヘビを食う動物ということで選んだのだ。

シェリフらはもともと、競争的なスポーツでふたつのグループを競わせようと計画していた。集団がどのように形成されるかだけでなく、資源をめぐって競争するときどう行動するかについても調べるつもりだったのだ。野球場で優劣を決したいとすでに少年たちがうずうずしているという現状は、その研究目的にもよく合致しているように思えた。そこで、実験は第二段階に進むことになった。野球の試合をさせてもらえるだけでなく、綱引きやタッチフットボール〔アメリカンフットボールの一変種〕や宝探しなど、サマーキャンプ的な対抗試合で優劣を競えると知って、どちらの部族も大喜びした。さらに、賞品（数にかぎりがある）がもらえると少年たちは聞かされた。勝者はメダルかナイフがもらえるのだ。賞品のナイフを勝ち取った少年たちのなかには、その武器にキスをして、ほかのグループから見つけられないように急いで隠しに行く者も出てきた。

シェリフによれば、相手側がいかに愚かでみっともないかということを、どちらのグループもしょっちゅう話題にするようになった。あの手この手で相手側をくさし、敵対する理由をいくつもあげてそれに毎晩熱中しているようだ。シェリフは、こういうディスプレイ行為に興味をそそられた。有限の資源をめぐる競争がからんできたとたん、相手側のほうが劣っていなくては困るということになり、それでどちらのグループも相手を劣ったものとして定義するようになったわけだ。敵は自分たちとはまったく違うと仮定することによって、みずからのアイデンティティを強化する。相手側について知ったことはみな、そうであってはならないという逆見本になり、似ている部分は無視されがちだった。

研究者らはデータを収集したり議論したりしつつ、次にどんな活動をさせようかと計画していたが、少年たちは独自にべつの計画を立てていた。実験は手に負えなくなりつつあった。きっかけを作ったのは〈イーグルズ〉である。

ある日、〈イーグルズ〉のメンバーが野球場に行ってみると、〈ラトラーズ〉の旗が立てたままになっていた。そこでどうしようかと話しあった結果、倒してしまえということになり、さらに引きずりおろした旗を焼き捨てることにした。そのうえで、旗の焼け残りをもとどおりに立てて「消灯」の歌をうたった〔軍隊では葬送の曲でもある〕。のちに、この蛮行に気づいた〈ラトラーズ〉は襲撃を計画し、お返しに〈イーグルズ〉の旗を盗んで燃やした。この報復に気づいて、〈イーグルズ〉のリーダーは決闘を申し込んだ。両グループのリーダーどうしが出て、全員の見守る前で喧嘩が始まりそうになったが、そこで研究者らが介入して止めた。その夜、〈ラトラーズ〉はウォー・ペイント〔アメリカインディアンなどが出陣のさいに顔や身体に絵具を塗ること〕をして〈イーグルズ〉の小屋を襲撃し、ベッドをひっくり返し、蚊帳《かや》を引き裂いた。どちらのグループもあたりをうろついて石を集めはじめたので、研究者らはまた介入した。翌日、〈ラトラーズ〉は〈イーグルズ〉から盗んできたジーパンに侮辱的な落書きをして、それを掲げて敵のキャンプの前で行進した。〈イーグルズ〉は

〈ラトラーズ〉が食事を始めるまで待ち、報復襲撃を実行したのち、自分たちの小屋に駆け戻って防衛態勢に入った。靴下に石を詰めて、襲撃を待ったわけだ。今度もまた研究者らが割って入り、反撃に出ないようにと〈ラトラーズ〉を説得した。襲撃は続き、そのたびに介入もおこなわれたが、しまいに〈ラトラーズ〉が〈イーグルズ〉のナイフやメダルを盗み出す事態に発展した。〈イーグルズ〉は取り返そうと戦闘部隊を結成し、メンバーの役割を決め、戦術計画を立てた。ついにおおっぴらな乱闘が始まったが、研究者らがそれをやめさせた。このままでは殺人にも発展しかねないと恐れた研究者らは、両グループのキャンプを離れた場所へ移動させている。

　おそらく、こうなることを予想していた人も多かったのではないだろうか。条件がそろえば、おとなでも子供でも野蛮人に変身する可能性があるのはみんな知っている。また、こういうインスタントコーヒーのような文化についても心当たりがあるだろう。高校時代を思い出せばわかる。またパーティションで区切られたオフィスで働いた経験や、スティーヴン・キングの映画を思い出す人もいるだろう。新しい状況に置かれると、人は本能的に集団を形成する。そして集団は、独自の隠語や、内輪のジョーク、規範、価値観などなどを発展させていく。経済破綻が起こると、バータータウン〔一九八五年の映画『マッドマックス／サンダードーム』に出てくる荒野の交易の町〕をだれが運営するかで戦闘が始まるだろうと思う人も多いだろう。この実験では、資源をめぐる競争を導入しただけで、サマーキャンプが『蝿の王』〔ウィリアム・ゴールディングの小説。無人島に流れ着いた少年たちの話〕の世界に早変わりしたのだ。

しかし、これは気がついていない人が多いだろうが、この行動の多くは、あらゆる人の日常的な意識の水面下でゴボゴボ音を立てているのである。まさか槍を研いだりはしないが、あるレベルで人は社会のなかの自分の位置を気にかけ、自分の忠誠の向かう先とか敵のこととかを気にかけている。自分はこのグループに属していて、あちらのグループには属していないと考え、この実験の少年たちのように、よそ者を定義することに多くの時間を費やしている。他者に対する見かたは、心理学者の言う**非対称な洞察の錯覚**によって大きく左右されている。しかし、その説明に入る前にまず考えなくてはならないことがある。それは、人間と同じように集団にもアイデンティティがあるということだ。そしてまた、個人でも集団でも、アイデンティティなるものは実際には存在しない、ということである。

疲労や高揚感、恐怖や薬などを原動力に深夜まで友人たちと話し込んでいて、しまいに自分たちはしょうもないことばかり言っていると認めあったとか、たいていの人はそんな経験があるのではないだろうか。もしないなら、『ブレックファスト・クラブ〔一九八五年の米映画。それまで接点のなかった五人の高校生が、自分の胸のうちをさらけ出して親しくなっていく過程を描く〕』を先に観てきてください。要するに言いたいのはこういうことだ――人は仕事に行く前に、仮面と制服を身に着ける。学校へ行くときはべつのを着ける。また別種の友人たちと会うときの衣装があり、家族のためだけの衣装もある。ひとりでいるときの自分は、恋人や友人といるときの自分ではない。高校時代の古い友だちにスーパーでばったり出会ったり、映画館の列でもと恋人に出くわしたりしたとき、人は電話ボックスのスーパーマンのように早変わりする。その人と別れると、また早変わりしてもとに戻る。そのとき腕をとりあっていた人は、それを容認してくれる。その人もわかっているのだ、なにしろ当人もやはり変装しているから。時と場合によってアイデンティティが変化するというのは、べつに新しくも珍しくもない話だが、めったに話題にのぼることのない話でもある。これは昔から知られていたことで、人《パーソン》という言葉は「ペルソナ」という、仮面を意味するラテン語から来ている。ギリシア演劇では、舞台に出ているのがだれなのか後ろの観客にもわかるように、俳優はときどき仮面を着けていたのである。この概念――俳優と演技、人格と仮面――は歴史を通じて密接にからみあい、また受け入れられてきた。シェイクスピアは「この世は舞台、人はみな役者だ」と言っている。またウィリアム・ジェームズ〔米国の心理学者。一八四二―一九一〇〕によれば、人は「その人を知る人間の数だけ、社会的自己を持っている」。カール・ユングはとくにこの概念を好んでいて、ペルソナとは「ほんとうは違うにもかかわらず、その人がそういう人間だと本人も他者も思っているもの」と言っている。古くからある考えかただが、だれもが思春期のころにそれに気づいて悩み、しばらくすると忘れてしまうが、時おりふいに思い出して、人をだましているような、嘘をついているような後ろめたさを感じるものだ。それでいいのだ。それは自然な感情である。

ときおりわが身を省みて、自分が社会的に作られた仮面と制服を着けていると感じ、なんだか落ち着かない気分になる――サイコパスでなければ、だれしもそんな経験はあるものだ。

ソーシャル・メディアはこの問題をいっそう複雑にしている。人は広報の生み出す傑作だ。フォーラムやウェブサイトなどなど、さまざまなデジタル世界のたまり場ごとに、人はそれに適した自己を自由に創り出すだけでなく、あるソーシャルメディアからべつのソーシャルメディアへと移動するたびに、自分のペルソナの出力をコントロールしている。気の利いたツイート、オーヴンとボウルによる傑作料理をアップしたインスタグラムなど、愉快なミームを大空のようなサイバー世界に送り出し、あとでコメントをチェックする。新しく手に入れたもの、初めて訪れた場所――それらはすべて、あなたがそうでありたいと望む人物の物語を語っている。それによって人はなんらかの満足を得る。このリンクをだれかがクリックしてくれるかな？　だれかがこの動画を見てにやにやしてくれるかな？

文化の共有過多とか、プライバシーがなくなるとか言って最近は騒いでいるが、ああいうのは無知からくる空騒《から》ぎにすぎない。インターネット市民として、人は自分のキャラクターという真実をぼかしている。不安や逸脱を隠し、意味や目的やつながりに憧れる弱い自分を隠している。観客（家族だろうと架空のそれだろうと）になにを見せるか自由にコントロールできる世界では、なにをさらすかは、画面の向こう側にだれがいると思っているかに左右される。父親とか親戚のおばさんとかに、〈フェイスブック〉のフレンドにしてくれと頼まれたら、ちょっと困ると思う人は多いだろう。自分のあんな面を見せたら、どう思われるかと心配なわけだ。現実にしろ写真にしろ、自分のある面をある集団では隠し、べつの集団では見せたいという欲求は、人に生まれつき組み込まれているように思える。人はたくさんの弱みを持っているかもしれないが、どうやらそのすべてを一度に持っているわけではなさそうだ。

そんなわけで、原始時代のキャンプファイアの時代から、人は社会的な仮面を着けている。そういう仮面に人はかなり自信を持っているようだ。見せたいものを見せ、隠したいものを隠すことができると。そして集団も、やはりそういう仮面を着けている。政党は綱領を発表し、企業は従業員にハンドブックを渡し、国家は憲法を書き、樹上の家《ツリーハウス》はクラブの規則を張り出す。ファッションショーから全米ライフル協会《NRA》まで、およそ人の集まりや組織は、独自の規範や価値観を生み出し、集団内のメンバーが相手ならそれによって合図し、集団に属さない相手なら外部の者と認識して、それによって集団内のつながりを保とうとする。しかし奇妙なことに、組織や思想の支持者に加わったと感じると、なぜか部外者を見るときはどうしても歪んだレンズを通して見るようになってしまう。この歪んだレンズのことを非対称な洞察の錯覚と呼ぶわけだ。

あなたは自分の友人のことをどれぐらいよく知っているだろうか。だれかひとり、しょっちゅう接している人を選んでみよう。その人が自分自身や他人に、どんな小さな嘘をついているかわかりますか。なぜその人がうまく行かないのか、口には出せないけど知っていますか。その一方で、当人は大したこととは思っていないすごい才能に気づいていたりしませんか。その人がなにを求めているか、たいていの状況でどんなふうにふるまうか、なにに反論し、なにを聞き流すか知っていますか。その人が気取っているとき、弱気になっているときはわかりますか。なにをあげたらいちばん喜ぶか知っていますか。あれやこれやとはつきあわなければよかったのにと思っていたりしますか。その人の代わりになにかを楽しんできたあと、「あなたが行けばよかったのに、絶対気に入ったよ」と自信をもって言ったりしますか。研究によれば、あなたはたぶんすべてについて（いや、それ以上について）その通りと感じるだろう。友人や家族や同僚や仲間のことを、人は半透明の存在のように見ている。簡単にレッテルをはってしまう。芸術家とか、気むずかし屋とか、怠け者とか、やり手だとか。「あの人がそんなことをしたって？　ああ、さもありなんだね」などと言うだろう。だれが流星群を見に行き、だれがパスするか知っているだろう。スパークプラグのことならだれに訊けばよいか、菜園に植える植物のことならだれに訊けばよいか知っている。その人の身になって、およそどんな状況でもその人がどう行動するか予測できる（と思っている）。人はみんな、自分以外の人のことを、開いた本のように思っている。言うまでもなく、研究によれば、ほかの人たちもあなたについて同じように思っているのだ。

二〇〇一年、エミリー・プローニンとリー・ロスは、ジャスティン・クルーガーやケネス・サヴィツキーとともに、なぜ人が他者をこんなふうに見てしまうのか、一連の実験によって調査することにした。最初の実験で実施したアンケート調査では、最も親しい友人のことを考えてもらい、その人を自分がどれぐらいよく知っていると思うか評価してもらった。さまざまな高さまで水に浸かっている氷山の写真を見せて、自分の友人の「本質」についてどれぐらい知っていると思うか、それに対応する写真に丸をつけてもらったのだ。友人の真の自己がどれぐらい見えていて、どれぐらい水面下に隠れていると思うか、と尋ねたわけである。その後に被験者は第二のアンケートに答えるのだが、今度は質問が逆になって、その友人の心のなかで自分はどう見えていると思うか、と尋ねられる。自分の氷山はどのていどその友人に見えていると思いますか、というわけだ。たいていの被験者は、親しい友人に対する自分の洞察はかなり鋭いと評価した。水中に沈んでいる部分より、見えている部分のほうが多いと思っていたのだ。ところが逆に、友人のほうは被験者に対する洞察に乏しいと感じていた。つまり自分の自己のほとんどは水中に没していて、友人には見えていないということだ。人は他人の氷山のほうが、自分の氷山よりも多くの部分が見えていると思っている。そのいっぽうで、他人はこちらについて同じように思っているのだ。

また、これも同じ研究者らの研究だが、自分が最も自分らしいと感じる時のことを描写してもらうという調査も実施されている。その結果、ほとんどの被験者（七十八パーセント）が語ったのは、外からは見えない内心の状態だった。たとえば、わが子がよくやっているのを見たときの気持ちとか、人前でなにかをして拍手喝采を受けた高揚感とか。しかし、友人や親戚の人格が最もよく現われていると思う時のことを描写してもらうと、そういう内心の感情について語ったのはわずか二十八パーセントだった。むしろ行動について描写する傾向が強かったのだ。トムが最もトムらしいのは品のないジョークを飛ばしている時だとか、ジルが最もジルらしいのはロッククライミングをしている時だとか。他者の内的状態は目に見えないから、他者の人格を語るときはそういう状態には言及しない人が一般的なのである。

研究者らは、一部の文字が抜けている単語を被験者らに完成させてもらい（たとえば g--l なら、goal［目標］、girl［少女］、gall［厚かましさ、憎しみ］、gill［魚のえら］など）、これで真の自己がどれぐらい明らかになると思うかと尋ねると、たいていの人はこんなテストではなにもわからないと答えた。その同じ人々に、ほかの人がやった単語完成テストの結果を見せると、「この人はかなり見栄っ張りだけど、基本的には善人じゃないかという気がする」などと言うのである。完成された単語を見て、これをやった人は自然派だとか、生理中だったのだろうとか、前向きな人だとか、睡眠不足だなどと言うわけだ。自分が完成させた単語であれば、なんの意味もない。それがほかの人々なら、その単語からカーテンの向こうが見えるという。

プローニン、ロス、クルーガー、サヴィッキーは、その後個人から集団の調査に移ったが、その結果からはさらに深刻な非対称な洞察の錯覚が見てとれた。被験者はまず、自分をリベラル派と保守派のどちらだと思うかを選び、次にそれとはべつの実験で、今度は中絶賛成派か中絶反対派かを選ぶ。その後、被験者らはアンケートに回答し、自分自身の意見について、またそれとは反対の人々の意見をどう解釈するかについて答えた。その後、反対派はどれぐらいこちらの意見を理解していると思うか評価する。その結果、リベラル派の人々は、自分たちは保守派のことをよくわかっているが、保守派はリベラル派のことがあまりわかっていないと思っており、また保守派のほうも、保守派はリベラル派のことをよくわかっているが、リベラル派は保守派のことがあまりわかっていないと思っていた。どちらのグループも、こちらは反対派のことをわかっているが、反対派はこちらのことをわかっていないと考えていたわけだ。中絶賛成派と中絶反対派についても、結果は同じだった。

非対称な洞察の錯覚のせいで、他者のことを自分はとてもよくわかっていると人は思い、しかし他者のほうはこちらのことをあまりわかっていないと思う。またそれだけではなく、当人以上にその人のことを自分はよくわかっているとも思っている。さらに、自分の属する集団についても、人は同じように思っている。全体として見ると、自分の属する集団は部外者のことをよくわかっているが、部外者はこちらの集団のことをわかっていない。また、部外者の属する集団についても、その集団のメンバーよりもこちらのほうがよくわかっていると人は思っているわけである。

このために、自分の考えや認識が真実で正確で妥当だとどうしても思いやすいのだ、と研究者らは説明している。そしてそれゆえに、自分とは異なる見かたをする人や、さまざまな点でこちらに反対する人に会うと、見かたが歪んでいるとかなにかに影響されているとか認識不足だとか思うわけだ。相手はなにかの悪影響を受けているにちがいない、と人はよく考える。そうでなければ、自分と同じ見かた――つまり正しい見かたをするはずだと。非対称な洞察の錯覚で目が曇っていると、自分とは意見の異なる人々のことを、陰影に富んだ複雑な存在だと見ることができにくくなる。自分自身のことや自分の属する集団のことは、白黒どちらともつかないあいまいな灰色だと見る傾向があるのに、他人や他の集団のこととなると、陰影も複雑さもない、原色のベタ一色だと見なしやすいのだ。

オクラホマの実験で、子供たちは自然にふたつの部族を作ったが、これはなぜかと言えば、人類は集団を作ることによって、セレンゲティを出てピラミッドを建てたりラフィ・タフィ〔米国のお菓子〕を発明したりしてきたからだ。ほとんどの霊長類は、集団に依存して生存し子孫を残しているし、なかでも最も成功しているのが人類の集団だ。集団を作るのは人間の本性なのだ。

シェリフの実験で、ロバーズ・ケイヴ州立公園の少年たちが身をもって示したように、人はすぐに容易に集団を作り、文化的真空状態にあってすら、内的衝動によって規範や儀式を発展させ、それを順守しようとする。しかし、この行動には暗黒面もある。心理学者ジョナサン・ハイトが言うように、人の心は「人々を結束させてチームを作らせ、他のチームと対立させ、真実を見えなくさせる」のだ。この最後の部分が、人をいつも厄介ごとに巻き込むのである。人は自己という仮面を着け、それが分厚く丈夫で、友人や家族や同僚には見通せないと信じている。そしてまた、自分はとうていあんな集団には入れないと思う集団よりも、自分の属する集団のほうが複雑で、多様性があって、メンバーに個性があると思っている。あるチームや部族や集団——党でも思想でも信仰でも国家でも——に属して温かい安心感を覚えるとき、人は本能的に他者を外の集団のメンバー、つまりよそ者だと思うようになる。兵士が敵を侮辱するあだ名を作りあげるように、あらゆる文化・下位文化はよそ者をひとくくりにする呼び名を持っている。それによって、よそ者を無個性の集合と見なすことが容易になるからである。人には集団を作ろう、集団に入ろうとする傾向があり、また自分の属する集団は、ほかの集団よりも多様性が大きいと考える傾向があるのだ。

政治的論争において人は、相手側はこちらの視点をわかっていないと感じ、こちらと同じぐらいはっきり見えていさえすれば、ものごとがちゃんとわかって自然にこちらの意見に賛同するはず、と考える。相手側は理解していないにちがいない、なぜなら理解していればあんなふうに考えるはずがない、と思うわけだ。対照的に、自分は相手側の視点を百パーセントわかっていて、そのうえでだめ出しをしていると人は思っている。向こうにくわしく説明される必要はない、なぜならかれらより自分のほうがもうよくわかっているからだと。というわけでどちらの側も、相手側のことも自分たちのことも、相手側より自分たちのほうがよく理解していると思っているのだ。

研究からわかるかぎりでは、人類はみな混乱のなかから集団を作りつづけ、結束したり分裂したりしつづけるだろう。たいていの夢のユートピアでは、人類がひとつにまとまって美しくも壮大な単一文化を生み出すことが夢想されているけれども、そんなことはまず不可能だろう――エイリアンの戦艦が現われて、地球の都市に攻撃をしかけでもしないかぎり。シェリフによれば、ロバーズ・ケイヴの少年たちの実験では、キャンプの水道が何者かに破壊されたと言って、あるていどの融和を実現することができた。両グループはともに力を合わせ、結束して水道の修理にとりかかったのだ。その後シェリフは、キャンプのトラックの故障を演出して、さらに少年たちを協力させている。エンジンがかかるまで、みんないっしょにロープでトラックを引っ張らせたわけだ。完全にひとつのグループにまとまることはなかったものの、敵意はずいぶんやわらいで、帰るときにはどちらも同じバスに乗れるまでになった。実験をもっと続けていれば、さらに融和が進んでひとつのグループにまとまっていたかもしれない。どうやら、共通の問題に直面すると和平は可能になるようだ。しかしいまのところ、人は自分の部族に属さずにはいられない。それがあるべき形だと感じてしまうのだ。

入るチームを選ぶと、ロバーズ・ケイヴの少年たちのように、相手側がいかに愚かでみっともないかとしょっちゅう話すようになる。そしてまた、敵対する理由をいくつもあげてそれに熱中するようになるかもしれない。相手側がこっちより劣っていなくては困るので、劣っていると決めつけるようになる。仮面《ペルソナ》がほんとうの自分のアイデンティティだと思うようになり、敵のアイデンティティもその見かけどおりだと信じるようになる。自己欺瞞ポーカーのゲームに加わり、自分の手は読めないが、ほかのみんなの手は見え見えだと思い込んでしまうのだ。

人は非対称な洞察の錯覚にやられているし、かつてなく均一で密接につながっていて、二十四時間休みなしの世界に属する者として、いままでよりさらに頻繁にこの「錯覚」を通してものを見るよう強《し》いられることになるだろう。自分の部族に属していないと感じる人々に直面し、その人々を理解しようとする機会がかつてなく増大していくからである。私たちの祖先は、自分たちと対立する意見をもつ人々と接することはめったになかった（武器の切尖《きっさき》に接するときはべつとして）。そのため人は、生まれ持った本能として、自分の集団に属していない相手はまちがっていると思い込む。なぜなら自分の集団に属していないからだ。とはいえ、ほんの少しでもその反対意見に接すると、とくにそれと折り合いをつけていかなくてはならない場合は、そういう気持ちがかなりやわらぐものである。

心理学者スティーヴン・スローマンとマーケティングの専門家フィル・ファーンバックの研究によると、複雑な政治問題（キャップ・アンド・トレードとか、一律税制とか）について理解していると主張する人々に、〈グーグル〉の助けを借りずにくわしく説明してくれと頼むと、実際にはあまりよく理解していなかったとわかる場合が多い。ある問題に関してどんな立場をとる人も、相手方の立場を自分はよくわかっていると思っているかもしれないが、ではそれをくわしく説明してくださいと言われると、いま議論している問題についてじつはごく基本的なことしか理解していなかった、とすぐに気がつくものである。熱狂は鎮まり、反対の矛先《ほこさき》も鈍る。研究の結果わかるのは、自分の意見をよく説明しようとするだけで、頭が冷えて冷静になれるらしいということだ。しかし、その同じ研究でこれもわかっているのだが、それと正反対の効果を引き起こそうと思うなら、議論の分かれる問題について自分の立場を正当化してもらえばよいのである。正当化はある見かたを強め、精査は弱めるというわけだ。

13

服装化された認知

ウソ

The Misconception

×

日常的な物品としての衣服は、身体を保護し装飾するための繊維製品にすぎない。

ホント

The Truth

○

着る服によって行動は変化し、精神的な能力が上がったり下がったりする。

ちょっと想像してみてほしい。ハロウィーンが近づいていて、あなたは仮装用の衣装を買いに行くところだ。新しく大きな店ができたという話で、そこは超安いうえに、店内のあらゆる衣装を好きなように組み合わせて買うことができるという。店に着いてドアをあけると、なかは棚も通路もないだだっ広い部屋で、中央には衣装やアクセサリーが巨大な山をなしていて、すみのほうには試着室が並んでいる。人々は帽子をかぶってみたり、ホルスターベルトを腰に巻いてみたり、かつらをかぶって似合うかと訊いてみたりしている。そんな様子を見てくすくす笑いながら、あなたも衣装の山をかき分けはじめる。

こんな状況で、あなたは適当にズボンとシャツを引っ張り出し、それと無関係な装身具や靴を合わせると思いますか。十一種類の仮装セットからばらばらに選んだアイテムを着けてパーティに行き、みんなから「それで、なんの扮装をしてるつもりなの」と訊かれたらなんと答えます？

こんな途方もない自由市場実験を実際にやったとしたら、おそらくだれもがマッチする品目を探しにかかり、海賊の衣装とかジプシーの服装を少しずつ集めていく、という結果になるだろう。必要なものを難なく選び、ちゃんとまとまりのある仮装セットを買うことができるはずだ。衣服はたんに有用というだけでなく、それぞれ意味を持っているからである。ハロウィーン・パーティでも、SF大会でも、仕事の会議でも、衣服はたんなる身体の保護物ではない。『マッドメン〔一九六〇年代のニューヨークの広告業界を描いたテレビドラマ〕』の一話を観るか、ネット上でコミコン〔漫画を中心とするポップカルチャーの一大イベント〕のフォト・ギャラリーを検索してみよう。それだけで、衣服が人間の精神にどんな影響を与えるかすぐにわかる。衣服は、人と霊長類の親戚とを隔てるひじょうにわかりやすい違いのひとつだ。つまり、衣服を作って身に着けようという動機は、人とチンパンジーのDNAの差異――たった四パーセントだが――のどこかから発しているということだ。これはそう変な話ではない。じゅうぶん後ろにさがって思いきり目を細めて眺めれば(要するに客観的に見れば)、それは一種のテクノロジー、つまり人体の人工的な強化なのがわかるはずだ。衣服のおかげで人は寒冷な気候でも生きていけるし、昆虫にたかられたり刺されたりするのも防げる。衣服は人を害悪から保護してくれるし、裸のときより服を着ているときのほうがなんでもうまくできる。人の祖先は早くも六十五万年ほども前から、衣服の走りを身に着けていたという説もある。つまり衣服は、ヒトやヒトの祖先が初めて手作りしたもののひとつだったわけだ。武器や道具とともに、衣服は最初の芸術品のひとつであり、人間の心という移ろいやすい内的世界の物理的表現として実体化された、初の作品のひとつである――これは、そう突拍子もない推測ではない。人は死ねば衣服をあとに残し、衣服は文化や個人によって異なり、すぐれた技術の存在あるいはその欠如を表わし、階級や身分や役割や意図や、その他ありとあらゆることを伝達することができた。言い換えれば、人類の全歴史を通じて、衣服は象徴性を与えられた初の物品のひとつだったと考えられる。そしてある人物からべつの人物に、その作り手とは独立して、さまざまな概念を伝達していたわけである。

たぶん気づいているだろうが、州や企業のトップは、その州や会社がどこにあろうと関係なく、みな同じような格好をしていることが多い。世界中どこでも、仕事をする段になると、男も女もビジネススーツを着る。中国でもフランスでもアメリカでもシンガポールでもバイエルンでも——どこでも同じだ。公的な仕事のときに、いまも自分の文化に特有の服装をしているのは、修道士や枢機卿など、ごく少数の人々だけである。『エコノミスト』誌のある記事によると、現代のスーツの起源は一六〇〇年代までさかのぼる。英国王室がスーツの初期バージョンを宮廷の公式な服装と定め、ロンドンの大疫病〔一六六四〜六五年、ロンドンでペストが大流行して多数の死者が出た〕のあとだったので、王族でもこのように節約に努めているということを大衆に示したのだ。平民たちもその手本にならい、こうしてそれがヨーロッパ中の紳士の服装になった。簡素になったとはいえ宮廷服はやはり典雅で、現代の基準からすればまだまだ窮屈でかなり高級だったが、その軍服版のほうは、制服に求められる機能性——馬に乗ったり、銃を撃ったり、気をつけをしたり——を取り入れるため、時代とともにどんどんゆるやかになっていった。これは民間人のビジネススーツも同じである。時とともに、ネッカチーフはクラヴァットになり、クラヴァットはネクタイになった。そして世界中のつきあいが密になっていくにつれ、ほかの文化圏でもズボンとジャケットが採用されていった。いまではそれが国際的な記号になっている。文字——は音を表わし、音は概念を表わす——と少しも違わない。その長い歴史のおかげで、いまのスーツはとくに他者に及ぼす影響力が大きい。そのメッセージ性がきわめて重要なため、いまでは女性も伝統的な男性のビジネススーツの変種を身に着けるようになっている。そして、これには立派に理由がある。西欧社会においては、男性的な服装の女性のほうが、女性的な服装の女性にくらべて、採用面接で雇用される確率が高いということが研究の結果明らかになっているのだ。スーツがかつてどんな機能を果たしていたにせよ、いまはその本来の機能性を超えて、スーツはひとつのコスチューム〔ある時代や地方や民族などに特有の服装のこと〕になっている。そしてコスチュームである以上、その価値はそれがなにを伝えているかということにある。責任感の強い頼れる社会の一員として自分を演出し、ものごとを社会人らしく処理できる人間だと印象づけ、それによって職をゲットしたいと思うなら、面接にはぜひともスーツを着て臨むべきだ。

　衣服が概念を伝達するというが、しかしどうやって？　その答えは、きみの肩のうえに乗っているそれ、毛の生えたココナッツみたいな、それの中身の配線にある。

　人の存在する部屋ならば、家具がひとつもなく、壁ものっぺらぼう、なんてことはまずない。なんの装飾もない、真っ白に塗られた部屋は狂気の象徴である。人の居住空間や労働空間は、たいてい写真や美術品、記念品や土産物で埋まっている。職場の仕切りのなかには、そこを使う人の性格を示すパンフレットやポスターが集まってくるし、家の内装はしだいに発展して、住人が美しいとか意味があると思うもの、住人の趣味嗜好を示すものをはっきり表わすようになっていく。コメディアンのジョージ・カーリンが言うように、よくよく考えてみれば、家とは「モノの山に覆いをかぶせたもの」にすぎない。これはしかたのないことだ。どこへ行っても人はモノを集める。人が亡くなれば、その人が時間を過ごした場所にはかならずモノが残り、そんなモノのなかに立つとその人の存在が感じられる。人は環境に意味を注入する生きものだからだ。あらゆる表面、あらゆる壁が意味を語りかけてくる。意図や目的をもって、そこに置かれたモノのせいだ。竜巻がスクラップ工場を通過してから道ばたの骨董市を吹っ飛ばしてきたかと思うような、そんな壁面装飾のテーマ・レストランのなかであっても、その狂気を表現するための筋道がある。人が一定期間を過ごした場所には、かならずモノが見つかる。そしてはっきり見えるように掲げられた記号よろしく、それが意味を伝えてくるのだ。

記号は人の生活に大きな部分を占めている。これは、脳が連想で組み立てられているせいだ。私が読むにたえない恋愛小説を書いたとして、たとえば「彼女がアフリカ生まれなのは考えてみれば当然だ。すんなり伸びる細い首から思い出すのは……」とあったら、この文章を完成させるのは簡単だろう。人の脳はとっくに、すんなり、伸びる、首、アフリカ、という言葉を結びつけているからだ。神経科学の分野では、これを**意味ネット**と呼んでいる。あらゆる単語、イメージ、概念、感情は互いに結びついているということだ。四方八方に一度に枝を伸ばしていく無限の樹木に似ている。ポップコーンのにおいをかげば、映画館を思い出す。クリスマスソングを聞けば、クリスマスツリーを思い出す。ディーン・ブオノマーノの著書『脳にはバグがひそんでる』には、「ベイカーとパン屋《ベイカー》現象」という話が出てくる。ある人とちょっと知り合ったとして、数日後に思い出そうとしたときは、名前よりも職業のほうがずっと思い出しやすいというのだ。この不思議な傾向を研究するため、何人かの人に名前と職業のリストを読んでもらった。その結果わかったのは、一般的に言って、ある人がパン屋《ベイカー》として働いていることを思い出すのはわりと簡単だが、ラストネームがベイカーだと思い出すのはずっとむずかしい、ということだった。ブオノマーノの説明によると、名前のベイカー（Baker）と普通名詞のパン屋（baker）は、単語としては大文字で始まるか小文字で始まるかの違いしかないが、じつはまったく別々の意味ネットに属している。いっぽうは、これまで出会ってきた他のベイカーさんたちとしかつながらない。もういっぽうは、キャロットケーキとか、ふくらんだ帽子とか、〈ピルズベリー〔パン・菓子用製粉会社〕〉のマスコットのドゥボーイ〔パン生地（ドウ）を擬人化したキャラクター〕とか、その他何千何万という概念と結びついている。こっちのネットワークのほうがずっと豊かだから、思い出せなくて引っかかったとき、記憶の連想ハイウェイにはたどれるルートがいくらでもある。だから、その人がなにをして食べているかという欄を埋めることができる。すぐに忘れてしまうことと、わりと簡単に思い出せることがあるのは、こういうわけだったのである。ブオノマーノの言葉を借りれば、「名前や番号をすぐに忘れると文句を言うのは、スマホが水中では使えないと不平をもらすのにちょっと似ている」。頭皮の下のねばねばは、連想、合成、パターン認識については最高に得意だが、番号やリスト、数字や統計のほか、それと同じように厳密に論理的な仕事にはまるで向いていないのだ。

人の意味記憶は、ファイル・キャビネットというより節《ノード》のネットワークのようなものだから、心理学で言う**プライミング**という現象にきわめて影響を受けやすい。いま頭に浮かんだことが、あとで頭に浮かぶことすべてに無意識に影響するのだ。そしてその頭に浮かぶことが、自分でも気づかないうちに行動に影響する。無礼さに関する文章をばらばらにしたものを復元してもらうと、その後にいらいらする状況に置かれたとき、相手の言葉をさえぎる割合が高くなる。高齢者に関連する単語を使ったパズルを解いて、それでプライミングされた人は、その後一時的に歩く速度が遅くなる。ある実験では、大学教授になったらかっこいいなと想像するよう指示された被験者は、その後に〈トリビアル・パースート〔雑学的知識に関する質問に答えながら駒を動かす盤上ゲーム〕〉をしてもらうと、そのようなプライミングを受けていない人よりも勝ちやすくなった。プライミングは人の行動をうながす根本的な動機のひとつであり、これを引き起こすのは単純な記号やイメージだけではない。冷たい飲物か温かい飲物のどちらかを持ってもらい、初対面の人にどう反応するか違いを調べるという研究がある。冷たいコーヒーカップを持った被験者は、それを持った状態で初めて会った人について、よそよそしくて打ち解けない感じに見えたと感想を述べた。この同じ実験で温かいコーヒーを持たされた被験者は、初対面の人物について愛想がよくて外向的だったと評している。どちらのグループも、そのとき初めて会う人物も含めて、ほかの条件はすべて同じにそろえてある。唯一の違いは、持ったカップの温度だったのだ。心理学では、これを**身体化された認知**と呼ぶ。身体の状態は言語に翻訳され、その言語が引金になって連鎖的に連想が始まる。温かさや冷たさを感じながら会話を始めると、それが呼び水となってさまざまなものごと——「温かい」とか「冷たい」という言葉を使って人を評するときに感じるものごと——が呼び覚まされる可能性があるというわけだ。

これらすべての要因——象徴としての衣服の影響力、プライミング、身体化された認知——が、心理学的研究において真の意味で結びついたのは、二〇一二年、ノースウェスタン大学の心理学者ハヨ・アダムとアダム・ガリンスキーが実験結果を発表し、新しい科学的用語を生み出したときだった。その新しい用語が**服装化された認知**である。

アダムとガリンスキー以前には、服装が心に及ぼす影響の研究では、プライミング効果あるいは没個性化のみに焦点があてられがちだった。たとえば、心理学者マーク・フランクとトーマス・ギロヴィッチは一九八八年、黒いユニフォームのチームはプレイが荒っぽくなりやすいことを証明している。また、これは複数の種目について言えることだが、黒を着ているチームのほうが、他の色のチームにくらべてペナルティをとられる回数も増える傾向にあった。フランクとギロヴィッチの研究からわかったのは、チームのユニフォームが黒を基調にしたものに変わると、〈ピッツバーグ・ペンギンズ〔ペンシルヴェニア州ピッツバーグを本拠地とするプロアイスホッケーチーム〕〉が青いユニフォームを黒に変えたときのように、ゲームあたりの平均ペナルティ数がただちに上昇するということだ。攻撃的なプレイが称賛されるスポーツでは、シーズン中に与えられたペナルティの数でチームを並べていくと、黒い服装のチームが端に片寄るのがわかるはずである。また、黒を着ると選手が凶暴になるだけでなく、黒いユニフォームを着ている選手のほうが、審判に違反を見つけられてペナルティを科されやすくなる、ということもわかった。また、心理学者バーバラ・フレドリクソン、ステファニー・ノル、トミ＝アン・ロバーツ、ディアン・クイン、ジーン・トウェンギが一九九八年におこなった研究によると、ワンピースの水着を着て数学の問題を解いた女性は、水泳パンツをはいた男性やセーターを着た女性よりも、有意に成績が悪くなった。

アダムとガリンスキーは、このような衣服に関する研究には満足できず、たんなるプライミングにとどまらない深い現象が起こっていると考え、そこで巧妙な一連の実験を考案した。ある実験では、被験者をふたつのグループに分け、いっぽうには実験室用の白衣を着せ、もういっぽうはもともと着てきた服装のままとした。そのうえで、どちらのグループにもストループ・テストを受けてもらった。ストループ・テストというのは、カラーインクで印刷された単語を識別するというテストだ。最初は、赤、青、緑といった単語が、その名前と一致する色で印刷されている。だが次には、同じ単語がべつの色で印刷されている。たとえば、最初は

「青」という単語が青いインクで印刷されているが、次の回にはピンクで印刷されていたりするというわけだ。これは愉快なテストだ。どんなに機転がきいて頭の回転が速い人でも、単語と色がマッチしないテストはかなりむずかしく、少なくとも測定可能なぐらいには判断に時間がかかるようになる。さて、ふたつのグループのテストの成績はどうだっただろうか。色と単語がマッチしないテストでは、白衣を着た人がまちがう割合は、ふつうの服を着た人の半分にすぎなかった。そう、これが服装化された認知である。身体化された認知と似た状態だが、これは衣服のみの特異な現象だ。この結果からわかるのは、白衣を着るという身体的な行為が、注意力や判断力のテストで実際に被験者の成績を高めるらしい、ということだ。白衣を着た人は、それの象徴的な性質まで身に帯びたわけである。

次の実験はいっそうよくできていた。今回、アダムとガリンスキーは被験者を三つのグループに分けた。ひとつのグループには白衣を着せ、それは医師が着るのと同じ白衣だと説明した。第二のグループにも同じ白衣を着せたが、こちらには画家のスモックだと説明した。第三のグループでは、医師が着るものと説明して白衣を見せ、その意味を考えると白衣からどんなイメージや概念が浮かぶかについて短い文章を書いてもらった。この第三のグループは、白衣を近くのデスクに置いた状態で、実験の次の段階に進むことになる。三つのグループはその後、左右に並べた二枚の写真を見せられた。二枚にはちょっと見ただけではわからないささいな違いが四つある。ここで被験者らは、その違いを見つけるのにどれぐらい時間がかかるか、各組の写真でいくつまちがいを見つけられるかを評価された。これによって、服装化された認知の最も興味深い側面が表面化したのである。画家のスモックだと思って白衣を着ていた人々は、写真のまちがいを見つけた数が最も少なかった。医師の白衣についてじっくり考えただけの人のほうが、それよりは多く見つけている。しかし、最も多くのまちがいを見つけたのは、医師の白衣だと思って着ていた人々だった。プライミング効果だけでは、白衣を実際に着るほどの効果はない。だがさらに驚くのは、同じ衣服でも、その布切れにどんな象徴的意味があると思っているかによって、その人が受ける影響に大きな差が出てくるということだ。

実験室用の白衣は、この実験に参加した人々の意味ネットのスイッチを入れたが、その白衣が画家の服だと信じているときと、医師の着るものだと思って着ているときとでは、その人の潜在意識に流れ込む概念や連想の網《ウェブ》はまったく異なっている。ベイカー《ベイカー》／パン屋実験のときと同じだ。たいていの場合、医師の服装について考えたときに湧き起こる概念のネットワークは、画家とか絵画に関連する考え、スキーマ、記憶、その他さまざまな概念を取り巻くネットワークよりも、ずっと豊かで強力なものである。つまり、影響力の強い記号と弱い記号があるということだ。プライミング効果によって医師のことを考えるというのは、それだけでもひじょうに影響力の強い経験であり、画家のスモックを着ていると思っている人よりも能力を高めるほどの効果はあるが、そこから一歩進んで、医師の白衣だと思っている服の袖に手を通し、肌にその感触を受け、動くたびにその重みを意識すると、その効果はいっそう強力になる。アダムとガリンスキーが示したように、服装化された認知はたんなるプライミング効果ではない。もっと強力な現象だ。警察官、裁判官、聖職者、消防士、兵士、スポーツチーム、医師などなどが着用する制服は、その人が果たしている役割を、社会の他のメンバーに伝えているだけではないのではないか、とかれらは論文に書いている。制服は、それを着る人の態度や行動に強く影響し、勇敢さや倫理観、攻撃性、共感性、注意深さなどを高める効果もあるのかもしれない。

だいぶ以前からそれを示す研究結果は出ているが、少なくとも人の頭のなかでは、衣服には生命と活力が宿っている。衣服を見ると連鎖反応的に連想の引金が引かれ、それによって認識や行動に影響を与え、実際に変化させているのである。ダンスパーティのドレス、ハイヒールの靴、フェドーラ〔フェルト製の中折れ帽〕、ブルカ〔イスラム教の女性が着けるベール〕——これらはたんなるモノではなく、本人はもちろん周囲の人々にも影響力を及ぼす記号だ。大規模な仮装パーティでは、ナチの軍服からスーパーマンのタイツまで、ありとあらゆるコスチュームがなにがしかのメッセージを発している。最近の研究によれば、ことはそこにとどまらず、もっとすごい話になるかもしれない。

記号としての衣装を身に着けることは、その衣装をただ見ているときより、あるいは他者が着ているのを見ているだけのときより、ずっと深いレベルで人に影響する。その布地に魔法がかかっているかのように、着るものは人のペルソナに魔法をかける。肝心なことは、魔法をかけているのはその人自身であり、それも無意識にやっているということだ。魔法使いの帽子の下の脳は、カウボーイ・ハットの下の脳とは違うし、教皇の三重冠、ユダヤ教徒のスカルキャップ、ヘルメットなどの下の脳とも違う。これらのモノにパワーがあって大脳にそれが放射されているからではなく、人の記憶の構造からして、気づいているかどうかに関わりなく、いかなるモノも中立的であることは許されないからだ。記号や象徴は儀式と同じく重要だが、それは迷信深い行動とか古くさい考えを奨励するからではなく、人の脳の働きかたともともと親和性が高いためである。あらゆるものに記号や象徴としてのパワーがある。蜂の巣に石を放り込むようなもので、脳のなかに記憶や想念を呼び覚ます潜在的な伝達の能力を持っているのだ。

この知識を活用すれば、ちょっとは賢くなれるだろう。タキシードやカクテルドレスを着て落ち着かない気分になったら、そういう気分の一部は衣装の魔力に対する抵抗感から来ていることを知ろう。その衣装を着ているあいだに、人の自己ネットワークにはさまざまな概念が呼び覚まされるが、その概念が衣装の魔力の発生源なのだ。そしてまた、ファッションに関連する魔法を利用したければ、衣服を身に着けることで、人はより賢く、より攻撃的になれることにも気づこう。眼鏡をかけた人は賢そうに見えるし、また自分でも賢くなったように感じる。だがさらに不思議なことに、証拠から判断するかぎりでは、そういう人は実際に知能テストでよい点数をとるらしいのである。しかし、気をつけなくてはいけないこともある。その衣装にマイナスの概念が関連づけられていると、それも同じくらい影響力を及ぼすのだ。悪魔のガウンに身を包めば、そのパワーは周囲の人々に影響するだけでなく、それを着ている人の皮膚にもしみ込んでくる。その毒がどれぐらい強く、どれぐらい効きめが持続するのか、それについてはまだわかっていないのだ。

14 没個性化

ウソ

The Misconception

×

暴動や略奪をする人々は人間のくずであり、盗んだり暴れたりする口実を探しているだけだ。

ホント

The Truth

○

条件がそろえば、だれでも自己を失って集団意識に埋没しがちである。

だれかが飛び降り自殺をしようとしているときに野次馬が集まってくると、おぞましい現象が引き起こされる。

二〇〇一年のシアトルで、失恋したばかりの二十六歳の女性が車の通行を妨げていた。飛び降りて死んだらどうなるかと、いささか長くぐずぐずし過ぎてしまったのだ。橋のうえで交通渋滞が起こり、車内の人々はしだいにいらいらしてきて、ついに「飛び降りろ、飛び降りろ」と叫びだし、やがて女性はほんとうに飛び降りてしまった。

こういう事件はそう珍しいことではない。

二〇〇八年の英国で、十七歳の男子が駐車ビルの屋上から飛び降りる事件があったが、このときは三百人ほどの野次馬が飛び降りろとはやし立てている。飛び降りの前、最中、あとの写真や動画を撮っていた者もいる。群衆が散りぢりになると、この奇妙な魔法は解けた。はやし立てていた人々は、なぜあんなことをしてしまったのかといぶかりながら歩き去った。その他の傍観者たちは、嫌悪感をソーシャルメディアにぶちまけた。

二〇一〇年のサンフランシスコでは、ある男性が自宅アパートメントの窓台に立ち、飛び降りようかどうしようかと考えていた。すると下の通りに野次馬が集まって、飛び降りろとすぐに叫びはじめた。この件をツイートまでしている。男性は十五分後に全身を強く打って死亡した。

『サンフランシスコ・エグザミナー』紙にはこんなコメントが掲載されている。「ぼくはその場にいたけどすごくショックだった。となりに立っていた男性は、飛び降りろと笑いながら言っていて、一部始終を動画に撮っていた。ぼくはまだ高校生だけど、あのときのことは一生忘れられないと思う。あの気の毒な男性の気持ちなんか、だれもこれっぽっちも考えてなかった。飛び降りたときにはみんな笑ってたんだよ」

人がおおぜい集まると野次りだすという、この傾向のことを警察や消防はよく知っている。自殺が起こりそうなとき、現場にテープを張りめぐらし、人々を声の届かない範囲に遠ざけるのはそのためだ。群衆が暴走しだすには、きっかけとなる人物がひとりいればいい。群衆に埋没して自分という感覚を失ったとき、外部からのゴーサインで背中を押されると、人の個性は簡単に雲散霧消してしまうのだ。

群衆に混じっていても、正邪の感覚を失わない人も少なくない。冷静さを保つことができる人もいる。実際、こういう事件を目撃した人々の多くは、とんでもないとおぞけをふるい、飛び降りをけしかけた人々を非難した。そういう人々は気づいていなかっただろうし、またけしかけた人々もそんなこととは思いもしなかっただろうが、じつはこれは予測可能にして正常な行動なのだ。

信じがたいだろうが、この種の行動はだれでもとる可能性がある。条件がそろえば、あなたも「飛び降りろ！」と叫ぶかもしれない。その理由を理解するために、まずはコスチュームを買いに行こう。

前項の服装化された認知でも触れたように、ハロウィーンは文化的規範が砕け散る夢の遊戯場だ。仮装とお菓子、親と子、悪魔と死と亡霊の名のもとにおこなわれる、どんちゃん騒ぎと無礼講――標準とか礼儀とかちゃんとした行動をいったん忘れて、代理の自己を試してみる日なのだ。アメリカではハロウィーンは大人気で、毎年その関連の売上は六十億ドルほどになる。そのうち、仮装に費やされる額は二十億ドルを超えている。国じゅうで人々は匿名性に身を隠し、翌日には脱ぎ捨てるキャラクターに自己を埋没させる。たまに現実のアイデンティティという重荷をおろすのは、いくつになっても気分のいいことであり、だからハロウィーンは楽しいのだ。ピエロの靴をはいてお菓子をもらってまわる子供も、ガイ・フォークスの仮面をずらしてイェーガー〔アルコール度数の高いドイツの酒〈イェーガーマイスター〉の通称〕をきゅっとやるおとなも、このファンタジーはどちらも楽しめる。謝肉祭のようにどんなでたらめも許されるという日ではないものの、みんなが驚きあきれて首をかしげ、変てこなものごとが雪崩のように押し寄せるのを放っておいてよしとするみたいな祝日は、アメリカではほんとうにハロウィーンの日だけなのである。

いかす仮装をすると、ふだん着けている「自分」という衣服に目が向くという効果がある。その「衣服」をあっさり取り替えてしまえることに気づくからだ。ハロウィーンは、役割やレッテルや人格をいろいろ試してみるチャンスになる。人はみな薄々とでも、そういう役割やレッテルや人格などは作りごとだと気づいているものだ。複雑な社会的ゲームのなかでやっていくために必要な、罪のない嘘だと互いに了解しあっている。仕事に行くとき、家族と久しぶりに会うとき、初めてのデートに出かけるときに人が着ける仮面は、ハロウィーンの仮装――子供たちはそれを着て〈スニッカーズ〉をねだりに出かけ、おとなはテクノミュージックでダンスをしに出かける――と大して違いはない。人は何年もかけて自分という隠れ蓑を形作り、磨きをかけていく。最初のうちは不器用でなまくらで、わざとらしくて野暮ったい。思春期が近づくころには、さまざまなペルソナを試してみて、自分にぴったりのそれを見つけようとする。隠したければ服で隠せるところに、ピアスをしたり刺青を入れたりもする。有名人や架空のキャラクターを選んで、その人物の衣装をちょいちょい選んでまねしたり、自分にもその魅力の一端が加わることを願って、しぐさや癖をちょっと盗んでみたりするかもしれない。人生のさまざまな時期を通じて、人は自己イメージを明確にし、その表面を磨いて光沢を出し、これが自分だと感じる人格を作り出していく。そうは言っても、役割を演じてリセットボタンを押すのはつねに愉快な経験だ。とはいえ、知っている人々の面前ではなかなかそれはできない。ハロウィーンは、それをしてもよいと広く認められている数少ない機会のひとつだ。この日は多くの面で、人格に関する実験をして匿名性を祝う日なのである。

自己という感覚が弱まるのに着目し、ある心理学者のグループが一九七〇年代後半、ハロウィーンを利用して人間心理の対照実験をしようと思いついた。アーサー・ビーマン、エドワード・ディーナー、ゾーレン・スヴァナムはワシントン州シアトルの快適な住宅地に出かけていき、実験室になってくれる家を二十七軒選んだ。実験の目的は、秘密の実験室と化した家から家を巡回するとき、ハロウィーンの仮装による匿名性が子供たちの行動に影響を及ぼすか調べることだ。心理学者らは、各家の玄関の内側にキャンディのボウルと鏡を置き、ハロウィーンの飾りつけをした。その飾りにはのぞき穴があって、やって来る子供たちをそこからひと晩じゅう観察していたわけだ。考えてみるとちょっとむずむずする状況だ。実験用の白衣姿でクリップボードを振りかざし、わっと飛び出して子供たちを脅かしてやりたくなりそうなものだが、そういう衝動を抑えるのがいかにむずかしいかという副次的な実験は、残念ながらおこなわれなかった。

ひと晩じゅう、子供たちを迎えるのはひとりの女性で、腕白《わんぱく》どもが「お菓子をくれなきゃ《トリック・オア・》いたずらする《トリート》ぞ」をやるのを待って、キャンディをひとりひとつずつ取るようにと言う。それから女性はその場を立ち去り、子供たちはキャンディという形の小さな倫理規範を自分で選ぶことになる。二回に一回、女性は立ち去る前に子供たちに名前と住所を尋ねる。おとながついて来たときには実験結果には数えない。ここで調べたかったのは、まわりにおとながいなくて、罰を受けることも、欲張りをたしなめられることもないときに、子供たちがそれでもひとつしかキャンディをとらずにいられるかということだったからだ。ひとりのときと集団のときとで反応は異なるだろうか。名前を言わされたら、仮面の下の自分を思い出すだろうか。思い出すきっかけがあったら――つまり、この場合は鏡に映る自分の姿を見たら、自分がだれだか思い出すだろうか。結論から言うと、鏡には結果を左右する力はなかった。最も大きな違いを生み出したのは、名前を名乗ったかどうか、そしてひとりだったか集団だったかということだった。

名前を言わされ、かつひとりきりだったとき、ずるをする子供は十パーセント未満だった。これが集団になると、名乗ったあとでその家の人の言いつけに従わなかった子供は二十パーセントほどに増える。ひとりきりでも、匿名のままだとよけいにとる子供は二十パーセントに増える。集団で匿名の場合、よけいにとる割合は六十パーセントに近くなる。この結果から見ると、匿名性の威力は他者の存在によって強化されるようだ。名前を言うことで仮面がはがされても、集団ならずるをする割合はいささか高くなる。仮面を着けたままなら拍車どころかターボがかかる。匿名性を強く感じるほど、そして匿名性を共有する集団によって守られていると感じるほど、規則を破ってキャンディをよけいにとる割合が高くなる。匿名性が最大になると、取れるだけ取ろうとする子供が多くなった。

他者の存在によって、アイデンティティにほころびが生じるのだ。このことを示す実験は、これ以外にもたくさんある。他者の数が多ければ多いほど、人は集団の集合意志に埋没しやすくなる。略奪、暴動、リンチ、暴行、戦争、たいまつを持って怪物を追いまわすこと――スイッチはつねにそこにあり、ちょっとしたことで「入」のほうへ倒れてしまうのだ。

心理学では、この現象を**没個性化**と言う。特定の状況では、人は没個性化を起こしやすい。これは集団への適応とは違う。適応の場合は、集団の考えかたや行動をまねることにより、受け入れられて仲間になろうとするわけだが、没個性化はおおむね無意識に起こり、非行につながることが多い。心理学者デイヴィッド・G・マイヤーズが書くように、没個性化とは「ひとりではしないことを集団ならする」ということだ。ティーンエイジのころ、どんなときにいちばん厄介ごとに巻き込まれたか考えてみよう。十中八九、それは集団の一員として仲間の集合意志に引きずられたときだろう。影響力が強いメンバーとか煽動するやつとか、つまり天性のリーダーはいたかもしれないが、結局はみんなが集団の精神に埋没していったのではないだろうか。先生や親や警察に「いったいなにを考えてたんだ」と尋ねられたとき、子供たちは答えられない。自分でもわからないからだ。ただ反応しただけ、群れとして動いていただけなのだ。

心理学者フィリップ・ジンバルドーは一九六九年、女子大学生を被験者として、べつの女子学生に苦痛をともなう電気ショックを与えさせるという実験をおこなった。電気ショックを与える側の学生を無作為に半々に分け、いっぽうには実験中に大きなフードをかぶらせ、ゆったりした白衣を着せた。名札には番号しか書かれていない。もういっぽうのグループは顔を出したままで、名札には氏名が書かれていた。これから人を拷問しようという学生たちに、これはストレス下の創造性を調べる実験であるとジンバルドーは言い、マジックミラーの向こうで「被験者」の学生が試験を受けるので、そのさいに電気ショックを与えて能力にどんな影響が出るか調べる、と説明する。もっとも、電気椅子の刑を受ける女子学生はほんとうは俳優で、苦痛に身悶えするのはただの演技なのだが。

実際に痛いことがわかるように、被験者は例として七十五ボルトの電気ショックを経験する。さらに動機付けのため、試験を受ける学生ふたりのインタビューを録画したものを見せられる。ふたりの学生のいっぽうは愛想も感じもよいが、もういっぽうは無礼で感じが悪い。顔を隠す学生にもそうでない学生にも、電気ショックを何度与えるか、またその持続時間はどれぐらいにするか、ジンバルドーはとくに指示しなかった。まったくショックを与えなくても差し支えないということだ。また実験中、被験者どうしで言葉を交わすこともなかった。権威への服従や仲間の圧力といった要素をできるだけ排除しようとしたわけだ。関わりのある要因は匿名性と没個性化のみである。四人ひと組で学生たちは腰をおろし、試験を受ける「学生」に拷問を加えはじめた。

どの実験でも、フードと白衣で正体を隠した学生のほうが、電気ショックを与える割合は二倍になった。これは相手の感じがよくても悪くても変わらない。どちらの俳優も、フードをした学生からは同じぐらいの電気ショックを浴びせられたのだ。試験が進むにつれて、電気ショックの頻度も持続時間も増えていった。そのあいだずっと、マジックミラーの向こうの俳優は激痛に苦しむ演技を続けていたわけだ。

顔を出したままの女子学生の場合、感じのいい俳優に対しては、そうでない俳優のときより電気ショックを与える回数が少なくなった。ジンバルドーに言わせると、これが最も興味深い現象である。没個性化、すなわちフードのもたらす匿名性のために、ふだんは社会的規範によって抑えられている残虐な行動が、公平性や公正性に関わりなく野放しになる。自分の行動の結果を気にしなくてよい場合、他者を支配するという興奮が自己肥大を起こす。ジンバルドーの言葉を借りれば、正のフィードバック・ループによって、興奮がエスカレートしていく。電気ショックを与えれば与えるほど、被験者の興奮はつのる。そして興奮がつのればつのるほど、電気ショックをますます与えるようになるのだ。この実験では電気ショックをまったく与えなかった被験者はいなかったが、被験者が顔を出したままの場合は、罰を受けて当然と思われる相手とそうでない相手は区別されていた。

不思議なことに、この同じ実験をベルギーの兵士に対しておこなったところ、フードをかぶったときのほうが電気ショックを与えにくくなった。兵士の場合、軍服を着ていることですでに没個性化は起こっており、フードは孤立化の影響を与える結果になったのだ。ほかの兵士たちのなかに交じっているとき、かれらはある部隊、ある集団の一部である。それがフードをかぶることで、ひとりの人間に戻ったわけだ。ジンバルドーは著書『ルシファー・エフェクト』のなかでこう書いている。「悪の凡庸さは、英雄の凡庸さと多くの点で共通している。どちらの属性も、固有の気質的傾向の直接的な結果ではない。人間の精神または人間の遺伝子のなかに、特別な属性――病的であれ善良さであれ――が存在しているわけではないのである」。

シアトルの研究者らと同じく、ジンバルドーはハロウィーンを使った実験もおこなっている。都合よく組み込まれた匿名性を道具として利用したわけだ。今回は、小学生たちがゲームをする様子を観察するという実験だった。ゲームで獲得したトークンは、最後に賞品と交換できることになっていて、子供たちはどのゲームをするか自分で選ぶことができる。競争はするが攻撃的でないゲームもあれば、ひとつのお手玉を取り合うような一対一の対決ゲームもある。子供たちはハロウィーン・パーティでこれらのゲームをするのだが、仮装をしてゲームをするときと、仮装せずにゲームをするときがあった。第一ラウンドでは、教師から仮装用の衣装がまだ届いていないと言われている。やがて衣装が届いたということになって、今度はアイデンティティを隠してまたゲームをする。それが終わると、べつのクラスがその衣装を使うからと言われて、また仮装を着けずにゲームをするのである。子供たちが攻撃的なゲームをして、押したり引いたり叫んだりしている時間は、仮装をしているときはそうでないときの二倍になった。四十二パーセントから八十六パーセントに上昇したのだ。仮装を脱いだあとでは、この割合は三十六パーセントに低下している。仮装を着けて没個性化の影響を受けているとき、子供たちは一対一の接近戦を好む——そういうゲームのほうが時間が長くかかり、獲得できるトークンはずっと少なくなるにもかかわらずである。しかし仮装を脱ぐと、すぐにもっと穏やかな行動に戻るというわけだ。

群衆のなかへ入っていくとき、あるいは正体を隠す衣服を着けるとき、そこにはつねに没個性化の危険があり、身内の最悪の部分が表面に出てくることにつながりやすい。そして、その後に冷静になって自分がやったことを思い返せば、自分の評判や社会的地位が危うくなったかのようにふるまうことになる。アイデンティティを失ったとき、すなわち名前も顔もなく、報復の恐れもないと感じるとき、脳を縛っていた鎖は脱落するのだ。

人の内面にはなにが隠れているのか。ふだんは抑制によって押さえ込まれているが、その抑制が消えたらどんなふうに現われ出てくるのか。飛び降りろとはやしたて、そのさまをツイートしたり写真に撮ったりするのだろうか。椅子に腰掛けてこれを読んでいるいま、自分はそんなことをするはずがないと思うだろうが、いまのあなたはひとりの人間で、最悪の暗黒面も最善の光り輝く面も、心のなかで社会的な鎖に縛られているのだ。没個性化をもたらす三要素が意識に働きかけてきたとき、なにが起こるかほんとうに予測することはできない。その三要素とは、匿名性、多数の集団、そして興奮だ。

思い返せば興奮はさまざまなときに起こる。心を打つスピーチを聞いたとき、脳みそもとろけるコンサート会場で強烈な光のショーに幻惑されたとき、あるいは危険な敵がこちらに迫ってくるとき、あるいはなにかに注意を惹きつけられて目が離せなくなったとき。詠唱、歌、踊りなど、儀式的で反復的な集団の活動はとくに効果的で、人の注意をとらえ、頭と肉体の限界を忘れさせる。集中と感情的反応がしだいにつのり、しまいには人のペルソナを包んでいるもろい容器は砕け散る。そして感情が多数のなかに拡散するだけでなく、倫理観や自分の行動に対する責任感も拡散していく。善行であれ悪行であれ、もはや責任をもって行動を選べるとは感じられず、想像できるのは集団の行動――自分もそれに加わっている行動が、称賛あるいは非難される未来だけ。この時点で、人は完全な匿名性を獲得する。精緻に形作られたふだんの人格は抑え込まれ、環境からの合図が人を、そしてその人の属する集団を操縦するようになる。一九六九年の〈ウッドストック〔野外ロック・フェスティバル。四十万人という想定をはるかに超える観客が集まったが、驚くほど平和的なイベントになった〕〉に参加していたら愛と一体感に満たされただろうし、会場を去るときには、驚嘆の念と歓喜に満ちていただろう――ほかにも身体にあれこれ帯びていたかもしれないが。しかし一九九九年の〈ウッドストック〔開催中に暴動や放火が起こって州軍が出動する騒ぎになった〕〉なら怒りと攻撃性を感じていただろうし、会場を去るときには肋骨は折れ、重い有罪判決を受けていたかもしれない。どちらの状況でも、厖大な数の人々が集まったことで、集団は自然に没個性化への道をたどった。人々は興奮し、自己を見失い、その後は環境からの合図に従って行動したのである。

一般に没個性化が推奨される組織もある。ひとりではしそうもないことをさせるため、抑制を弱めることが重要な場合もあるからだ。兵士や警官は制服を身に着けるし、戦士はウォーペイントを施し、フットボール選手はジャージを着、ギャングには目印《カラー》〔メンバーであることを示す派手な衣服や装身具や刺青など〕やダンスや儀式がある。企業は何百万何千万と費やして集団を構築し、没個性化された価値観を吹き込もうとする。男子学生クラブ《フラタニティ》や女子学生クラブ《ソロリティ》の開くパーティは、参加者が全体と一体化していると感じ、その規範に守られていると感じやすい。だから、参加者のだれもそんなふうに思っていないパーティより、はるかに抑えがきかなくなりがちだ。

没個性化は、人の抑制や自己意識、責任を問われることへの恐怖を消し去るが、これはかならずしも悪いこととはかぎらない。理性的な人々を略奪や暴行やポーランド侵攻に走らせるのと同じ力が、社会に益をもたらす行動へ向かわせることもある。プラスの合図に囲まれているときなら、没個性化によって人はエクササイズのクラスで鍛練に励んだり、ホームレスのシェルターで熱心に仕事をしたり、家を建てるのを手伝ったりすることもある。自己意識を忘れ、みなと協力して人命救助にあたったり、行方不明の子供を捜索したりする人々を見れば、没個性化は善でも悪でもない、人間意志の中立的な力であることがわかる。〈4chan〉や〈レディット〉〔どちらも米の掲示板型ウェブサイト〕などのネットの共同体が、義憤によって集まって匿名の集合となる場合、現実に正義がおこなわれることも少なくない。没個性化が起こると、その結果として生じる行動を決定するのは環境からの合図である。善であれ悪であれ、群衆の規範が日常の規範に取って代わるのだ。

ロバート・D・ジョンスンとレスリー・ダウニングは一九七九年、環境の発する合図を操作することによって、没個性化された人々の行動を変えられると明らかにした。ふたりの実験では、ある作業を覚えようとしている人に対して、被験者は電気ショックを与えるよう指示される。ここまではジンバルドーの実験と同じだ。ただ違うのは、電気ショックを与える側は〈クー《K》・クラックス《K》・クラン《K》〉のローブか、看護師の白衣かどちらかを着用していたということだ。対照群と比べ、〈KKK〉の格好をした被験者は電気ショックを与える傾向がより大きく、看護師の白衣を着た被験者ではより小さくなった。心理学者スティーヴン・プレンティス＝ダンとC・B・スパイヴィーは、一九八〇年代後半から九〇年代前半にかけて一連の実験をおこない、没個性化された人は、環境から向社会的な合図を与えられていれば、ふだんより多額の募金をすることを明らかにした。〈スーパーボウル〉でも教会の礼拝でも、刑務所の暴動でも、また革命の蜂起でも、没個性化が起こるのは同じだ――しかし、その後の行動は異なるのである。

人がいかに没個性化に陥りやすいか、またその影響を最も受けやすいのはどんな状況なのか、これはぜひ肝に銘じておきたい。大酒を飲むことから賛美歌を歌うことまで、どんなことであれ自己意識を薄めるのにつながる可能性がある。それに加えて、集団に属していたり、大都市に住んでいたり、暗い部屋に座っていたり、仮面を着けていたりすれば、責任感が薄れて匿名性が強まる。あとは興奮が高まるだけでよい。そんなときになにかの合図に注意を奪われると、人はそれに影響されやすく、また抵抗できなくなりやすいのだ。また、チャットルームとかコメント欄とか掲示板などは、没個性化の完璧な温床だということも忘れないようにしよう。ユーザの匿名性が認められていればいるほど、その集団に守られているという効果はより強力になる。そこでの会話の調子や傾向も、また集合的努力の実空間への波及も、そのウェブサイトがもたらす合図を反映することになるのだ。

没個性化は仮想空間には広く行き渡っており、その影響は吉凶さまざまだ。ためしに仮想現実ゲームをダウンロードして、そのなかを歩きまわってみよう。遅かれ早かれ、セックスの地下迷宮に行き着くことになる。〈Xボックス〉のオンライン版でゲームをすれば、いつかきっと「おまえの母親と寝たことがある」と言い出すやつに出くわす。どちらの場合も、人は匿名性と没個性化に感謝するだろう。〈ユーチューブ〉動画の下のコメント欄を見て、人類の情けなさに涙が出そうになったら思い出そう——強制収容所を建設・維持させたのと同じ力が、ノルマンディーのオマハ・ビーチに兵士を駆り立てたのだということを。

現実世界でもデジタル世界でも、大義のために没個性化を推し進めたければ、批判を受けずになんでもできると集団の全員が感じられるようにし、そのうえで向社会的な合図を与えればよい。逆に自分や他者の没個性化を防ぎたいなら、匿名性を排除し、非人間化をもたらすレッテル貼りはやめよう。個人的に責任があると感じれば感じるほど、人は自制心を発揮しやすくなる。

まあなにはともあれ、これだけは憶えておきたい――無礼講のパーティを開き、破目を外してどんちゃん騒ぎがしたいなら、照明を消し、大音量で音楽を鳴らし、できればみんなでなにかの仮装をすることだ。

15

埋没費用の誤謬

ウソ

The Misconception

×

モノでも投資でも経験でも、その将来的な価値に基づいて人は合理的な決断を下している。

ホント

The Truth

○

人の決断は、これまでに積み重ねた感情的な投資によって左右される。投資額が大きければ大きいほど、途中でやめるのはむずかしくなる。

オンラインゲーム「ファームヴィル」は、損失への対処について多くを教えてくれる。このゲームの話は聞いたことがあるかもしれない。二〇一〇年には、〈フェイスブック〉

ユーザーの五人にひとりはファームヴィルのアカウントを持っていた。このゲームが送ってくる更新通知の嵐にほかのユーザはうんざりして、おかげで〈フェイスブック〉ではユーザがメッセージを送る方法を変更したほどだ。最盛期にはなんと八千四百万人がプレイしていた――これはイタリアの人口より多い数だ。

それ以降、ファームヴィルのアカウントは減少しつづけている。二〇一一年初め、いまもプレイしているのは五千万人ほどだ。これでも大変な数であることに変わりはない――ファンタジー世界のRPG「ワールド・オブ・ウォークラフト」は同じころ、その四分の一ほどのプレイヤー数で大ヒットと誇っていたのだ。二〇一二年、ファームヴィルを運営する〈ジンガ〉社は「ファームヴィル2」を立ちあげ、二〇一三年一月には四千二百万人以上のユーザが試しにやってみようと加わってきた。

これほど多くのプレイヤーを惹きつけるのだから、よほど強烈な、正真正銘の面白いゲームにちがいないと思うだろう。ところが実際のところ、ファームヴィルの色あせない魅力は面白さとはほとんど関係がない。なぜ人はこのゲームに入れ込んでしまうのだろう。その理由を理解するには――そしてまた、そこから投資の中毒性についてなにがわかるか理解するには、その前に知らねばならないことがある。損失に対する恐怖が、いかに**埋没費用の誤謬**につながるかということだ。

心理学者ダニエル・カーネマンの著書『ファスト&スロー』には、一九七〇年代から八〇年代にかけて、同僚のエイモス・トヴェルスキーと共同でおこなった実験が解説されている。その実験を通じて、人の精神においては損失と利得の比重が釣り合っていないことが明らかにされたというのだ。カーネマンの説明によれば、どんな決断も未来の不確かさを含んでいるから、その決断に用いられる人間の脳は、損失の可能性が生じたらどうするか判断するため、自動的で無意識のシステムを進化させてきた。しかし、遺伝子を後世に残しやすかったのは、機会を最大化するより脅威を回避することを緊急の課題と見なす生物のほうだった。したがって時を経るにつれて、利得の可能性より損失の見込みのほうが、人間の行動を決定する強力な動機になっていった。可能であれば、人はいかなる損失も避けようとする。損失と利得を比較するとき、それを公平に扱うことができない。カーネマンらの実験の結果、またそれを再現・拡張した多くの人々の実験の結果、人間が生まれもった損失嫌悪率が明らかになっている。賭《かけ》に乗るかやめるか選ぶ機会を与えられたとき、得をする見込みが損をする見込みの二倍ほどにならないと、たいていの人は賭に乗ろうとしないのである。

行動経済学者ダン・アリエリーは、著書『予想どおりに不合理』において、この損失嫌悪の話に興味深いひねりを加えている。アリエリーによれば、交換の費用を考慮するさいになると、人はどれぐらい儲かりそうかということより、どれぐらい費用がかかるかのほうに注目する傾向が強い。手持ちのものを手放すときには、かならずアリエリーの言う**支払いの痛み**が生じるからだ。最初のうちは、具体的にいくらかということは重要ではない。いくらであっても代価が必要となると痛みを感じる。そしてそれが、決断や行動に影響を及ぼすのだ。

アリエリーはある実験で、人通りの多い場所にブースを設置して通行人にチョコレートを販売した。ただしここでは、一セントで〈ハーシー〉の〈キスチョコ〉をひとつ買うか、十五セントで〈リンツ〉の〈トリュフ〉をひとつ買うか、どちらかを選ばなくてはならない。この選択に直面した人々は、おおむねトリュフを選んだ。両者の品質の差と、通常の価格を考えれば妥当な選択だ〔参考までに、アマゾンでの販売価格から計算すると、キスチョコは一個九セント強、トリュフは一個六十七セント弱〕。次にアリエリーはべつのブースを設置して、同じ二種類のチョコレートを提供したが、今度はそれぞれ一セントずつ値下げした。つまり〈キスチョコ〉は無料、〈トリュフ〉は十四セントにしたわけだ。すると今回は、圧倒的多数の人々が〈トリュフ〉でなく〈キスチョコ〉を選択した。

純粋に数学的に考えれば、被験者の行動が変化するのはおかしい、とアリエリーは指摘する。なにしろ価格の差はもとのままなのだ。しかし人はそんなふうには考えない。損失嫌悪システムが絶えず目を光らせていて、人が使える以上の費用を払いそうになったら介入しようと待機している。そんなわけで、それが可能な場合はかならず、人は費用と利益のバランスを計算することになる。アリエリーの推測では、ほんとうは欲しくも必要でもない無料のグッズをため込んだり、無料のギフトつきだといかがわしい購入契約を結びたくなったり、もっといいモノがあるにもかかわらず、送料無料と言われるとそこそこのモノのほうを選んだりしてしまうのはこのためである。つまり無料と言われると、損失嫌悪システムが作動しないのだ。すると、損をする可能性を考慮する場合にくらべ、ものごとの得失をじっくり考えようとしなくなるというわけだ。

あなたが欲しがっている商品は、支払う値段以上の価値がある——そう客に納得させることが、マーケティングや優秀なセールスマンの存在意義なのはそのためだ。支払いの痛みは所有の喜びに相殺されると予想するとき、それに買う価値があると人は思うのである。セールスマンが優秀なら、混乱した認識のどこかで、失うものはなにもないと人は感じる。感情的にはむしろ得をしているからだ。どれだけむだ遣いできるかを他人にひけらかす、そのためだけになにかを買っているならべつだが、人は自分の稼いだものを差し出すときの痛みを避けようとするものだ。

なにかを失って取り戻せないとき、人はそれを苦痛に感じる。そして、その負の感情をやわらげたいという衝動から奇妙な行動に走る。映画館に出かけていき、十五分かそこら観ただけでこんな最低最悪の映画はないと気がついたのに、それでも最後まで観てしまったという経験はないだろうか。お金をむだにしたくないから、しかたなく椅子に深く腰かけて耐え忍んだことがあるのでは？　あるいは、払い戻し不可のコンサートチケットを買ったはいいが、当日になったら体調が悪かったり、疲れていたり、二日酔いだったりしたことはないだろうか。ひょっとしたら、同じ時刻にもっと楽しそうなことがあったり。それなのに、やっぱりコンサートに出かけていったことがあるのでは？　ほんとうは行きたくないのに、払ったお金が戻ってこないとわかっているから、そのぶんは取り返さなくてはならないと思って。あるいは、ブリート〔メキシコ料理。挽き肉や豆などをトルティーヤで巻いたもの〕の袋を買って帰ったが、ひと口食べたところで、サルサソースをかけたドッグフードが詰まっているのかと思う味だったとしたら。それでもやはり、お金も食物もむだにしたくないから、全部食べてしまったという経験はないだろうか。こういうことをひとつでも経験したことがあるなら、あなたは埋没費用の誤謬の餌食になったことがある。

　埋没費用とは、支払ったり投資したりしてしまって、もう取り返すことのできない費用のことだ。完全に機能する論理回路を備えたアンドロイドなら、なにかを決断するさいに埋没費用を考慮に入れることはないだろうが、人間はそうはいかない。感情の動物である人間は、損失に対する嫌悪から、しばしば埋没費用の誤謬にまっさかさまに落ち込んでしまう。損が確定すると、それは心のなかに消え残りわだかまり、最初はそれほどとも感じていなかったとしても、記憶のなかではその損がどんどん膨らんでいくのだ。未来について決断するさいに、この過去へのこだわりを考慮に入れてしまうと、埋没費用の誤謬によって失敗する恐れがある。

ハル・アークスとキャサリン・ブルーマーは一九八五年にある実験を考案し、埋没費用が関わってくると、人はちゃんとものが考えられなくなることを実証した。この実験では、被験者はこんな質問をされる――あなたはミシガン州へのスキー旅行のチケットを百ドルで買いましたが、その直後にウィスコンシン州へのもっといいスキー旅行が五十ドルで買えることに気づいて、そちらのチケットも購入しました。ところがふたつの旅行は日程が重なっていることにあとで気づき、しかもどちらのチケットも払い戻しや転売はできないことがわかりました。この場合、百ドルのまずまずの休暇か、それとも五十ドルのすばらしい休暇か、あなたはどちらを選びますか。

この実験では、被験者の半数以上が高額な旅行のほうを選んだ。値段ほどの楽しみは得られないかもしれないが、安い休暇を選ぶと損が大きくなる気がする――これが誤謬の影響だ。どちらを選んでもお金はすでに払ってしまっていることに変わりはない。そのお金が返ってくるわけではないのだ。ほんとうなら、過去の損失の痛みを軽くすることなど考えず、どちらのほうが未来によりよい経験ができるか考えて選択するのが最善の道なのに、埋没費用の誤謬のせいで人はそこに気づくことができないのである。

カーネマンとトヴェルスキーも、埋没費用の誤謬を実証する実験をおこなっている。さあ、自分ならどうするか考えてみよう。映画を観に出かけていき、十ドルのチケットを買おうと財布を出したら、十ドル札が一枚なくなっているのに気がついた。それでもあなたはチケットを買うだろうか。答えはたぶんイエスだろう。実際、買わないと答えた被験者は十二パーセントにすぎなかった。さて次に、映画を観に行って十ドルのチケットを買ったが、いざ入館しようとしたらそのチケットがなくなっていることに気がついた。あなたなら、引き返してまたチケットを買いなおすだろうか。買いなおすかもしれないが、最初の例よりずっと損失の痛みは大きいだろう。実験では、五十四パーセントの人が買いなおさないと答えている。状況はまったく同じである。どちらも十ドル損をして、その後に映画を観るにはさらに十ドル払わなくてはならない。それなのに、二番めの筋書きでは感じかたがずいぶん違ってくる。お金を特定の目的に割り当てて、そのあとでそれをなくした場合、すごく損をしたように感じる。これが、冒頭で紹介したゲーム、ファームヴィルの中毒性が高い理由である。そのせいで職を失う人がいるほどなのだ。

損失に直面した人間の弱さを理解するには、ファームヴィルは打ってつけのツールだ。ファームヴィルを動かしつづける原動力は埋没費用の誤謬であり、開発者はそのことをわきまえている。ファームヴィルは無料のゲームで、初めてログインしたときは草地に運ばれ、一時停止状態のやる気満々の若い農夫を上から見おろす格好になる。農夫の意志はユーザの意志であり、農夫の世界はからっぽで、ただ耕されるのを待っている土地と、収穫されるのを待っている野菜があるだけだ。試しにいろいろやってみるうちに、ゲームのデザイナーがあの手この手で画面に目を向けさせようとしているのを感じる。それもまったく押しつけがましくなく、気がついたら嵌《は》められていたみたいなやりかたで。みんなあなたの選ぶことです、と言っているかのようだ。先に進むよう強制する人はいない。ほら、豆がもう収穫できますよ。ねえ、種をまいてみませんか。ほら見て、そろそろあのあたりは耕せますよ、もちろん気が向いたらですけどね。進行状況を示すバーが現われ、それが見る見る埋まっていく――アーリア人種ふうで、わざとくしゃくしゃの髪をした笑顔のアバターが、電子のつなぎを仮想的に汚すのを見守るうちに。陽気な曲――旧西部《オールド・ウエスト》のピアノ演奏者を生き返らせて、その頭脳から不器用に抽出した記憶のサイボーグ的解釈のような――がいつまでも鳴りつづけている。曲のループの先頭がどこなのか、いくら聞いていてもわからない。

数分もすると、最初の畑でできることはなにもかもやり尽くしてしまう。しかし、画面じゅうにさまざまなヒントが出ているから、種子を上手にまきさえすれば、いずれテキサスの牧場規模の巨大農場の、それも完全無欠に機能するやつを生み出すこともできそうだ。先を続けるには少なくとも一時間かそこら待たなくてはならないとわかると、あちこちクリックしてみて、自分がコインとキャッシュを持っていることに気がつく。これを使えば樹木や野菜や種子、見て楽しいかわいいデザインの動物たち、さまざまな衣服、道具、建物や家具調度などが購入できるらしい。ただしゲームを始めた時点では、カラメルがけリンゴのなる木か蜜蜂を買えるていどのお金しかなく、ピンクのトラクターとか魔法の滝のようなすてきなアイテムは、しばらくゲームをプレイしてからでないと購入できない。つねに注意を怠らず、イチゴがそろそろ熟れごろではないかとか、迷った動物が飼い葉桶に餌を食べにきていないかとか、毎日何度もチェックしに来ていれば、さらに仮想のお金を稼ぐことができ、レベルがあがって、いろいろなアイテムが購入できるようになる。さらにレベルをあげるには、また種をまいたり耕したり収穫したりしなくてはならないが、そのほとんどがさらなる投資となって、なにかを収穫することになる……またしばらく待ってから。

これがファームヴィルを支える強い力だ。ファームヴィルをプレイするのは、仮想世界の生物を引き受けることであり、世話を怠れば報いを受けることになる。戻ってこないとそれまでの投資がむだになり、時間と仮想のお金と努力をどぶに捨てたように感じられる。だから戻ってこなくてはならない。時間といま使っている仮想のお金が生む報酬を、ときには何日もあとに刈り取るために。戻ってこなければその報酬が得られないだけでなく、投資を失って損をすることになる。人は損をしたと感じたくないから、ファームヴィルに現実のお金を注ぎ込んだり、広告をクリックしたりアンケートに応えたりすることで、世話を怠ったつけを帳消しにしたり、枯れた作物を生き返らせたり、予定より早く農地を広げたりする。また友人たちに協力を求めることもできる。このゲームは〈フェイスブック〉のすみずみにまで巻きひげを伸ばしているのだ。

こういう戦略はどれも、数日間は**誤謬**を抑え込むことができるが、それと同時に肥え太らせることにもつながる。予定どおりにゲームを進めたい、農地をうまく運営したいという衝動は、投資をすればするほど、友人に協力を求めれば求めるほど強くなっていくからだ。作物を枯らさないように、目覚ましをかけて真夜中に起きたりするようになる。楽しいからではなく、いやな思いをしたくないから、人はファームヴィルをプレイしつづける。収穫しているのは作物ではなく誤謬なのだ。戻ってきてクリックするのは、そうしないと心のなかのダムが決壊して、不快なもの——失って二度と取り返せないという気持ち——があふれ出すからなのである。

ファームヴィルは成功を収めたと言ったら、それはあきれるほど控えめすぎる表現だ。なにしろ、エンタテインメントの新ジャンルをひとつまるごと生み出したのだから。ソーシャルゲームは何億ドルもの利益を生み出している。そして儲かるビジネスはたいていそうだが、人間行動の予測可能な弱点につけ込んで、だれかが安心安全に利益を得ているのだ。ファームヴィルのプレイヤーは、埋没費用の穴にはまり込んでいる。すでに使った時間やお金は二度と取り戻せないのに、損失の痛みを避けるため、そして損失がもたらす不愉快な感情を避けるために、人はゲームを続けるのだ。

ファームヴィルをプレイしたことがない人でも、これまでの人生で同様の経験をしたことはあるだろう。たとえば続ける気のない勉強とか、やめたいと思っている仕事とか、うまく行かないとわかっている交際とか。それにしがみついていたり何度もやりなおそうとしたりするのは、よい経験をしたいからでも、楽しい思い出を作りたいからでもない。時間や努力やお金など、それに注ぎ込んできたものがすべてむだになったと認めて、いやな思いをしたくないからなのだ。

クルーズ船の船べりから携帯電話を落としてしまったら、それを見つけるにはジェームズ・キャメロンの無人潜水艇〔映画監督ジェームズ・キャメロンは、潜水艇から送り出される無人探査機を使って沈没船タイタニック号の内部を調査した〕が必要になるだろう。たしかに、ひと財産使う気があれば取り戻せないこともないが、そんなむだ金を注ぎ込もうという人はいるまい。こんなふうに理路整然とわかりやすく説明されれば、自分で自分の背中をぽんと叩いて、分別のある人間でよかったと思うこともできる。だがあいにく、人生で生じる埋没費用はつねにこれほどわかりやすいとはかぎらない。なにかが永久に失われたとき、それに簡単に気がつくとはかぎらないのだ。過去は海底ほどわかりやすい対象ではないが、たどり着けないのは同じだ。過ぎ去ったものは、海に沈んだものと同じように取り戻すことはできないのである。

埋没費用は戦争を引き延ばし、オークションで価格を釣りあげ、失敗した政策を延命させる。埋没費用の誤謬によって、人は満腹になったあとも食事を続ける。もう欲しくもなく使いもしないもので家をいっぱいにする。ガレージセールはすべて、だれかの埋没費用の葬式だ。

入れ込みかたがエスカレートしていくさまを言うさいには、埋没費用の誤謬を**コンコルド錯誤**と呼ぶこともある。これは、初の商業的超音速旅客機の建造に由来する語だ。早い段階で失敗が予想されていたにもかかわらず、このプロジェクトは続行された。関係者全員の投資が積み重なって巨大な心理的重荷となり、思慮分別の声を圧殺してしまったからだ。信じられないほどの金銭的、労力的、時間的損失を出して、それでもプロジェクトは中止されなかった。

これは高貴な、人間のみに見られる性質だ。この最後までがんばり抜きたいという願望、途中であきらめるものかという意志——研究によれば、下等な動物や幼い子供はこのような誤謬に陥ることはないそうだ。羽虫や毛虫、ネズミやアライグマ、よちよち歩きの幼児や悪ガキ——かれらは自分がどれだけ投資してきたか気にせず、なにがどれだけ無駄になるかも考慮しない。たんに目の前の損と得しか見えないからだ。人間のおとなには、反省と後悔という能力がある。そして未来を予測することができる——自分の努力がむだに終わったこと、損失が二度と取り戻せないこと、それを認めざるをえない未来を予測し、そしてその事実を認めると、とてもつらい思いをするだろうと予測できてしまうのである。

16

過剰正当化効果

ウソ

The Misconception

×

好きなことをして報酬を得るぐらい、
この世にすばらしいことはほかにない。

ホント

The Truth

○

もともと好きでやっていたことで
報酬を得るようになると、
その対象への愛情が弱まることがある。
内側からの感情ではなく、外的な報酬が
動機になっていると認識されるようになるからだ。

金がすべてではない。金で幸福は買えない。他人の夢を生きるな。好きなことを見つけて、それで稼ぐ方法を探せ。

　この手の金言は、大金を稼いで退屈している世界じゅうの人々の集合的ため息から湧いて起こり、卒業式の祝辞や教会の説教で使われて定期的に磨きがかけられている。富、名声、地位――こういうものは手が届きそうで届かないところにぶら下がっていて、できるだけ身を乗り出して手を伸ばすようけしかけ、もっと長時間勉強し、もっと熱心に働くようけしかけてくる。すべてを犠牲にして金儲けに邁進するのは、人生で最も重要な目標ではないと言われると、それももっともだと人は思う。だからそれをリツイートする。紙に書いて壁に張る。転送して、また仕事に戻る。

　こういうことについて、科学で確実な答えが出ればいいのだが。こういう歩くグリーティングカードみたいな人々が配ってまわる知恵は、まあたいへんけっこうではあるが、実際にお金について研究してみたらどうだろうか。ほんとうに、お金で幸福は買えないのか。二〇一〇年、まさにこの問いに対する調査結果が発表された。

　ダニエル・カーネマンとアンガス・ディートンが『米国科学アカデミー会報』に発表したこの調査は、無作為に抽出された五十万人近くのアメリカ人について、生活と収入を分析したものだった。被験者の生活をくわしく調べ、心理学者の言う**感情的満足**の指標を探したのだ。臨床的用語で言えば、「喜び、ストレス、悲しみ、怒り、愛情」のような感情の山や谷をどれぐらい頻繁に感じるか、また日々どの程度強く感じるか、ということだ。言い換えると、一定の期間内に人々がどれぐらい幸福と不幸を感じているかということを、その人がどれぐらい稼いでいるかということと対比して分析したのである。さらに言えば、被験者が一貫して生の豊かさを経験できているか、詩的に言えば人生の真髄を味わっているかをチェックしたわけだ。

その結果、金銭はたしかに日々の幸福を大きく左右する要因であることがわかった。まあ驚くようなことではない。平均的に言って、衣食住をまかない、そのうえに娯楽に使ったり、たまには〈アップル〉の製品を買ったりできるぐらいは収入が必要だ。しかし、国じゅうの上流階級がトップハットの頭をひねることになったのは、ある一定水準を超えると幸福度は横ばいになるという結果が出たからだ。金がもたらす幸福はどんどん大きくなっていくわけではなく、あるところまで行くとそれ以上増えない。金がないと不幸になるのはたしかだが、ありすぎてもその逆の効果が得られるわけではないらしい。

この調査によれば、現代アメリカで毎日幸福に過ごすため、つまり感情的満足を経験するために必要な収入は、平均して年におよそ七万五千ドルである。しかしこの一線を超えてさらに収入が増えても、「幸福、楽しさ、悲しみ、ストレスの度合いにはなんの関係もない」という。つまり、平均して年に二十五万ドル稼いでも、年に七万五千ドル稼ぐ人より感情的な満足度は大きくならないし、日々よけいに幸福を感じられるわけではないのだ。ケンタッキー州ではこの額はもう少し少なく、シカゴではもう少し多くなるが、ここで肝心なのは、金銭的幸福に上限があることを示す証拠が見つかったということである。超大富豪は自分たちのほうが幸福だと思うかもしれないし、多くの人もそう思うかもしれないが、それはどちらも錯覚なのだ。

いまそれだけのお金を持っていない人なら、収入が増えれば生活はよりよくなり、より幸福な日々を送れるようになる。しかし、今月の水道料金の支払いを心配することなく、毎週火曜日の夜は〈レッド・ロブスター〉に行けるぐらいになったら、もうそれでじゅうぶんだ。あるいは、ヘンリー・デイヴィッド・ソローがかつて言ったように、「人の豊かさは、放っておいて大丈夫なものごとの数に比例する」。現代の合衆国では、たいていのものごとを放っておいて大丈夫になるためには、カーネマンとディートンの調査によれば、およそ年に七万五千ドルあればじゅうぶんということだ。

信じられないと思うかもしれないが、そう思うのはあなただけではない。コーネル大学は二〇一一年、収入が増えるのと睡眠時間が増えるのとどちらがよいかとアメリカ人に尋ねる、という調査をおこなった。すると、ほとんどの人が収入が増えるほうがよいと答えているのだ。年収八万ドル、残業なし、夜は約八時間睡眠という生活と、年収十四万ドル、つねに残業あり、夜の睡眠時間は六時間という生活のどちらがよいかと尋ねると——大多数の人は収入が多いほうを選んだ。これは残念なことだ。なぜなら、紙のうえではよく見え、心のうちでもそのとおりと感じるにもかかわらず、研究結果はそれに合致しないからである。なんど確認しても、科学の答えは同じ——基本的なニーズが満たされてしまうと、お金もその他の報酬も人をそれ以上に幸福にすることはできない。**過剰正当化効果**という心理学のお宝について知れば、その理由がよくわかるはずである。というわけで、ここで一九七三年に旅することにしよう。ある心理学者のグループが、科学の名において子供たちのお絵描きの喜びを台無しにした——それが、この一九七三年のことである。

二十世紀を通じて心理学は科学の一部門として認められていき、それと同時に大学の講堂から多くの心理学者が姿を現わした。かれらは名士の地位にのぼりつめ、人類の横面に科学の平手を食わせていった。人々が無意識という概念を知り、また欲望と恐怖という移ろいやすい隠れた世界について知ったのは、ジギスムント・フロイトの力だ。カール・ユングのおかげで、元型、内向的、外向的という概念が広く一般人の語彙に含まれるようになった。アブラハム・マズローは、ハグとセックスを含む欲求の段階を教えてくれた。ティモシー・リアリーはハーヴァード大学の学生にマジック・マッシュルームを食べさせ、ある世代の全員に対し、LSDを使って「スイッチを入れ《ターン・オン》、波長を合わせ《チューン・イン》、脱落せよ《ドロップ・アウト》」と提唱した。ほかにもおおぜいいるが、一九七〇年代の心理学のロックスターと言えば、それはB・F・スキナーだ。スキナーと彼のボックスは一九七一年の『タイム』誌の表紙を飾ったが、その写真の上には「人に自由はない」という不吉な宣言が書かれていた。

彼の行動主義に関する研究は大衆の意識に浸透し、彼は自分の名声を利用して、自由意志など存在しないと大衆に納得させようとがんばった。スキナーの原理はだれしも目にしたことがあるはずだ。「スーパーナニー〔独自の手法で行儀の悪い子供をしつけなおす超有能なナニー（子守）。もとは英国のリアリティ番組〕」や「カリスマ・ドッグトレーナー〔超有能な犬の調教師。米国のリアリティ番組〕」は、望ましい行動には褒美を与え、そうでない行動には罰を与えるか無視する——そして驚くべき成果をあげている。スキナーは、命令どおりに鳥に8の字を描かせ、誘導ミサイルを案内するよう訓練した。また、そのなかに入れると赤ん坊がまったくむずかることがないという、環境を完璧にコントロールしたベイビー・ボックスを発明した。彼が生み出したティーチング・マシンは、今日のユーザー・インターフェースにいまも影響を与えている。しかし、彼はまたロマンチックな世代の人々を震えあがらせた。自由を求めても、それは幻想かもしれないというのだから。

スキナーによれば、人間の思考や行動はすべて刺激への反応、つまり条件づけられた応答にすぎない。スキナーの意見を受け入れるということは、自分のすることはすべて、報酬を求めるか罰を回避するための行動の一部だと信じることである。人生とは、進化の途上で選択的に排除されてきた奇癖と欲求の山でしかなく、それがプログラミングされた興味や恐怖で味付けされているだけだ。自由意志などというものは存在しない。手綱をとっている者などいない。

そういうものは幻想であり、自分の行動や思考を観察している複雑な神経系の副作用である。このような考えに基づき、スキナーはこう提唱した——人類はまず目標を設定し、その目標に向けて正の強化により人々を条件づけし、それによって社会を建設すべきであると。スキナーは人間というものを信用していなかった。人間は怠け者で強欲で暴力的であり、制度や階級闘争や流血を通じて、地位を求め強化しようとする傾向がある。人間に自由を与えてはいけない、と彼は世界に訴えた。心理学によって、プラスの目標に向けて人々を条件づけするシステムを設計すれば、全人類に可能なかぎり最高のクォリティ・オブ・ライフを提供できると。

これは想像がつくと思うが、人間には魂などない、つまり少なくとも特別なひらめきなどないという宣言は、人々を大いに驚愕させた。人は化学反応と物理法則の組み合わせにすぎない、山腹を転げ落ちる岩や、日光と二酸化炭素を木質に変える樹木となんら変わるところはない、という説には多くの心理学者が抵抗した。スキナーは、人の頭のなかで起こっていることにはなんの意味もないと主張した。行動や思考、感情、信念などなどを決定するのは環境であり、頭の外側にあるものなのだと。これは多くの人々にとって大胆不敵で恐ろしい主張であり、科学界はこれを粉砕すべく仕事に取りかかった。

心とは、たんに報酬と罰に対する反応の山にすぎないのだろうか。そこを調べようとした人々に、心理学者のマーク・レッパー、ダニエル・グリーン、リチャード・ニスベットがいた。三人は、思考について思考することは、行動主義者が言うより大きな役割を果たしているのではないかと考えた。かれらは著書 *The Hidden Costs of Reward*（報酬の隠れたコスト）において、ある実験――いわゆるスキナーの「長い影」の下から、心理学を引っ張りだすのにとくに役立った――についてくわしく述べている。

一九七三年、レッパー、グリーン、ニスベットの三人は、幼稚園――いつもマカロニでお絵描きをしたり、紙袋でベストを作ったりしている――の教諭たちに相談を持ちかけた。自由時間に、園児たちに自分で好きな遊びを選ばせるようにしたい。そしてそのあいだ、マジックミラーの陰からその様子を観察し、メモをとろうというわけだ。教諭らは同意し、心理学者らは観察にとりかかった。実験を進めるには、もともとお絵描きが好きな子供たちが必要だったのだ。そこで、自分から好きこのんで、自由時間に線を引いたり色を塗ったりする子供を探したわけである。絵を描くのが好きな子供たちを特定したところで、心理学者たちは自由時間じゅうかれらを観察し、あとあと比較するために、どれぐらいの時間、どれぐらい熱心に絵を描いているか評価した。

次に、その子供たちを三つのグループに分けた。Aグループには、次の自由時間にも絵を描いたら立派な表彰状を与えると約束した。Bグループにはなんの約束もしなかったが、このグループの子供がたまたま自分から絵を描いたら、Aグループに与えたのと同じ表彰状を抜き打ちで与えた。Cグループにはあらかじめなんの約束もせず、またその子供たちが色鉛筆やマーカーを手にとってもなんの賞も与えなかった。そのうえで、子供たちが自由時間にどう行動するか、その後三日間にわたって観察した。賞を授与し、観察を終了して立ち去った。そして二週間後に戻ってきて、実験開始前と同じように子供たちがどんな遊びを選択するかを見守った。三つのグループ、三種の経験、さまざまな遊び――子供たちの感情はどんなふうに変化しただろうか。

結論を言うと、BグループとCグループにはまったく変化はなかった。かれらは絵の道具に引き寄せられ、怪獣や山の絵を描き、四角い煙突からもくもく煙の出る家の絵を描いて、心理学者と会う以前と変わらず楽しんでいた。しかしAグループは違った。いまではかれらは別人になっていたのだ。Aグループの子供たちは、絵を描く時間がほかの子供たちより「顕著に短くなった」。そして実験以前にくらべると「絵を描くことへの関心が顕著に小さくなっていた」。なぜこんなことに?

Aグループの子供たちは、過剰正当化効果によって圧倒され叩き伏せられ、喜びをねじ曲げられていた。かれらが自分に語って聞かせる物語は、ほかのグループの物語とはべつものになっていたのである。自己認識理論によれば、人は自分の行動を観察し、そののちに事後的に、その行動を説明する物語を作りあげる。それは真実に近いときもあるが、ときには体裁のよい作り話――自分が自分であることに満足できるような――のこともある。たとえば、ベンジャミン・フランクリン効果についての〈スタンフォード大学〉の実験を思い出してみよう。この実験では、被験者は木片を一時間まわして報酬をもらうことになっていた。たっぷり報酬をもらった人もいれば、雀の涙しかもらえなかった人もいるが、そのどちらもこの経験について他人に嘘をつくよう求められ、その後に正直にこの経験を評価することになった。報酬がごく少なかった人は、この実験はすばらしかったと評価した。じゅうぶんな報酬を受け取った人は、恐ろしくつまらなかったと評価した。どちらのグループも事後に他人に嘘をついたが、じゅうぶん報酬をもらった人には正当化の根拠があり、外的な報酬にその理由を求めることができた。だがもういっぽうのグループにはなんの安全ネットもなく、外的に正当化をおこなうすべはなかったため、内的な正当化に慰めを見いだしたわけだ。思い返してみたら、けっこう楽しかったじゃないか、と考えたわけだ。思い出してもらったところで、これを過少正当化効果と呼ぼう。こちらが「陽」なら過剰正当化は「陰」である。学生たちは、受け取った報酬の額に応じて――つまり、自分の動機が外的なものか内的なものかに応じて、異なる物語を作りあげた。人は根本的なレベルでは、自分が選んだほとんどすべての行動について、内的または外的な目標を動機としている。

内的動機は自分の内側から発している。ダニエル・ピンクがすぐれた著書『モチベーション

3・0』で説明しているように、よく動機になるのは熟達と自律性と目的だ。人は、それで自分が満足を得られるからというだけでなにかをすることもある。また、なにかをうまくできるようになってきたと感じるからということもあれば、自分で自分の運命を決めていると感じられるからとか、大きな計画のなかである役割を果たしていると感じられるから、社会の役に立っていると感じられるから、ということもある。内的報酬とは、自分が自分であることの価値を自己にも他者にも実証することだ。これは漠然としていて、数量化はむずかしい。グラフにすれば、無限に続く長い斜めの線になる。この内的報酬によって、人はすばらしいチェリストになろうと努力したり、カリスマ性のある政治家のキャンペーンにボランティアで参加したり、〈マインクラフト〉で〈エンタープライズ〉号を作ったりするのだ。

外的な動機は外側から発する。これは目に見える形の安ぴかものであり、目に見える行為に対して手渡されるものだ。たいていの場合、仕事を始める前からそれは人の外側に存在している。この種の動機には、たとえばお金や賞品や成績などがある。また罰の場合は、自分の好きなものを失うか、あるいは好きでないものを押しつけられる見込みがそれにあたる。外的動機は数量化が容易で、棒グラフで表わしたり、計算機で合計したりできるものだ。家賃ぶんを稼ぐために、夜勤を引き受けて超過勤務手当をもらう。医者になるために長時間勉強して、のどから手が出るほど欲しかった称賛の言葉を父親からかけてもらおうとする。クリスマスパーティであのパンツをはけるように、勧められたチーズケーキを断わる。その報酬が、いましていること——腹筋運動とか、スプレッドシートを使うとか、制限速度を守るとか——をしている唯一の理由だと自分で自分に認めることができるなら、それはおそらく外的動機と言ってよいだろう。報酬が内的か外的かということは、人の物語の設定を決定するのに役立つ——つまり市場的な価値か、精神的な価値かということだ。ダン・アリエリーがその著書『予想どおりに不合理』で書いているように、人は無意識に自分や他者の行動を、社会的規範または市場の規範によって評価する傾向がある。友人の引っ越しをただで手伝うのは、友人の引っ越しを五十ドルで手伝うのとは感じかたがちがう。デート相手とよく知りあい、夜更かしをしていっしょにバタースコッチ・クレープを作り、『ブレイキング・バッド』と『ザ・ワイヤー』〔どちらも米国のテレビドラマ〕の違いと類似点について語りあったあと、同じベッドにもぐり込むのはすばらしい経験だが、ことのあとで彼が百ドル札を放ってよこし、「すごくよかったよ」と言ったとしたら、市場の規範の恐ろしい重みで押しつぶされたように感じるだろう。社会的規範による支払いは内的なもので、したがって物語は過剰正当化効果の影響を受けることはない。その種の支払いは称賛や尊敬、達成感とか仲間意識とか愛情という形をとる。市場の規範による支払いは外的なものだから、物語は過剰正当化に左右されやすい。市場の支払いは測定可能な形をとり、したがって人の動機も測定可能なものになる。それ以前は、漠然としていて解釈しだいで合理化が容易だったのに。

この実験の子供たちが絵を描くことへの情熱を失ったのは、報酬を受け取ったからではなく、心理学者たちと取引をしたせいだ。同じ賞をもらったにもかかわらず、Bグループの子供たちは絵を描きたいという気持ちを失っていない。賞品のせいではなく、なぜこれを選んだのか、なぜあれをしたのかという、自分で自分に語って聞かせる物語のせいなのだ。

実験のあいだ、Cグループの子供たちは、絵を描くのが好きだからこの絵を描いているのだと思っていただろう。Bグループの子供たちは、自分の好きなことをしていたら賞をもらっちゃった、と思っただろう。しかしAグループの子供たちは、賞をもらうために絵を描いたと思っていた。三つのグループの子供たちはみな同じ活動をしようとしたが、そのときAグループはほかのグループとは異なるメタ認知〔自分の心理過程の認知〕、疑問、重荷に直面していたのだ。

なんの報酬も得られないとき、子供たちは自分はなぜ絵を描くのかと自問する。自分の気持ちを考えることはものごとを変化させるのだ。外的報酬は人の物語をぶち壊しにしかねない。レッパー、グリーン、ニスベットが書いているように、「最初はある活動に興味関心があった場合でも、その活動に従事することの有用性――なにか隠れた目的を実現する手段としての――が明らかにわかるような条件のもとで従事させられると、以後その活動への内的関心が減退することがある」。言い換えれば、好きなことをすることで報酬を約束されてそれに同意すると、それを続けるのはそれが好きだからか、それとも報酬のためかとあとで疑問を抱くようになる、ということだ。

一九八〇年、デイヴィッド・ローゼンフィールド、ロバート・フォルジャー、ハロルド・アデルマンは、過剰正当化効果を打ち負かす方法を明らかにした。報酬――給料、ボーナス、昇進などなど――を、割り当てや仕事の出来高に基づいて支払うのでなく、能力に対して支払う雇用主を見つけるのだ。三人は実験に参加する被験者に対し、この実験の目的は、生徒の語彙力を高める楽しくて興味深い方法を見つけることだと伝えた。被験者はふたつの大グループに分けられ、さらにその大グループはそれぞれふたつの小グループに分けられた。いっぽうの大グループでは、ゲームの成績に対して報酬が支払われる。もういっぽうの大グループでは、仕事の出来高に対して報酬が支払われる。被験者はそれぞれ、点ではなく文字の書かれた二十六個のさいころと、無作為に十三個の文字の書かれたインデックスカードの束を渡される。被験者はタイマーのボタンを押し、さいころを使ってカードの文字から単語を作る。九つの文字を使って単語を作るか、作れなくても一分半経ったら、次のインデックス・カードに移る。これを実験が終わるまでくりかえすのだ。むずかしいが面白く、続けているうちにだんだんうまくなってくる。

能力に対して報酬が支払われる大グループでは、小グループAは平均よりどれぐらいよい点数がとれたかに基づいて報酬を支払うと言われる。小グループBは平均と比較するとは言われるものの、報酬についてはなんの話もされない。仕事量に対して報酬が支払われる大グループのほうでは、小グループCはパズルを完了するごとに報酬が増加すると言われ、小グループDは時間決めで報酬が支払われると聞かされる。ゲームが終わったあと、心理学者らは被験者の点数を集計するふりをし、小グループAとBに成績を伝える。実際にはどれぐらいできていたかに関わりなく、小グループAとBのそれぞれ半数には、成績はよくなかったと言い、残り半数にはとてもよい成績だったと言う。小グループCとD——出来高に対して支払われるグループ——も同じく半々に分けられ、半数は低い報酬を、半数は高い報酬をもらう。その後被験者はアンケート用紙を埋めるよう言われ、さいころとカードのある部屋に三分間ひとり放置される。真の実験が始まるのはこのひとりの時間である。心理学者らが知りたかったのは、被験者が楽しみのためだけに自分からこのゲームを始めるかどうか、始めたとしてどれぐらいの時間続けるかということだった。

小グループAとBの被験者、すなわち平均以上の成績に対して支払われた人々は、自分からゲームを始めて二分間以上続けたが、あまりできがよくなかったと言われた人はややその時間が短かった。小グループCおよびDの被験者、すなわち仕事量に対して支払われた人々は、成績グループにくらべて楽しみのためにゲームをする時間が短かったが、支払われた額の少ない人のほうがその時間は長くなる傾向があった。

この実験結果からわかるのは、能力や成績に基づいて報酬を与えられると、その理由がはっきり伝えられているかぎり、報酬は内的正当性というわくわくする喜びを生み出すということだ。また、その報酬が高ければ高いほど喜びは大きく、これからもがんばろうと思いやすくなる。そのいっぽう、たんなる労働力として報酬を与えられていて、どんなに優秀でもどんなに成果をあげても無関係となると、わくわく感が生じることはない。このような条件下では、報酬が多くても成果は大きくならず、よりよい仕事をしようと努力する気にもならない。全体的に見てこの実験からわかるのは、報酬は人の動機にならないということだ。例外は、その報酬によって自分が有能であると感じられる場合のみである。つまり、お金だけではだめなのだ。ただお金をもらった場合は、自分がいっしょうけんめい仕事をした理由を自分に説明するとき、思いつく答えは「そのぶんお金をもらったから」だけになってしまう。強制された、お金でやらされた、と感じるようになる。心理学者の言う**達成感のフィードバック**がなければ、自分をすごいやつとして描けるような物語を自分に語ることができない。割当や超過勤務や時給は、有能さを示す指標にならない。具体的な数値をクリアしたとか、数量化できる目標を達成したとかでボーナスをもらうと、自分が機械になったように感じる。よくできたことに対してではなく、ゲームを完了したことに対して報酬を支払うと、人はそのゲームに対する興味を失ってしまう。お金を払って子供たちに絵を描かせると、楽しみだったものが仕事に変わる。賛辞その他の称賛に加えて報酬を受け取り、自分の達成したことに喜びを感じられれば、それは強力な動機付けになる。ただし、それはその賛辞や報酬が予想外だった場合のみだ。予想外であれば、人はいままでどおりの物語を自分に語りつづけることができる。予想外であれば、その動機が内側から来ると説明しつづけることができるのだ。

生活のためにやっていることをやっている理由について、自分で自分にどう説明しているか考えてみよう。その物語は、過剰正当化効果にどれぐらい影響されやすいだろうか。

たとえばこんなふうに説明している人もいるだろう――仕事は目的のための手段にすぎない。仕事に行けば給料がもらえる。労力とひきかえに衣食住を手に入れ、たまには〈エッツィー〔主として手作りの品を販売するオンラインマーケット〕〉でスチームパンクなTバックを手に入れたりもできる。仕事は楽しみではない。仕事は請求書を片づける手段だ。楽しみは仕事とはべつの場所にある。そんなふうに思っているなら、物語が危険にさらされることはない。そういう環境ではスキナーの前提は正しい。つまり、給料をもらいつづけるのに必要なだけ、人は熱心に働くということだ。報酬があがるなら、こういう人はさらに熱心に働くだろう。

しかし、こんなふうに説明している人もいるかもしれない――私は仕事が好きだ。この仕事は人々の暮らしを変える。世界をよりよい場所にする。この分野で私は少しずつ腕をあげ、問題をどう解決するか選択できるようになる。上司は私の努力を評価してくれ、私を頼りにしてくれ、称賛してくれる。こういうシナリオを書いているなら、報酬は仕事の邪魔になる。カーネマンとディートンの幸福に関する調査が示しているように、毎日幸せに暮らせるだけの収入が確保されたら、お金以外の動機が必要になってくる。カーネマンとディートンの調査からわかるのは、ベッドと水道と電子レンジのポップコーンを手に入れてしまったら、追求する価値のある物質的報酬は、感謝のしるし——功績の象徴、自分や他者に自分の効力を実証するもの——のみになるということのようだ。地位や学位、勲章、トロフィー、ノーベル賞、アカデミー賞——これらは人の能力を手っとり早く示す指標である。このような報酬は人の内的動機を強化する。自尊心を高め、自己効能感を強化する。現実世界でレベルアップしたことの証拠となり、目標《アチーヴメント・アンロック》は達成されたという証拠になる。自分に語って楽しい自分の物語を作りあげるのに役立つわけだ。

　過剰正当化効果は、それでなくても壊れやすい物語を壊してしまう。どんな人生を送りたいかちゃんと考えていない場合はとくにそうだ。ただでもやっていたようなことをお金をもらってやることに同意すると、面白いからでなく儲かるからやっていると考えるようになる恐れがある。条件づけはうまく行かないだけでなく、人の心を汚染する危険がある。がんばっているのは報酬のためで、好きだからではないと思い込む危険をおかすことになるのだ。そうなると、未来に情熱を生み出すことができにくくなる。自分の行動をふり返り、それを内的動機によって説明するのがしだいにむずかしくなっていく。数字にできないものが〈ターボタックス〔所得税申告書作成用ソフトウェア〕〉に入力できるものに変貌してしまうと、好きだったことがつらい労働に化けてしまいかねないのだ。

17

自己高揚バイアス

ウソ

The Misconception

×

人は自分の長所と短所を現実的に評価し、それに基づいて達成可能な目標を設定する。

ホント

The Truth

○

人は正気を保ち、絶望を避けるために、自分の能力について非現実的な見かたを守ろうとする。

できるだけ深く息を吸ってみよう。
いや、本気でやってみて。ほら、できるだけ深く深く息を吸って。
そのままそのまま。がんばれ、もうちょっと。よし、それじゃ吐いて。

これ以上はもう入らないと思うぐらい、大量に息を吸い込んだと感じただろうか。では、今度は深く息を吸ってから、できるかぎり吐き出してみよう。どんどん吐いて。もっともっと――身体じゅうから絞り出せるだけ絞り出して。よし、それじゃひと息ついて、あたりを見まわしてみよう。救急車か警察を呼ぼうとしている人がいるかもしれないから。

これまで生きてきて、肺を満タンにするのも完全に空気を抜くのも不可能だと、ある時点で気づいたことがあるかもしれない。そういう面では、人は自分の身体を完全にコントロールすることはできないのだ。脳は人を信用していないから、こんな重大なことを任せっきりにはしない。人が思いつきでじかにインプットしなくても、ほとんどの臓器は勝手に自分の役目を果たしているが、これはそう悪いことばかりではない。しょっちゅうレストランに携帯電話を忘れてくる人に、膵臓の鍵を渡すのはあまりいい思いつきとは言えないだろう。身体じゅういたるところで渦を巻き、回転し、流れている何兆億もの処理のうち、人が自分で台無しにできるのはごく一部だ。そんな部分的にコントロールできる処理のひとつが呼吸だが、たいていはその呼吸も自動システムに任されている。とはいえ、それを手動に切り換えて、なにかの本にそう書いてあったからという理由で息を止めようとしたり、完全に吐ききろうとしたり、そんなばかなまねを人が始めたときのために、行動上の安全装置が用意されている。空気を詰め込みすぎて肺胞を破裂させたり、息を吐き切ろうとしてその小さな袋を完全にぺしゃんこにしてくっつかせたりしないように予防線が張ってあるわけだ。脳のなかには呼吸抑制モジュールがあって、人が自由意志で肺に損傷を与えないよう見張っている。いや、もちろんほんとうにそんなものがあるわけではないが、あると想像すればなにかとわかりやすい。いずれにしても結果は同じなのだから。

人の身体はまた、過度な自己不信にも抵抗する。現実という巨大なブーツに踏みつぶされそうになると、一連の防衛機制によってそれを押し戻そうとするのだ。肺から完全に空気を吐き出そうとしても、呼吸抑制モジュールによって身体が抵抗するのと同じように、一種の絶望抑制モジュールのおかげで人は生きる意欲を失わずにいられる。このモジュールはかなり複雑な精神的機械で、心理学者の言う**肯定的幻想**が詰まっている。この幻想が抑制と均衡のシステムとして、つねにバックグラウンドで機能しているのだ。これらがすべて合わさってできあがっているのが、人の**自己高揚バイアス**である。人はそのバイアス——バラ色の眼鏡を通して自分の姿を見ているのだ。

この肯定的幻想が心理学者のあいだで知られるようになったのは、一九八〇年代にシェリー・テイラーとジョナサン・ブラウンがおこなった癌患者の研究からだった。それ以前は、認識や認知が正確であればあるほど人は幸福になれる、というのが精神衛生分野での大前提だった。それが人間性心理学者のお題目だったのだ——アブラハム・マズローの欲求段階説でも、カール・ロジャーズの来談者中心療法でも。マズローとロジャーズは一九四〇年代から五〇年代にかけて、人間はたんなる肉の分子の集まりではないと考えたい人々のヒーローだった。かれらの考えでは、人の心を生物学的機械と見なすのはまちがいであり、ねじやギヤのレベルで修理・改良できるというアプローチをとるべきではない。かれらが唱導したのは精神衛生に対する全体論的なアプローチであり、それは今日でも社会全般の意識にしみ込んでいる。それによれば、人は自己意識を持ち、自己を高めたいと欲する生物である。その目標を達成するためには、まず生物学的なニーズを満たすことが必要だが、そういう基本的なニーズが満たされたら、最後のハードルはできるだけ最高の自分自身になることだ。この最後の目標を自己実現と言い、その状態になると人は自己にも他者にも完璧に正直になれるという。ロジャーズは、自分をどう見ているかということと、ほんとうの自分はどうかということとのギャップを不一致と呼んだ。そして、自己一致に近づけば近づくほど、つまり自分の主観的経験と現実の差が小さくなればなるほど、人は幸福になれると考えた。自分の能力についてもう嘘をつくことはなくなり、欠点を隠さず、内観でも会話でも自分を完全にさらけ出せるようになるというのだ。

つねに現実主義の状態を維持すれば幸福になれる、というのは美しい思想だが、テイラーとブラウンの得た結論はそれとは正反対だった。ふたりの提唱した新説では、幸福は現実に対する非現実的な見かたから来るらしいのだ。不治の病や仕事のプレッシャーや思いがけない悲劇に襲われたとき、そのストレスを軽減してくれるのは楽観主義と錯覚であるという。途方もなく不正確な自己評価は、つらい時期を乗り越えるのに役立ち、明るい時期にはやる気を保つのに役立つ。実際、その後の研究でもかれらの主張は裏付けられており、自分自身を無慈悲なほど正直に見ている人より、自分の能力について非現実的な思い込みをしている人のほうが、ふだんの幸福度は高いことが示されている。うまく行っているときは自分のおかげ、つまずいたり転んだりしたときは他人のせい、そんなふうに考える人のほうがおおむね幸福なのである。

人の説明スタイルをグラフにすると斜めの線になる。いっぽうの端には真っ黒な泥沼があり、この位置にいる人は、人生についてもそこでの自分の立場についても、非現実的なほど悲観的な見かたをする。反対側の端にあるのは目がつぶれるほど眩《まぶ》しいお菓子の森で、この位置にいる人は、自分と自分の能力について人がどう見ているか、非現実的なほど楽観的な見かたをしている。このスペクトルの中間点の少し下に位置するのが、客観性という厳しい黄色い光で自分自身を見る人々だ。ここでは肯定的幻想は蒸発し、利己主義的バイアスから変異した認知の一族は根づくことができない。ここに生きている人は全人口の二十パーセントほどで、かれらの生み出す精神状態を、心理学では**抑鬱的現実主義**と呼ぶ。説明スタイルがスペクトルのこのあたりにある人は、しばしば中等度の抑鬱を経験しがちである。なぜなら、この世界をひどく恐ろしい場所とも、逆にうきうきのご機嫌な場所とも見ることができず、ただの場所として見るという不幸に取り憑かれているからだ。こういう人には奇妙な超能力——この世界の、ありのままに近い姿を見ることができる能力——がある。社会的現実をより正確にとらえるせいで、そういう人は不幸な気分になり、また周囲との違和感を覚える。これは主として、たいていの人は頭のなかに現実歪曲モジュールが組み込まれているからだ。ところが抑鬱的現実主義の人々は、こういうモジュールがもともと欠けているか、あっても機能不全を起こしている。この抑鬱的現実主義という説には否定的な意見もあるが、ここ数十年間の研究のメタ分析でも、この説の優位は揺らいでいないようだ。ただし、たとえバラ色眼鏡を持たないように思える人々でも、肯定的幻想がまったくない人はいない、ということもわかっている。すっかり縮んでかさかさの粒になっていて、やたら楽観主義的な人の巨大な錯覚眼鏡にくらべるとちっぽけに見えるかもしれないが、完全に消えることはない。人間であるということは、周囲の世界を理解し、それに影響を及ぼす自分の能力に対してありえないほど肯定的な見かたをするということなのだ。

テイラーとブラウンは幸福の研究に新しい側面を開き、人は幸福でいるために、大きく分けて三つの肯定的幻想に幻惑されていることを発見した。第一は**優越性幻想バイアス**で、これは非現実的なほど自己を肯定的に見ることである。第二は**コントロール幻想**で、これは日々出くわす混沌を処理する能力が自分にあると信じることだ。そして第三は**楽観性バイアス**で、そんなにすばらしいはずはないというぐらいすばらしい未来を予測してそれを信じることである。これらがどんなふうに作用するのか見ていこう。まずは優越性幻想バイアスから。

飛行機に詰め込まれたり、満員の地下鉄で他人とくっついていたりするとき、このなかでいちばん愚かなのは自分だろうと思ったことがあるだろうか。祝日間近のショッピングセンターで、人にぶつかられたり、子供が泣きわめいていたり、長蛇の列を作る不機嫌な買物客が怒鳴っていたり、電話——それも最新のヒット曲を呼出音に使っていたりする——に出て大声でしゃべっていたり、そんな環境のなかで、平均的な買物客と〈トリビアル・パースート〉をして負けるような気がするだろうか。大ヒット映画の初日はどうか。混んだ映画館の席に座り、義理の姉妹が痔の手術をしてね、なんて話を周囲の人がしているのを聞きながら、そういう人たちと自分を比較して、礼儀正しさや思慮分別の点で自分を平均以下だと思うだろうか。

こういう状況で、周囲の人々全員にＩＱテストを受けさせたとしよう。ほかの人々にくらべて、自分はどれぐらいの順位だと思うだろうか。かなり高いほう？　それとも低いほう？　いつもの朝の通勤時、同じ道路を車で走っている人々とくらべて、自分の運転能力はどれぐらいだと思う？　高校時代に同じクラスだった友人たちと料理の腕を比較したとして、それを一点から十点までの十段階で評価したとしよう。自分はどのへんに来ると思うかな。たいていの人は、自分は平均より少し上と考えるから、この想像上の実験では——自分の料理の腕が、実際にぜんぜんだめとかすばらしいとか知っている場合を除き——たぶん六点ぐらいと評価する人が多いだろう。

優越性幻想バイアスのおかげで、現実的分析という重荷に足をとられることなく、人は空港や映画館を歩いていける。これは脳の生み出す魔法だ。他者を見るときとはちがい、人は自分を見るときだけは肯定的で柔らかな光に照らして見る。だから自分はほかの人々とは異なるユニークな存在だと考え、ほかの人々はみんな似たりよったりでいささか没個性だと見なすことになりやすい。周囲の人々はなぜこんなに愚かなのだろう、どうしてこんな簡単なことがわからないのか、と不思議に思うことすらある。

たいていの人は、ほとんどの分野で自分は平均より少し上で、いくつかの分野では平均より大幅に上だと思っている。架空の平均的人間と自分とを比較するとき、ほとんどの面で人は自分のほうがすぐれていると思う。これは言うまでもないが、どこの空港や地下鉄や映画館やショッピングセンターに行っても、そこにひしめく人々は、皮肉にもたいてい同じように思っている。調査の結果からわかるように、平均的な人間は自分は平均的な人間ではないと考える。「たいていの人は頭が悪いが、自分はたいていの人とは違う」と思っているのである。

おもな肯定的幻想その二はコントロール幻想だ。この幻想のパワーについては、はるか心理学の黎明期から研究がおこなわれてきたが、記念碑的論文が出たのは一九七五年のこと。その論文でエレン・ランガーが示したのは、たとえ能力と運の違いをはっきり理解していたとしても、あとで考えるときはそれを区別しにくくなってくるということだった。ランガーは、被験者に賭博ゲームをしてもらうという実験をおこなった。あるゲームでは、ふたりの人が向かいあって腰をおろし、共通のカードの山から一枚とる。次に、少額のお金を賭けてカードを裏返す。カードの数の大きいほうが勝ちで、勝った人は自分の賭けた額を獲得する。しかし負けた人は、自分の賭けた額を研究者に支払わなくてはならない。被験者たちは知らないが、かれらの対戦相手はじつは俳優で、ある人のときは臆病者を、またある人のときは自信家を演じるよう指示されている。臆病な俳優は遅刻してきて、チックがあるふりをし、身体に合わないスポーツジャケットを着ている。いっぽう、自信家の俳優は時間どおりにやって来て、自分から会話を切り出し、身体に合ったジャケットを着ていて、早く実験を始めましょうよと自分から科学者たちに呼びかける。このカードゲームでは、どちらが勝ち、どちらが負けるかは完全にランダムである。純粋に運のみで決まるゲームなのだ。ところが、被験者は対戦相手が弱気だと思うと大きく賭け、自信たっぷりだと思うと小さく賭ける傾向があった。このゲームは完全に運しだいだから、どんなカードが出るかわからないのはちゃんと知っているのに、勝敗の見込みに対する被験者の自信は、対戦相手のことを強いと思うか弱いと思うかによって左右されるのだ。ほかに判断材料がないときは、自分のコントロール幻想を相手のそれと比較し、相手のほうが自信満々の幻想を持っていると思うと用心深くなるらしい。

べつの実験では、ランガーのチームは〈南ニューイングランド電話会社〉の昼休み中の人々に、新製品のマーケティング調査に協力してもらえないかと持ちかけている。依頼に応じた人々は、変わった科学的装置――大きな木の箱で、てっぺんに金属の帯が並行に走っている――のある部屋に通された。ここで被験者たちは、これは新しいゲームであると言われ、三本の金属帯のうち一本は、金属ペンで触れるとブザーが鳴るようになっているから、ゲームの目的はその帯を当てることであると説明される。あるグループの被験者は自分で金属ペンを持たされて帯の一本に触れ、そのペンを帯の端から端まで走らせる。三本の帯のうち一本だけが、触れたときに箱から音が鳴ると被験者は説明され、その帯は箱のなかの機械によってランダムに選ばれると言われる。べつのグループもまったく同じ説明を受けるが、ただペンを持つのは被験者自身ではなく、被験者が選んだ帯に研究者が金属ペンで触れることになっていた。どちらのグループも、さらにそれぞれふたつの下位グループに分けられていた。そしていっぽうのグループのときは、研究者らはまず機械を修理するふりをし、それがすむまでの数分間、被験者は箱をいじってみることを許される。それに対してもういっぽうのグループでは、即座に帯を選ぶように言われるわけだ。さてランガーは、金属帯を選ぶ直前に、ブザーの鳴る帯を当てられる自信がどれぐらいあるか、と被験者ひとりひとりに質問した。

その結果はというと、最も自信があると答えたのは、機械をいじらせてもらい、自分でペンを持たされた被験者だった。そして最も自信がないと答えたのは、自分ではペンを持たせてもらえず、さらに機械に触れるチャンスも与えられなかった被験者だった。結果は完全にランダムで、被験者もそのことはちゃんとわかっていたのに、直接触れられるかどうか、また謎の箱に事前になじんでいたかどうかで、被験者の自信は左右されたのだ。

肯定的幻想の例にもれず、コントロール幻想はなにがあっても消えない。人は、世界を押せば動かすことができると感じずにはいられないのだ。そんなふうに思えないと気力はたちまち萎《な》えてしまう。ランガーがのちの調査で証明したように、養護施設の入居者は、毎日なにをするか自分で選ぶことができず、自分の好きなように家具を配置することもできないと、寿命が短くなり、病気にかかりやすくなるのである。

第三の重要な肯定的幻想は楽観主義バイアスだ。この精神的特性のために、喫煙者は自分は癌にならないと思い、車を運転する人は暴風雨のなかスピードを出しても大丈夫だと思い、夫婦は白い垣根の自宅でともに老いて死んでいけると確信し、移民は不景気のさいに新しい事業を興《おこ》そうと能天気にがんばることができるのだ。統計的な確率がどうであろうと、これまでの人生で逆の例をどれだけ見ていようと、しまいにはすべてうまく行くと信じる傾向が人にはある。そしてそう信じなかったらどうなるかと考えると、このような人生観に異を唱えるのはむずかしい。しかしこのバイアスは、ほかの人々について考えるときには消えてしまう。自分の心臓は九十代までじゅうぶんもつと思っているのに、チキンフライドステーキ〔鶏肉ではなく牛肉に小麦粉をまぶして揚げた料理〕を山のように買う親戚については、あいつは早死にすると思う。またこのバイアスのせいで、人は自宅のキッチン用に消火器を買うのをしぶり、定期的に健康診断に行くのを面倒がる。楽観主義バイアスのせいで、人は地平線を眺めてはいつも期待と歓喜に胸をふくらませつづけるのだ。心理学者タリー・シャロットによれば、人は日曜日より金曜日のほうが好きだという調査結果が出ている。金曜日は、これから起こることに対する明るい白昼夢に満ちている。それに対し日曜日は、月曜日に起こることの現実的な予測という、招かれざる客にたえず侵略されているからだ。彼女はある調査において、自分が癌になる確率はどれぐらいだと思うかと人々に質問した。そのうえで、医学的調査によれば、人が一生のうちに癌を発症する確率は三十パーセントほどであると説明する。最初に三十パーセントより高い確率を予想し、その後に正しい答えを聞いた人は、自分の予想をその平均に近い値に修正した。しかし、三十パーセントより低い値を予想してから現実的な数字を聞いた人は、最初の推測値をほとんど引き上げようとしなかった。シャロットによれば、警告ラベルや公共サービス《PSA》情報がめったに役に立たないのはこのためである。どんな確率も、自分にとってはいいほうに転ぶと人は思っている。警告ラベルなどはほかの人のためにあるのだと。

この三種の肯定的幻想はつねに維持しなくてはならない。これをしっかり保つために用いられるのが、確証バイアス、あと知恵バイアス、そして**自己奉仕バイアス**という支援係の錯覚三種である。これらは人の意識に接続されたポンプのようなもので、たえずネガティブな考えを排出し、ポジティブな考えを吸い込みつづけている。完全に機能するポンプをみんなが持っているわけではないが、たいていの人は持っている。正常に作動していれば、このポンプは昼も夜も休みなく動きつづけ、人がこの世界——おまえは自分が思うほど大したやつではない、それを思い知らせてやろうと手ぐすね引いている——を生き抜くのを助けてくれる。

確証バイアスについてはもう何度も取りあげてきたが、これは自分の予測に一致し、自分の正しさを裏書きする情報や事件にだけ気がつき、また記憶するという傾向のことだ。いっぽう、自分の予想に現実が反証を突きつけてきたときは、そのことは無視して忘れてしまう。この傾向のせいで、街灯はいつも自分がその下を歩くとちらつくように思えるし、車を洗うと必ず雨が降るような気がするし、チケットを持っている友人はいつも遅刻して来るように感じられる。実際には、街灯がちらついたとき、洗車のあと雨が降ったとき、頭のおかしい友人に待たされているときに、人はそれに気がつくだけなのだ。そういうことが起こらなかったとき、それらは心理学者の言う**起こらなかったこと**《ノンイベント》となる。ノンイベントは、ゴミとして注意と記憶から捨てられ、だからあとに残らない。信念の反証を自分から探さないかぎり（自分は特別であり平均以上であるという信念の場合はとくにそうだ）、人は安全に錯覚したまま生きていくことができるのだ。

前もって予想することのできなかった新しい情報や出来事に接したとき、人は自分の記憶を掘り起こし、まだこういうことが起こると知らずにいた時点で、すでにいま起こっていることを正確に予想していたと思い込む傾向がある。これは、あと知恵バイアスが働いている証拠だ。そのせいで人は、なにが起こるか以前からわかっていたようにいつも感じるのである。日記とか古いテキストメッセージなどを読み返し、そういう記憶の書き換えをしている自分に気がつかなければ、このバイアスの存在を知ることはできないかもしれない。このバイアスのせいで、過去は不可避に見え、未来は予測可能だと信じてしまう。しかし、未来の予測は途方もなくむずかしい。古いＳＦ映画を見ればわかる。エアカーから月面都市まで、ＳＦ映画はめったに未来を正しく予測していない。『スタートレック』にインターネットは出てこないし、『ブレードランナー』にスマートフォンは出てこない。人の脳は、自分の未来を予測することに関しては、どんなＳＦ映画にも負けず劣らずへたくそである。ただ違うのは、映画なら失敗の完全な記録があとに残るが、人の脳の場合はそうではないということだ。

ものごとが思いどおりに進んでいるとき、幸運を呼び込む自分の力に注目するのはむずかしくもなんともない。ゲームに勝ったとき、昇進したとき、すばらしい成績をとったとき、その成功を人は自分の技術や才能や努力や周到さのおかげと思いがちだ。しかし失敗したときや負けたときには、非難の対象を自分以外に探そうとする癖がある。上司が意地悪だとか、仲間にやる気がないとか、教師の教えかたが悪いとか、自分を非難せずにすむならなんでもよいのだ。この自己奉仕バイアスのおかげで、自分にとって好都合なことはすべて自分の手柄と思うし、失敗したときは自分に責任はないと思うわけだ。また、同じくこの自己奉仕バイアスのせいで、人は他者の協力とか幸運とか、あるいは自分が不当に有利である点とかに気づきにくい。これは性格が悪かったり欠陥があったりするからではなく、人がつねに前に進んでいけるように、脳がそんなふうにものごとを見せているからなのである。試験に落ちて医師や弁護士や技術者やペットトリマーになれなかったとき、人は目標までの道のりに立ちはだかるあらゆる要因に注目し、それによって自尊心を守ろうとする。だからこそ、そういうむずかしい目標を達成するのに必要な根性と覚悟をもって、再度挑戦しようと思うことができるのだ。

　肯定的幻想とその援助係は、錯覚の超銀河集団を形成して、あらゆる人間の精神を強力に支持している。優越性幻想バイアス、コントロール幻想、楽観主義バイアス、確証バイアス、あと知恵バイアス、自己奉仕バイアスはすべてが集まって、ボルトロン〔米アニメの合体ロボット〕のようにキメラの精神版――自己高揚バイアス――に変身するのだ。その役目はその名が示すとおり、自分の自己像を高めることである。運転していれば、自分は有能で思慮深くて運転がうまいと思う。日々路上で出くわすばかや間抜けにくらべればとくにそうだ。一般的な被験者に近い人なら、自分は平均的な人間より少し魅力的で、少し頭もいいと思っているだろう。さらに、パズルやなぞなぞを解くのもちょっとばかり上手で、聞き上手で、指導力という点でもいくぶんすぐれていて、道徳心は並外れていて、通りですれちがう人々よりもっと人間的に興味深い、などなど、あげだしたらきりがない。

二〇一〇年に『英国社会心理学雑誌』に発表された記事によると、人は自分のことをほかの人よりずっと人間らしいとさえ思っているらしい。この記事から推測されるところでは、どこの国の出身でも、どんな文化に属していても、エイリアンによって地球大使として全人類の代表者に選ばれたとしたら、自分はその役割をたいていの人よりうまくやり遂げられるとだれもが思っているようなのだ。二〇一〇年、〈UCLA〉が十八歳から七十五歳の二万五千人以上を対象におこなった調査によると、大多数の人は自分の魅力を十点満点で七点ぐらいと評価していた。このことから察するに、自分は平均的な人より外見的にすぐれていると平均的な人は思っている、ということらしい。三十歳未満では、約三分の一の人が自分にだいたい九点ぐらいをつけていた。これほど自信満々なのは考えてみると滑稽だ。みんながみんな、全人口の半分よりも外見的にすぐれているということはありえない。二〇一〇年に〈アメリカン・ビューポイント〔市場調査会社〕〉がおこなった調査では、子供を持つアメリカ人の八十パーセントは、子供の肥満という問題は深刻化していると答えているが、同じアメリカ人の八十四パーセントは、自分の子供は健康的な体重であると言っている。ところが〈疾病管理センター〉では、アメリカの全児童の三分の一ほどは肥満児だと推計しているのである。また、〈ネブラスカ大学〉の教授を対象に、自分の教師としての能力を評価してもらったところ、九十四パーセントが自分は平均以上の教師であると答えている。

　数学者でなくても、ここに大きな問題があるのはわかる。みんながみんな自分は平均以上だと思っていて、それが正しいはずがない。一部の人はベルカーブの頂点あたりにいて、その他の人々は両側のどこかにいるはずだ。そうでなければ平均値などありえない。統計的に言って、自分の能力を完璧に計れるメジャーがあったとすれば、たいていの人はたいていの分野で平均値あたりに落ち着くのがわかるだろう。しかし、それが正しいとはなかなか信じられないのだ。

　一九九八年、心理学者ジョアキム・クルーガーらは、一群の被験者に形容詞のリストを見てもらった。傲慢な、率直な、臆病な、知的な、といった性格型を表現する単語である。次いで被験者は、それらの形容詞が自分にどのていど当てはまるかを評価し、次にその同じ語が平均的な人にどのていど当てはまるかを評価した。たとえば「完全主義者」という語を例にとってみよう。一から十までの十段階評価で、自分はどのていど完全主義者だと思うだろうか。さて次に、同じく十段階評価で、自分と同じ年齢・性別の平均的な人を想像し、その人に点数をつけてみよう。この調査では次に、それらの特性を望ましさのスケールで評価してもらっている。一点なら全般的に社会から嫌われる特性ということで、九点ならだれもが自分の長所に加えたいと望むような特性ということになる。自分ならどう評価するか考えてみよう。この望ましさの評価で、完全主義者にあなたは何点をつけるだろうか。調査に参加した被験者の大半は、自分が持っていると思う特性が、社会的に最も価値が高いと思われる特性であると評価した。自分は平均的な人よりも完全主義者だと思っている人は、厳しい基準を持たない人より、基準にやかましい人のほうが社会的に好まれていると考えやすいということだ。逆に、絶対的コントロールを追求する人々に嫌悪感をいだき、ゆるやかで自由な問題解決法を好む人は、そういう自分の性質が社会全般から高く評価されると思っているはずだ。

人は自分が平均以上だと思っているというだけでなく、平均的な人より自分が突出している属性こそ人として最高の属性である、とも考えている。クルーガーによれば、自分の性質に対する見かたを変えるだけで、確実に自尊心を高めることができる。自分の性質を美徳と思い、平均的な人の性質を悪徳だと思うようにすれば、ほかになにを変える必要もなく、輝かしく美しい世界へ踏み出していくことができるのだ。ただし、クルーガーらが発見したように、この効果は減少することがある。被験者に対して、ほかの人の身になって考えるように頼み、自分とは異なる性格の人が自分や他人にどんな点数をつけるか想像してもらうと、決まって小さな啓示の火花がひらめき、自己高揚バイアスの傾向が小さくなったそうだ。バイアスというものはたいていそうだが、そういう精神のデフォルト設定は、立ち止まってちょっと考えてみるだけでやっつけることができるのである。

とすれば、人がめったに立ち止まって考えてみないのはなぜだろうか。自己高揚バイアスや、それを構成する肯定的幻想がすべて、人の精神にいつまでものさばっているのはどうしてなのか。客観的に見れば不可能なそういう信念が、ほぼすべての理性的人間の頭のなかに根を張っているのはどうしてなのだろう。

自分は大したやつだというバイアスや幻想が存在するのはなぜなのか、科学的に確実な答えは見つかっていない。しかし、人間の精神にこれほど普遍的に存在するからには、ヒトの祖先が環境に適応するうえで役に立っていたのだろう、というのがごく一般的な推測である。考えたり判断したりする能力が進化するにつれて、人は真実をごまかす力を発達させてきた。そうでないと生《せい》の幻想の裏側を見透かして落胆してしまうからだ。ヒトの祖先は地べたで眠り、ロッキー・バルボア〔米映画『ロッキー』シリーズの主人公〕みたいに毎分毎分めった打ちにされていた。無慈悲で無関心な世界はたゆみなく嫌がらせを仕掛けてくる。自然はネバー・ギブアップでこっちを叩きのめそうとしてくる。となれば、ダウンをとられたままでいるものかと自分を励ます機制《メカニズム》が発達してくるのは理にかなっている。

一説によれば、ジャングルやサバンナでは、自信過剰な侵略者のほうが大きな戦果を上げやすかったためではないかともいう。そういう人のほうが大胆で恐ろしげだから、敵のキャンプを襲ったときには、臆病で気の弱い人より有利だろうというわけだ。心理学者のなかには、士気とは肯定的幻想の集まりにすぎないと考える者もいる。戦闘や求愛における自信は、自己高揚バイアスがどうして生まれたのか理解するうえで重要な出発点なのはまちがいない。しかしこれらは、より根本的な真実からの派生にすぎないのかもしれない。これは一般的に言われていることだが、この数百万年にわたり、長く生き延びてヒトの祖先になった霊長類は、すべての希望がついえてもなおあきらめようとしなかった種族なのだろう。

二〇一一年に『ネイチャー』誌に発表された論文で、社会学者ドミニク・ジョンスンとジェームズ・ファウラーは、肯定的幻想がどのように生み出され、なぜそれが執拗に残ってきたのかについて、きわめて興味深い推測を展開している。ふたりの主張によれば、人類史のほとんど全時代を通じて、現代以前の人々がしょっちゅう直面してきた状況を考えるとき、長い目で見れば人類が生き残ったのは自信過剰のおかげだった。人類が消滅して化石記録に残るだけになるのを防いできた、さまざまな性質一式に燃料を供給しているのは自信過剰なのだ。たとえば野心、不屈の闘志、集団の士気などの性質のおかげで、人類は大海を渡り、作物を育ててきた。強風に船が無慈悲な岩に叩きつけられ、木っ端《こぱ》みじんになることもあっただろう。薄情な太陽に作物が枯れはてることもあっただろう。だがそんなとき、わたしたちの祖先のなかで肯定的幻想が発動し、踏んだりけったりの現実の見えかたを歪曲《バイアス》させて、いまはどんなに無益な努力に見えても、がんばればなんとかなると思わせてきたのである。

ジョンスンとファウラーが指摘するように、現実的な予想に基づいて生きる霊長類は、生き残って私たちの祖先になることはできなかっただろう。ふたりの推測によれば、太古の人類は資源をめぐって競争していた。そして敵対する両者が、自分についても相手についても完全に正直に判断していたとすると、相手をひと目見て、戦闘になったらどっちが勝つか正確に評価し、実際には戦うことなくどちらかが退却していただろう。

たとえばいい水場を見つけたとしよう。しかし自分と同時に狭量な人間がそこにやって来て、独り占めしようとしたとする。相手はこちらより少し強そうに見えるが、実際のところはよくわからない。向こうは虚勢を張っているだけかもしれない。自分に対して完全に正直な人は、こんなときあきらめてその場を立ち去り、かくして遺伝子プールに自分を残すことはできない、ということになるだろう。しかし、相手についてわかったことからして、自分のほうがちょっと強そうと自信過剰になれれば、その場に踏みとどまったり、こっちも虚勢を張ってみたりするかもしれない。ジョンスンとファウラーがこの戦略をコンピュータ・プログラムに組み込み、かぎられた資源をめぐる敵との戦いをシミュレーションしたところ、自分自身の評価において多少自信過剰である者のほうが、そうでない者をしだいに圧倒していくことがわかった。報酬が戦って勝ち取る甲斐《かい》のあるもので、そして両者とも戦う相手についてよく知らない場合には、自信過剰な者が勝つ。自分の能力をつねに過大評価する者は、勝てる見込みが五分五分のように思える場合は争いからけっして逃げないし、ときには自分のほうが弱いときですら勝てることもある。意図せずに張った虚勢が、敵に見破られるとはかぎらないからだ。敵がこちらについてよく知らなければそれだけ、自信過剰なほうが有利になっていくのである。

複雑な状況において、人には危険と利益、費用と報酬を合理的に判断する能力がある。しかし危機に際しては、単純で頼れるショートカット——たんに、少しだけ根拠なく自信過剰にふるまうこと——が役に立つこともある。虚勢を張っている本人ですら、自分がどんなカードを持っているか知らないとき、虚勢の効果は最大になることがわかっている。勝てる見込みを正確に評価できるなら、それが狩猟遠征や一対一の対決の見込みであれ、あるいは哲学修士の就職活動のそれであれ、人はついつい勝負を回避してしまいがちになるだろう。自分が不利だという証拠はつねに探せばいくらでも見つかる。生きていくうえで、なにかに挑戦しようというう気が完全になくなるほどである。ただ運のいいことに、たいていの場合、人は自分がなにに飛び込んでいこうとしているかわかっておらず、成功の見込みを大幅に過大評価しているものだ。私たち霊長類が、自分は大したやつだという錯覚を好むように進化してくるのは理にかなっている。そういう傾向があるからこそ、洞穴を出たりベッドから起きあがったりできるのだ。困難や試練の容赦のない雨あられを前に、人が人であることはひじょうにむずかしい。立ち向かう相手が凶暴なビーバーでも、強欲な取り立て人でもそれは同じだ。ほんの数パーセントだけよけいにがんばる者、ほんのちょっとだけ長くねばれる者が、現実主義者よりもよく自然に打ち勝ってきた。不利な状況をものともせず、不毛な現実にも楽観的でいられるという傾向を、人はみな祖先から受け継いできているのだ。

平均して見れば肯定的幻想は役に立つが、これが野放しにされると、大幅に誤った決定や政策につながることがある。自信過剰は、個人の人生においても、また国家や組織の選択においても、闘争や不確実性に直面したときに行動をうながし、不屈の闘志をかきたてる強力なツールである。しかしときには、その同じ精神的態度が、傲慢や無謀な野心に化けてしまうことがある。歴史には、現実にも比喩的にも、自己高揚バイアスの死骸があちこちに散らばっている。人の神経系には不合理で非現実的な自信過剰が渦巻いているが、その人が何百万何千万という人を指揮しているとき、あるいはそういう人々の投資に責任を負っているときには、その同じ自信過剰が壊滅的な被害をもたらすことがあるのだ。

　進化の過程で得た反応により、ヒトという種《しゅ》の適応度を最大化する行動をとるよう、脳は人をそそのかす。しかしその行動が利益につながるのは、何百万世代もくりかえされたあとのことかもしれない。孤立した事例においては、また具体的な状況においては、自信過剰は最高の精神状態とは言えないかもしれないし、そういう現実認識から生じる行動は、数多くの選択肢のある人生という試験では最善の行動とは言えないかもしれない。しかし、人類が現代に至る道のりにおいて直面した、何十億もの状況に溶け込ませて平均してみれば、それはほとんどどんな目的地に至るうえでも好ましいルートになるはずだ。要するに人の脳は、実際以上に自分は大したやつだと思い込ませることによって、人の感情を操作し、たいていはうまく行く行動をとらせようとする――その思い込みが恐ろしい失敗につながるような場面においても。ときに人は立ち止まって考え、その思い込みを却下することもあるが、そうしないときもある。専門家が指摘しているように、この一般的な戦略は小さな社会において発展してきたものだ。そんな社会には大きな害悪を食い止める能力も引き起こす能力もなかったが、いっぽう現代社会は大規模かつ複雑で、その制度や体制によって厖大な数の人々に影響を及ぼしかねない。だからこそジョンスンとファウラーは、最後に不吉な予言を捨てぜりふのように付け加えたのだ。状況がよく理解できなければできないほど、人はいよいよ自信過剰になるようプログラムされている。したがって最も破滅的な自信過剰は、途方もなく複雑で予測不可能な場面に見られることが予想される。その例としては、政府、戦争、株式市場、そして自然災害があげられる、と。

肯定的幻想が害悪を引き起こす実例をもっと身近な世界で見たければ、ソーシャルメディアをのぞいてみるだけでよい。〈ツイッター〉や〈フェイスブック〉などのサービスは、生まれ持った傾向の適用範囲を拡大する。人はソーシャルメディアを使って、新たな表現のレベルに合わせて社会的規範を変える。一生訪れることのない都市を見られるようになったり、死ぬまで会うことのない人々と電話回線を通じて話ができるようになった時と同じである。肯定的幻想を通じて自尊心を高めたいという欲求は、ソーシャルメディアの世界ではとてもよく目につくし、またひじょうにありふれてもいる。この世界では、ほかの人になにを見せ、なにを隠すかを自分で選べるからだ。

いまのところ、ソーシャルメディアのヘビーユーザーは若い世代に大きくかたよっているが、オンライン・メディアや近況アップデートやいくらでも変更できるプロフィールを通じて、公的ペルソナを維持管理している人々はどの年齢層にもいる。かれらはその世界で、小規模なリアリティ番組のスターになったように感じているのだ。あなたのアップデート・ストリームのなかに若い世代の友人や親戚がいればたぶん気づいているだろうが、アヒル口をしてみせたり、コントラストをあげたり、頭の後ろに危なっかしく置いたカメラで自撮りをしたり、そういうことに若者はやたらと熱心だ。これはみんな自尊心のなせるわざで、高い自尊心を維持したいという衝動は奇妙な選択につながることがある。

たとえば公園を歩きながら、どこかから聞こえる鳥の歌を楽しみ、風に騒ぐ湖面のさざ波に躍る陽光を眺めていたら、銅製のランプが転がっているのを目の隅にとらえたとしよう。拾ってみると、装飾的なコカイン吸引パイプなどではないことがすぐにわかった。これは品質のいい価値のある品だ。ちょっと磨けばひょっとして……わっ！　袖口で軽くこすってみたら、魔法の埃《ほこり》と蒸気の渦が噴き出してあなたを包み、フラクタル的に螺旋を描く煙のなかから、青い肌で脚のない精霊《ジン》が現われた。満面に笑みを浮かべ、焼きたてのブラウニーのようなにおいをさせている。

熱心にこすってくれたおかげでランプから解放されたので、お礼をしたいとジンは申し出る。ただ残念なことに選択式に願いをかなえることしかできず、四つの選択肢からひとつだけ選んでもらいたいという。その選択肢とは、一か月ぶんの給料小切手、あなたの選ぶ相手との、あとくされのない夢のようなセックス、想像できるかぎりのごちそうの並ぶ豪華な食事、そしてすてきな心からの賛辞の四つである。あなたならどれを選ぶだろうか。二〇一〇年に発表されたブラッド・ブッシュマン、スコット・マーラー、ジェニファ・クロッカーによる心理学実験で、この選択肢の変種が使用されている。自尊心に関する一連の調査の一環として、大学生の被験者を対象に、平均的な人々が欲しいと思うもの——食事、セックス、お金、友情、賛辞——に点数をつけてもらった。そのうえで、それをどれぐらい強く欲しいと思うか、またどれぐらいそれを選ぶ傾向があるかを被験者に答えてもらった。ぶっちぎりの第一位はといえば、それは賛辞だった。高校生から大学生ぐらいの年齢層を対象に調査してみると、もっと年齢の高い人々が望む報酬より、自尊心を高めるのに役立つ報酬のほうがたいてい魅力的で好ましいという結果になるのだ。人生の最初の四半期にいる人々に、セックスかピザか、好意的なコメントか、どれがいちばん欲しいかと尋ねると、長期にわたってその他の報酬にありついていなかったとしても、大多数は称賛の言葉を選ぶ傾向がある。また同じ研究者らによるべつの調査では、ほかの報酬より自尊心を高めるものを好むというこの傾向は、時とともに低下していくことがわかっているが、しかし完全に消えることはないという。

心理学者ジーン・トウェンギらは、称賛がセックスやピザより高く評価されるこの新世界——自己高揚バイアスが野放しにされ、自由気ままにのさばることを許される世界——が新たな常態《ニューノーマル》になってきているという。以前の数世代には肯定的幻想だったものが、いまでは立派な自己愛《ナルシシズム》に変質しているというのだ。著書『自己愛過剰社会』（キース・キャンベルとの共著）においてトウェンギが書いているところでは、一九八〇年代なかば以降のアメリカでは、臨床的にナルシシズムと診断される症例が、肥満と同じ割合で増加してきていることがわかったという。精神科でナルシシズム診断に使われる試験を用いて調査したところ、二〇〇六年のアメリカでは大学生の四人にひとりが陽性という結果だった。これは本物のナルシシズム、つまり人格障害と診断されるたぐいの病気である。トウェンギの見るところ、これは危険な傾向であり、しかもさらに増加する徴候が見えるという。彼女に言わせれば、自己愛的な自信過剰は一線を越えており、少し自信があればうまく行くものごとに逆に悪影響を及ぼしている。この一線を越えると、人は他者の幸福に無関心になり、物質主義的傾向が強まり、地位や権力へのこだわりが強まるとともに、健全な抑制がすべて失われる。そのため、自分の能力——危険な状況を管理する能力はもちろん、生き延びる能力まで——を過大評価して、悲劇的な結果を引き起こすことになりやすい。二〇〇〇年代なかばの住宅市場の暴落およびリアリティ番組の急増に、この傾向は関係があるとトウェンギは述べている。意味もなく有名になりたいという衝動は、かつてはあまり目立たない特性だったのに、それが一世代か二世代のあいだにあってもとくに不思議はないものに変化してきた。その変化をもたらした世代は、親たちによって人為的に自尊心を筋肉増強剤レベルで高められ、そののち社会に解き放たれた人々だ。そしてまさにそのとき、文化には新しいテクノロジーが満ちていた。テクノロジーは、かれらが自己高揚バイアスを強化するために、それを最も必要としていたときに出現したのである。トウェンギの研究が発表されたころには、リアリティ番組はすでに二十年かけて完成に近づいており、こういう番組から生まれた現代のスターたちは、そんな番組に出たがるというだけでなく、それがどんな世界であるかを知っていて、それでも参加したがるごく少数の人々の代表選手だ。どんな人材なら、最も面白い娯楽番組を何百万という視聴者に提供できるか――それを学習したプロデューサーたちは、次にはそういう少数の集団を選抜するようになる。その結果生まれた新世代のセレブは、きわめて強固で強力な肯定的幻想を持つ人々だ。それにくらべたら、現代アメリカの若者の自己愛的自信過剰も、軽く正常範囲に見えるぐらいである。

平均以上でありたい、能力も技術も頭脳も容姿も、実際以上にすぐれていると思いたい――そういう欲求が人の精神に埋め込まれているのは、厳しい生存確率をものともせず、何百万年も生き残ってきたことの副産物であるらしい。なにしろ、地球上をかつてうろついていた全生物種の九十九パーセントが、その生存確率に敗れて消えていったのだ。とはいえそんな自信過剰も、生まれてからいろいろ経験するうちに緩和されていくのがふつうである。

言うまでもないが、人生でさまざまなことを経験すれば、そういう感情は強まったり弱まったりするものだ。親がどんな育てかたをするかということも大きな要因だが、自己高揚に対する人の態度は同じ世代の考えかたにきわめて大きく左右される。自分にどのていど自信が持てるか判断するさい、人生のどんな要因を見て判断するかという点では、一八五〇年に孤児院で育つ少女と、二〇一二年に体操競技で競争しつつ育つ少女とではまったく異なるだろう。また、育った文化もきわめて大きな影響をもたらす。

二十世紀末のアメリカでは、ほとんどの市民が個人主義と自己依存を重視していたが、それに対して日本では、相互依存と共同体の結びつきに配慮することが奨励されていた。一九九〇年代に、心理学者のヘーゼル・マーカスとシノブ・キタヤマ（北山忍）がおこなった比較文化研究によると、多くのアジア文化圏では、自己高揚の衝動は積極的に抑制される傾向にあった。ふたりの言葉を借りれば、西洋では「きしむ車輪は油を差される」と考えるところを、東洋では「出る杭は打たれる」と考えるのである。

アメリカの自助テクニックでは、毎朝家を出る前に「私は美しい」と鏡に向かって百回唱えよと教えるのに対して、日本の労働者が好んでとる行動は、同僚の手を握って「あなたたちは美しい」と言うことである。マーカスとキタヤマが指摘するように、このような文化においては、簡単に一発で成功を収めたあとよりも、その後の失敗のあとのほうが、人はより自信を深める傾向にある。自尊心は、全体によく適合し、全体の幸福に貢献することから生じるのだ。ふたりによれば、そのような文化で育った人は、自分の個人的な業績で注目されることがなくても、あるいは自分個人への称賛や名声が得られなくても、ひどく落胆することがない。他者に非難の目で見られることのほうが、称賛よりはるかに重大な意味がある。なぜなら称賛はあまり信用できず、正直でもないからだ。マーカスとキタヤマが述べているように、「相互依存する自己どうしはふつう、自分が他者よりすぐれているとは主張しない」し、たまさか優越感が頭に浮かんだりしたら落ち着かない気持ちになるだろう。東洋の精神態度の影響を、西洋文化に認めたことのある人もいるだろう。サブカルチャーや政治団体には、ドラムサークル〔人々が集まって楽しみのために打楽器を演奏すること、またその精神態度〕や共同所有につながるような感覚や、自己主張を抑制して相互依存をより重視する姿勢に合致する感覚を称賛するところも多い。そんなサブカルチャーに属する人々は、アジア社会の哲学的・宗教的見解の一部を採用している場合すらある。同様に、これとは反対の見かたを唱導する党派もある。個人主義と個人の自由を過剰なほど賛美し、通常をはるかに越えるほどの自己高揚感を抱くようにうながすわけだ。

一世紀におよぶ実験データが示しているところでは、人の日常的な経験や行動の中核にある事実はこれだ――人は自信にすっぽり包まれている。自尊心の最低ラインが高ければ高いほど、人はそれを守ろうとする傾向が強まる。自尊心は一日を通じ、また一生を通じて強まったり弱まったりするが、世界は自分の意のままとおおむね思っているおかげで、人は生きていくことができるのだ。自分は有能だと思う。自分の周囲の環境をあるていどコントロールできると思う。選択権は自分にあると感じ、その選択によってよりよい人生を送れると感じる。心理学では、自分の運命をコントロールできるという感覚のことを**自己効力感**と呼ぶ。有名な心理学者B・F・スキナーによれば、人の中核をなす人格は、子供時代を通じておこなったささやかな科学実験を芯として発達してくる。スキナーによれば、人の行動にはいわゆる「反応」と「強化因子」というパターンがある。たとえば子供のころ、ある年の祝日のパーティで、ピアノでいたずらしていたらみんなが部屋に入ってきてそれを聞き、手を叩いたり笑ったり褒めたりしてくれたとしよう。スキナーに言わせると、これでその人の効力感に何ポイントか増し加わったことになる。将来同様の状況に遭遇したら、その人はまた同じことをしようとし、それがまたうまく行けば、「注目を集める手段」の袋にそれを追加するだろう。時とともに、人はさまざまな状況や行動によって注目や称賛その他の報酬を得られることを学び、外界とそのようなやりとりのできる状況に、つねにわが身を置こうとしはじめる。確実に報酬——スキナーの言葉を借りれば強化因子——が得られると思う行為や状況を土台に、人は自信の感覚を発達させていく。彼に言わせれば、人はだからこそ、ある種の集まりは避け、ある種の集まりには出席すると決める。だからこそ、ある人々とはすぐに友だちになれるのに、べつの人々が相手だと会って数秒で嫌われてしまったりするのだ。人は、自分を包む繭《まゆ》を一生かけて育て、守ろうとする傾向がある。その繭は、自分はすばらしいと思える肯定的幻想からできている。その自分はすばらしいという思いはコントロール感のもとになり、なじみのない問題に直面したときに、たいていどんな態度をとるかもそれで決まる。自己評価と自己効力感は互いに協力しあい、人を毎朝ベッドから起きあがらせ、今日もまた懲罰を食らわせてくる無慈悲な世界に出ていかせるのだ。

自己高揚に関する研究が示しているのは、全人類の自信のレベルをだれかが設定しているわけではないということだ。自分の能力や自分の価値について、人はきわめて多種多様な、微妙で複雑な思い込みをしている。これは精神のほとんどの側面について言えることだが、現実には自信のレベルにはスペクトルがあって、人はみなそれのどこかに位置している。しかし人類を全体として見て、ひとりひとりの気質をならして平均値をとれば、たいていの人は自分は平均より少し上だと評価しているものである。たぶんだれもが、あやふやで望ましい自己の側面――それがどんな側面だと思っているにしても――に関しては同じように評価しているのだろう。自分のどんな面が平均以上で、望ましいペルソナだと考えるかは、その人の文化や生きている時代によって大きく左右されるものの、「他者との比較に関する内観モジュール」は、工場出荷時の設定では真ん中より少し上になっているらしい。これを知っていれば、むずかしく複雑な課題に直面したとき、自分やほかの人々がどう対応するか予測することができ、少しは賢い結論に達することができて、じゅうぶん賢いと言ってよい行動計画を立てることができるかもしれない。あらゆる不利な条件に打ち勝ち、何度ノックダウンされてもあきらめない人々だけが、しまいに右に出る者のないところまで上りつめるのだと知ろう。艱難辛苦《かんなんしんく》を乗り越え、自分を信じてがんばりつづけたという感動の物語を伝えるのはそういう人たちなのだ。それ以外の人々――努力はしたが失敗した人、つまり真の大多数を構成する人々――は、大学の卒業式に招かれてスピーチしたりしないのである。

この人類共通の錯覚は、私たちが進化するうえでは有利に働いた。宇宙を高速で回転する無慈悲な岩の塊のうえで、わずかばかりの仲間とともに人間として生きるのは楽ではない。二十一世紀の豊かで教育水準が高くて工業化された国に生き、貧困線より上位の家族のもとに生まれるという幸運に恵まれたとしても、楽でないことに変わりはない。とはいえ、そんな環境で生きる人々は、恵まれない何十億という人々にくらべれば王侯貴族のような暮らしをしている。もしあなたがそんなすばらしい環境に生きているなら、これまで自分で感じ、あるいは見聞きしてきた不平不満や悲しみのことを考えてみよう。欲しいものと持っているものの格差、愛する人の突然の死、愛情への飢え、報われない恋愛の苦しみ――どんなに恵まれていても涙を知らない人はいない。どう考えても、脳を持つのは大変なことなのだ。これほどの競争――現実のそれでも想像上のそれでも――に直面しながら、いかに人類がうまくやって来たか考えるとき、それは人類の追求する幸福と満足がいかに奇妙かという証《あかし》でもある。自己高揚バイアスやその他の肯定的幻想は、この地上で貧困や戦争や飢餓や病気と戦っている多くの人々の試練や苦難をやわらげる。プノンペンやコルカタ（カルカッタ）では、ごみの山が連なってまるで低い山脈のようになっていて、そこへ毎日おおぜいの子供たちが集まり、巨大なトラックの荷台からなだれ落ちる新しいごみを拾っている。子供たちは一日じゅうごみをあさり、多くは裸足《はだし》で、近くで燃えるごみの煙にのどを詰まらせている。いまこのときにも、毎日狙撃手や自爆テロにおびえつつ仕事に出かける人がいる。多くの場所で、人々は茶色の水を飲み、安全かどうかもわからないものを口にして生きている。

人類の歴史を通じて、人々が途方もない重荷を背負い、これ以上はなさそうな不幸を生き抜いてきた時期があった。強制収容所から死の行進、疫病や戦争まで、いまの私たちと基本的に同じ精神構造の人々が、悲惨な出来事に苦しみ、それでも生き抜いてきた。同様に、いまこのとき恐ろしい圧迫の軛《くびき》のもとで日々を生きている人と、私たちは驚くべき性質を共有している。この世界のぬくぬくと居心地のよい場所から引きずり出され、かれらの苦難を引き受けることになったとしたら。かつて多くの人々がその意志を試されたような厳しい試練に見舞われたとしたら。そうなったとしても、ひとつつねに言えることがある——人は打ちのめされてもまた立ちあがる。けっしてあきらめない。それが人というものだから。

謝辞

妻アマンダの支えがなかったら、この本を完成させることはできなかっただろう。来る夜も来る夜もいっしょに座り、私が口にものを詰め込んだまま本書についてしゃべるのにつきあってくれた。そんな会話のおかげで、そしてそのあいだにああでもないこうでもないと行ったり来たりしたおかげで、どんなふうにまとめればよいかわかってきて、人の心についての面白い本が書けると思えるようになった。私の執筆する横で、妻は出典の記録をきちんと残してくれただけでなく、いつまであいつは仕事部屋にこもっているのかと不審がる友人や家族に、いつかきっと出てきていっしょに飲める日が来るからと言いつづけてくれた。ほんとうにありがとう。

エリン・マローンにお礼を言いたい。彼女はしばらく前から私の守護神を務めてくれている。私を物書きの暮らしに引きずり込んでくれてありがとう。本書とこの前作がまだ変てこなブログだったときから、きっとものになると信じてくれて、鍵がかかったまま開かないと思っていたすべてのドアをあけてくれた。感謝してもしきれない。

パトリック・マリガンは有能このうえない編集者だ。デイヴィッド・フォスター・ウォレス〔米国の作家。一九六二―二〇〇八年〕とハロルド・ブルーム〔米国の文芸批評家。一九三〇―二〇一九年〕を読めと言ってくれただけでなく、ボルトロンの敵を私がごっちゃにしたときは訂正してくれた。とてつもなく励みになってくれたし、私の生まれついての本性をすぐに見抜いて、本書のもとになった声に私が忠実に従うよう見守ってくれた。みんなの努力がこうして実を結んだのは彼のおかげだ。

もうひとりの編集者、ジェシカ・シンドラーもほんとうに立派な編集者だ。校正中にあんな途方もないメールを受け取ったことはなかっただろうに、理解を示してくれてじつにありがたかった。というのも最終校を送る前日、竜巻でわが家が壊れてしまったのだ。私は校正原稿を〈ドロップボックス〉に保存し、その一分後に妻といっしょに廊下の床に引っくり返っていた。この文章は原稿をクラウドから回収したあとに書いて、親戚の家のノートパソコンで仕上げている。ジェシカにメールで連絡したら、こころよく締め切りを延ばしてくれた。ほんとうにありがとう。私たちはどちらも、これでめったにない話の種を手に入れたといえよう。

ジェナ・ドーランは時制を訂正してくれ、どうして私がこんなにばかなまちがいばかりするのかと不思議がってくれた。本書は彼女のおかげでずっと読みやすい本になった。ありがとう。

言うまでもないが、私がいまこうして「お礼の言葉」を書いていられるのも、もとはといえば両親のおかげだ。ジェリーとイヴリン、ひとりっ子だった私がおめでたくもずっとおとなの世界を知らずに過ごし、ついにそれが不可能になって、ほんとうのところどうなのとやっと尋ねたとき、事実を話してくれてありがとう。

最南部地方《ディープサウス》で育てば、自家製の哲学者やアームチェア心理学者にしょっちゅうお目にかかる。自家製でアームチェアのくせに自宅や椅子にじっとしておらず、どこのガソリンスタンドにも安食堂にも出没するし、コーヒー休憩をとっていればそのへんにいて、こちらにうんちくを聞かせようとする。私がしょっちゅう朝食を買っているトラックストップ〔トラック運転手向けのサービスエリア〕では、店内の使い古しのファストフードのテーブルに老人たちが座っていて、ビスケットをもぐもぐやりながら政治家をこきおろしている。少し前にだれかが店内の壁に看板を掛けたのだが、それには「猟師と釣り師とその他の嘘つきここに集まる」と書かれている。これはほんとうだ。私がとくに気に入っているのは、この宣言がわざわざ印刷用の文字で看板に焼き付けてあるというところだ。南部人は大ぼらを吹くのが大好きで、しかもそれの名人だ。南部人が故郷を遠く離れたとき、真っ先に気づくのはそこである。北部人《ヤンキー》はほらを吹くのがへたくそで、しかも不思議なことに自分ではそれに気づいていないらしい。

生まれついてのレトリック名人で、バレリーナのように軽々と言葉をあやつる教育ある南部人は、まさにあっと驚く生きものだ。読書家で、しかも世事に通じた田舎のおじさんおばさんは、この世のばからしさを冷徹な目で見通している。こんなことのできる者はほかにいない。かれらには確固とした生きかたがあり、行くべき道を知っている。こういう人々に会ったことがあれば、かれらの魔法を少しでも身につけたいと思わずにはいられない。本物に出会えばそれとわかる。その後はずっと、その超然とした天才ぶりに憧れるようになるからだ。

私は、そんな人物のひとりを師と呼ぶ幸運に恵まれた。

彼はミシシッピ州ジョーンズ郡に住んでいて、飛行機を飛ばし、結婚式で記念写真を撮影し、世界中から集めてきた宗教的遺物に囲まれたデスクに着いて、アコースティックギターで「レッドツェッペリン」を演奏する。地獄の責め苦を説く説教師となるべく勉強したすえに哲学教授になって、農民やトラック運転手の子供たちなど、グリッツ〔南部名物の挽き割りトウモロコシの粉〕と半端仕事で育ってきた数世代の子供たちに教え、おだてたりすかしたりしてその頭から阿呆な考えを追い出してきた。彼の名はロナルド・ビショップ。私など、逆立ちしてもあんなかっこいい男にはなれない。

信心深い男かと言えばたぶんそうだと思うが、それでもクリストファー・ヒッチェンズ〔英国出身の著述家、ジャーナリスト。民主主義的社会主義者を名乗る。一九四九―二〇一一〕をキャンパスに招き、敵地の奥深くで講演させるのをためらわなかった。イマヌエル・カントやバートランド・ラッセルを愛しているかと言えばたぶんそうだと思うが、私と妻を哲学の学会に連れていってくれたときは、早めに会場をあとにしてミシシッピ州コロンバスのジューク・ジョイントに行き、いっしょに本場のブルースを楽しんだものだった。

私が初めてとった哲学の講義で、教鞭をとっていたのがビショップ教授だった。私が育った土地の人間はたいていそうだが、ハイスクールでは聞いたこともなかった話がそこではなされていた。プラトンの洞窟の比喩も、ソクラテスの死も、このとき初めて聞いたのだ。また、自由意志は現実にあるのか、それとも希望的観測にすぎないのかなどと、そんなことをおおっぴらにだれかが問題にするのを聞いたのも、まったく初めての経験だった。ビショップ教授の講義では、しまいにはかならず十人もの学生が首をふりふり教授に疑問点をぶつけたものだ。すると、シルバー・ボウル・カット〔銀髪をお椀形に切った髪形〕の教授は顔に天使の笑みを浮かべ、その無知ぶりにどっぷり浸かって悦に入っていた。ほとんどの南部人が疑問に思ったことすらない、そういう信念を初めて揺るがしてやるのが教授は好きだったのだ。ほとんどの学生にとって、教授の講義が哲学に接する最初にして最後の経験になる、それを教授はよく知っていた。がちがちのバプティスト派に息を呑ませ、厳格なペンテコステ派をブルージーンズのスカートの下で縮みあがらせる、教授のあの講義をみんなに受けてもらえたらと思う。「神が全知全能なら、なぜ悪は存在するのか」教授はたとえばそう尋ねる。「どうして自分がただの壜のなかの脳ではないとわかるのか」。読者のみなさんには答えの想像はつくと思う。ビショップ教授は、ほとんどの穏健な人々が無視するようなことをとりあげて議論し、そういうところが学生に人気だった。なぜなら、学生たちが教義や伝統や迷信にとらわれていることを責めているわけではなく、なにごとも信じて疑わないというのをやめて、好奇心を持つよう励ましただけだったからだ。彼の言葉に最も震えあがった学生が、最も熱心に講義に出席する学生でもあった。

ビショップ教授は、世界は私が思っていたよりずっとずっと大きい（そして私は自分で思っていたよりずっとずっと小さい）ことをわからせてくれた。だから、ロナルド・ビショップ教授に感謝したい。先生は私に、細かいことにこだわらず、大事なことでは自説を曲げない、よりよいやりかたを教えてくれた。先生は教養にあふれ輝くような機知に富み、それでいて自分がそんなに賢くないと知っていた。そして私を導いて、私もやっぱりそんなに賢くないのだという真実に気づかせてくださった。この本が書けたのはそんな先生のおかげです。

参考文献

※邦訳のあるもののみ掲載しています。

Eagleman, D. (2011). *Incognito: The Secret Lives of the Brain.* New York: Pantheon.
『あなたの知らない脳──意識は傍観者である』デイヴィッド・イーグルマン著、大田直子訳、ハヤカワ・ノンフィクション文庫、二〇一六年

Parfit, Derek. (1984). *Reasons and Persons.* Oxford [Oxfordshire]: Clarendon.
『理由と人格──非人格性の倫理へ』デレク・パーフィット著、森村進訳、勁草書房、一九九八年

Sacks, Oliver W. (1987). *The Man Who Mistook His Wife for a Hat and Other Clinical Tales.* New York: Perennial Library.
『妻を帽子とまちがえた男』オリヴァー・サックス著、高見幸郎・金沢泰子訳、ハヤカワ・ノンフィクション文庫、二〇〇九年

Franklin, Benjamin. (1916). *The Autobiography of Benjamin Franklin.* Ed. Frank Woodworth Pine. Garden City, NY: Garden City Pub.
『フランクリン自伝』松本慎一・西川正身訳、岩波文庫、一九五七年

Tavris, Carol, and Elliot Aronson. (2007). *Mistakes Were Made (But Not by Me): Why We Justify Foolish Beliefs, Bad Decisions, and Hurtful Acts.* Orlando, FL: Harcourt.
『なぜあの人はあやまちを認めないのか──言い訳と自己正当化の心理学』キャロル・タヴリス／エリオット・アロンソン著、戸根由紀恵訳、河出書房新社、二〇〇九年

Kahneman, Daniel. (2011). *Thinking, Fast and Slow.* New York: Farrar, Straus and Giroux.
『ファスト&スロー──あなたの意思はどのように決まるか？（上）（下）』ダニエル・カーネマン著、村井章子訳、早川書房、二〇一二年

Levitt, Steven D., and Stephen J. Dubner. (2005). *Freakonomics: A Rogue Economist Explores the Hidden Side of Everything.* New York: William Morrow.
『ヤバい経済学――悪ガキ教授が世の裏側を探検する』スティーヴン・D・レヴィット／スティーヴン・J・ダブナー著、望月衛訳、東洋経済新報社、二〇〇七年

Baumeister, Roy, and John Tierney. (2011). *Willpower: Rediscovering the Greatest Human Strength.* New York: Penguin.
『WILLPOWER 意志力の科学』ロイ・バウマイスター／ジョン・ティアニー著、渡会圭子訳、インターシフト、二〇一三年

Gilovich, Thomas. (1993). *How We Know What Isn't So.* New York: Free Press.
『人間この信じやすきもの――迷信・誤信はどうして生まれるか』トーマス・ギロビッチ著、守一雄・守秀子訳、新曜社、一九九三年

Gilbert, Daniel. (2006). *Stumbling on Happiness.* New York: Knopf.
『明日の幸せを科学する』ダニエル・ギルバート著、熊谷淳子訳、ハヤカワ・ノンフィクション文庫、二〇一三年

Schwartz, Barry. (2004). *The Paradox of Choice: Why More Is Less.* New York: Ecco.
『なぜ選ぶたびに後悔するのか――オプション過剰時代の賢い選択術』バリー・シュワルツ著、瑞穂のりこ訳、武田ランダムハウスジャパン、二〇一二年

Buonomano, Dean. (2011). *Brain Bugs: How the Brain's Flaws Shape Our Lives.* New York: W.W. Norton.
『脳にはバグがひそんでる――進化した脳の残念な盲点』ディーン・ブオノマーノ著、柴田裕之訳、河出文庫、二〇二一年

Zimbardo, Philip G. (2007). *The Lucifer Effect: Understanding How Good People Turn Evil.* New York: Random House.
『ルシファー・エフェクト――ふつうの人が悪魔に変わるとき』フィリップ・ジンバルドー著、鬼澤忍・中山宥訳、海と月社、二〇一五年

Ariely, Dan. (2009). *Predictably Irrational: The Hidden Forces That Shape Our Decisions.* New York: Harper.
『予想どおりに不合理——行動経済学が明かす「あなたがそれを選ぶわけ」』ダン・アリエリー著、熊谷淳子訳、ハヤカワ・ノンフィクション文庫、二〇一三年

Pink, Daniel H. (2009). *Drive: The Surprising Truth About What Motivates Us.* New York: Riverhead.
『モチベーション3・0——持続する「やる気！」をいかに引き出すか』ダニエル・ピンク著、大前研一訳、講談社＋α文庫、二〇一五年

Taylor, Shelley E. (1989). *Positive Illusions: Creative Self-deception and the Healthy Mind.* New York: Basic.
『それでも人は、楽天的な方がいい——ポジティブ・マインドと自己説得の心理学』シェリー・E・テイラー著、宮崎茂子訳、日本教文社、一九九八年

Twenge, Jean M., and W. Keith Campbell. (2009). *The Narcissism Epidemic: Living in the Age of Entitlement.* New York: Free Press.
『自己愛過剰社会』ジーン・M・トウェンギ／W・キース・キャンベル著、桃井緑美子訳、河出書房新社、二〇一一年

訳者あとがき

二〇世紀なかばごろ、「神は死んだ」というニーチェの言葉がもてはやされていた時期があった。宗教（とくにキリスト教）の影響力の低下を憂える問題意識からだったと思う。とはいえ二一世紀になったいまも宗教はあいかわらずお元気で、人間の日常生活はもちろん国際問題にも陰に陽に影響力を及ぼしている。ところが驚くまいことか、本書によれば「神は死んだ」どころか「もともといなかった」のは心理学ではとっくに証明されていたようなのである。キリスト教圏の人だからか著者ははっきりとは書いていないが（いや読みようによっては完全にはっきり書いているが）、この世のありとあらゆる宗教は人間の脳のバイアスから生まれたファンタジーにすぎなかったわけだ。しかしそうはいっても、そうかやっぱりこの世にはほんとに神も仏もなかったのかとすっぱり見切りをつけられる人ばかりとは思えないし、見切りをつけたところでいまより生きやすくなるかというと、そうとも言い切れないのが悩ましいところである。考えてみると、とくに信心深いわけでもないのに節目節目で寺社にお参りしてお賽銭を投げ、おみくじ引いたりなんかしてあとは忘れている日本人は、ひじょうに現実的というかむしろ理想的な対処法をとっているといってよいのかもしれない。

本書は二〇一四年に刊行された『思考のトラップ　脳があなたをダマします48のやり方』の

続編だが、その前作のあとがきに、訳者は「人間の心というのはなんともろいものか、現実をまともに直視するのはどうしてそんなにもつらいことなのか」という趣旨のことを書いた。本書はその疑問に対するひとつの答えになっているのではないかと思う。それがどういう答えだったかについては本書をお読みいただきたいが、そこにバラ色の解決策など存在しないということは、本書を手に取るようなかたにとってはまあ釈迦に説法というところであろう。

心理学の興味深いテーマを取りあげ、それをわかりやすくユーモアたっぷりに解説するというのが前作の大きな魅力のひとつだった。その魅力は本作でも健在だが、「自己欺瞞」という深刻な問題に前作以上に深く切り込んでいるだけに、全体に救いがないと言うか絶望的と言うかやってらんねーよと言うか、まあそういう内容になってしまうのはやむをえない。とはいえ、人の脳にさまざまな欠陥があることを知り、そこに用心しつつ現実に直面することもときには必要だという著者の主張には大きくうなずかざるをえないのであった。

本書の訳出にあたっては、二見書房の船津歩氏、是安宏昭氏にたいへんお世話になった。最後になったが、この場をお借りして心よりお礼を申し上げます。

二〇二三年十二月

安原和見

［著 者］
デイヴィッド・マクレイニー　David McRaney
ジャーナリスト。ブログ「You Are Not So Smart」管理人。
守備範囲は心理学とテクノロジー。
ウィリアム・ランドルフ・ハースト賞を２度受賞。
ブログが人気となり、書籍化。多くの国で翻訳されている。

［訳 者］
安原和見　Kazumi Yasuhara
鹿児島県生まれ。東京大学文学部西洋史学科卒業。
主な訳書にD・アイカー『死に山』（河出文庫）、
D・グロスマン『戦争における「人殺し」の心理学』（ちくま学芸文庫）、
E・ヒギンズ『ベリングキャット』（筑摩書房）などがある。

思考《しこう》のトラップ　認知《にんち》バイアスを出《だ》しぬく17のやり方

2024年2月25日　初版発行

発行所 ―――― 株式会社 二見書房
東京都千代田区神田三崎町2-18-11
電話 03(3515)2311［営業］
03(3515)2313［編集］
振替 00170-4-2639

ブックデザイン ―――― 寄藤文平＋垣内晴（文平銀座）
DTPオペレーション ―――― 横川浩之
印刷 ―――― 株式会社 堀内印刷所
製本 ―――― 株式会社 村上製本所

落丁・乱丁はお取り替えいたします。定価は、カバーに表示してあります。

ISBN 978-4-576-23161-7
https://www.futami.co.jp/